Das Buch

Havemann und Biermann waren die prominentesten »Dissidenten« in der DDR. Die einen setzten sie darum auf einen Denkmalsockel, die anderen hielten sie für Werkzeuge des Imperialismus. Vermutlich haben beide Seiten recht: Der Sänger und der Wissenschaftler rieben sich an der DDR und ihrem Sozialismus, und die DDR vermochte nicht, den Widerspruch für sich zu nutzen, indem sie ihn im dialektischen Sinne produktiv machte. Statt politischer Auseinandersetzung fand polizeiliche Pression statt: So wurden Märtyrer geboren, die keine waren. Auf der anderen Seite besorgten beide, Havemann und Biermann, die Geschäfte der Gegenseite. Ob nun gekauft oder nicht, fremdgesteuert oder selbstbestimmt, nachrichtendienstlich angebunden oder »nur« naiv, eitel und geltungsbedürftig: Objektiv halfen sie den Feinden der DDR – und damit wurden sie deren Verbündete im Kalten Krieg gegen den Realsozialismus. Im vorliegenden Buch zeichnen Zeitgenossen, Beteiligte und Betroffene ein Bild von beiden, das der historischen Wahrheit näher kommt als alle Selbstdarstellungen, Jubelgesänge und verklärenden Dichtungen.

Dunstkreis ihres Idols Wolf Biermann drängten, immer in der Annahme, daß man gemeinsam einem Ziel zustrebe: den Sozialismus in der DDR zu verbessern. Die Wege trennten sich, als erkennbar wurde, daß Biermann in der DDR wohl doch keinen besseren, sondern lieber gar keinen Sozialismus haben wollte. Heute ist klarer denn je, daß Robert Steigerwald recht hatte, als er 1977 erklärte, »daß schon seit langem in keinem einzigen Gedicht, in keiner einzigen Äußerung Biermanns auch nur irgend etwas Prinzipielles am realen Sozialismus gelobt wird. Dafür ist er bösartig bis zum Äußersten in seiner ›Kritik‹ am Sozialismus. Und darum gab die Bourgeoisie stattliche Summen für Wolf Biermann aus. Gab sie das darum aus, weil sie für einen besseren Sozialismus ist? Das wäre doch eine recht kuriose Bourgeoisie.«

Allertz lebt noch immer in Berlin und ist publizistisch tätig – mit unveränderten Intentionen.

Robert Allertz (Hrsg.)

Sänger und Souffleur
Biermann, Havemann und die DDR

edition ost

ISBN-10: 3-360-01075-2
ISBN-13: 978-3-360-01075-9

© 2006 Das Neue Berlin Verlagsgesellschaft mbH
Neue Grünstraße 18, D-10179 Berlin
Alle Nachdrucke sowie Verwertung in Film, Funk
und Fernsehen und auf jeder Art von Bild-, Wort- und
Tonträgern sind honorar- und genehmigungspflichtig.
Alle Rechte vorbehalten
Cover: ansichtssache – Büro für Gestaltung, Berlin
Titelfoto: Ullsteinbild, Biermann bei Havemann
in Grünheide, 1972
Druck und Bindung: Salzland Druck, Staßfurt

Die Bücher der edition ost erscheinen
in der Eulenspiegel Verlagsgruppe.

www.edition-ost.de

Inhalt

Vorbemerkung 7

Robert Allertz
Sänger und Souffleur 9

Ingeborg Rapoport
Heinz Brandt, Hollitschers, Robert Havemann 39

Dieter Skiba
Ein »Gerechter unter den Völkern« – Fragen bleiben 47

Hans Heinz Holz
Philosophischer Dilettantismus und politische Schwärmerei 72

Arnold Schölzel
Der Anspruch auf Vernunft 79

Wolfgang Schmidt
Wem nützte es? 93

Kurt Gossweiler
Fucik und Havemann 111

Jakob Moneta
Die Falten von Margot Honecker 118

Peter Hacks
Neues von Biermann 121

Felix Bartels
Biermann, Hacks und die Morphologie
des Unzureichenden 126

Klaus Höpcke und Jean Villain
Schwach am Herzen und in den Lenden 154

Dietrich Kittner
Zersägte Biermann-Legende 164

Dieter Schubert
Puppenspieler Pippow 168

Vorbemerkung

Nein, das ist nicht das 1001. Buch über die Verklärung eines Vorgangs, der jetzt dreißig Jahre zurückliegt. Keine kritische Auseinandersetzung mit den Verantwortlichen, die nachweislich Fehler begingen. Heldengesänge und hämisch-höhnische Denunziationen gibt es inzwischen mehr, als der Verdauung zuträglich sind.

Vielleicht, so ist zu fragen, war der Wolf im Schafspelz nicht nur eine Metapher, sondern es gab ihn wirklich? Und eventuell kamen ein Konzert und seine Folgen nicht so zufällig über uns wie angenommen? War eine Sollbruchstelle vorbereitet, eine Falle? Das unterstellte, daß jemand im Hintergrund die Strippen zog. Existierte ein strategisches, ein Verschwörerzentrum im Westen, wo dies alles im Detail geplant worden ist? Vermutlich nicht.

Doch Zufälle gab es in der Systemauseinandersetzung nie.

Also was ist da geschehen, warum und mit welchen Absichten? Wer war daran beteiligt? Und wieso? Fragen über Fragen, und noch immer keine Antworten nach über dreißig Jahren. Nur propagandistisches Getöse und die üblichen Verdächtigen.

In diesem Buch geben Beteiligte ihre Sicht auf Personen und Dinge wieder. Weil die vermeintliche Mehrheit eine andere hat, muß das nicht heißen, daß diese Autoren irren. Es gibt nicht nur eine zulässige Perspektive. Und schon gar nicht ewige Wahrheiten. Auch wenn dieser oder jener meint, sie allein deshalb zu besitzen, weil ihm einmal unrecht getan worden sei.

Schon ein Wechsel der Betrachtungsperspektive kann vielleicht helfen, dem Wesen einer Sache näherzukommen.

Und hier setzen sich Fachleute mit Havemanns politisch-philosophischer Substanz auseinander. Denn sein »Hauptwerk«, stets als Bibel eines besseren Sozialismus vorgewiesen, ist zwar als Titel bekannt, aber gelesen haben es vermutlich nur wenige. Hat seine »Dialektik ohne Dogma«, die 1964 erstmals verlegte Sammlung seiner Vorlesungen an der Humboldt-Universität zu Berlin, jene geistige Klarheit, die ihnen nachgesagt wurde? War dies ein tragfähiges Konzept für die Reform des Realsozialismus?

Auch wenn die meisten Fachleute meinen, Havemann und Biermann hätten uns heute nichts mehr zu sagen – womit sie vermutlich recht haben –, muß man sich mit den beiden und ihren Positionen auseinandersetzen. Denn selbst als politische Leichen sind sie unverändert Instrumente im Kampf gegen den Sozialismus – nunmehr post mortem. Mit ihnen glaubt man einerseits die Unvereinbarkeit dieser Idee mit dem realen Leben beweisen zu können. Und andererseits soll damit wohl auch die immer größer werdende Kluft zwischen bürgerlich-demokratischem Anspruch und realkapitalistischer Wirklichkeit überdeckt werden.

Havemann und Biermann sollen und können auch keineswegs postum von den tatsächlich Linken dieses Landes vereinnahmt werden. Sie gehörten vermutlich niemandem und dienten wahrscheinlich zunächst nur ihrem eigenen Ego (und in der Folge anderen, die das bedienten). Das machen die Autoren der nachfolgenden Beiträge auf sehr unterschiedliche, aber überzeugende Weise deutlich. Es gibt demnach keinen objektiven Grund, die beiden auf einen Sockel zu hieven, Straßen nach ihnen zu benennen und sie mit Preisen zu überschütten. Das Unrecht, was ihnen widerfuhr, hebt sie nicht heraus aus dem Millionenheer jener, die heute ungerecht behandelt werden. Bei denen geht es zudem um die Existenz – den beiden hingegen ging es, verglichen mit diesen Menschen, trotz »Terror und Unterdrückung« doch recht kommod in dem zerrissenen Land.

Denn die Sänger bei Hofe und ihre Souffleure hatten nicht nur ihren Preis. Er wurde auch von den auswärtigen Potentaten gern entrichtet, wenn sie für deren Zerstreuung und Wohlbefinden erfolgreich wirkten.

Der Herausgeber

Sänger und Souffleur

Von Robert Allertz

> *Ohne Havemann, gerade weil ich so jung war,*
> *hätte ich sehr alt ausgesehen.*
> Wolf Biermann,
> in: *Berliner Zeitung*, 7. September 1996

Da saß ER! Wir waren hin und weg. Der ostdeutsche Heinrich Heine, the godfather of lyrics, mitten unter uns. Nicht möglich. Doch, er war's. Der Blick, der durch den Raum wanderte, um den Selbstzweifel auszuräumen, nicht erkannt worden zu sein, verriet ihn. Als wir hinter den erhobenen Kaffeetassen den Kopf leicht senkten, als grüßten wir ihn, lächelte er geschmeichelt in unsere Richtung.

Aber noch viel dankbarer waren wir. *Er* hatte uns wahrgenommen: der große Sänger und Poet, der etwas erhöht auf dem Barhocker am Thresen thronte, weil ihn sonst kaum einer sah. Denn bei Lichte betrachtet war er sehr klein. Er hatte etwas Zwergenhaftes, was wir jedoch erst merkten, als er zu Boden rutschte, um sich zur Toilette zu begeben.

Aber: Er hatte uns bewußt registriert.

Fortan nahmen wir häufiger einen Kaffee am Fuße des Fernsehturms in Berlins Mitte, in der Annahme, ihn dort wieder zu treffen. Wir waren Volontäre bei Tageszeitungen, um die 20 und auf dem Sprung zum Studium. Texte von Biermann gehörten nicht zur Pflichtlektüre an der Volkshochschule in der Linienstraße, die wir im Rahmen der Journalistenausbildung kollektiv besuchten. Aber seine Zeilen kursierten dort und sorgten für Erheiterung. Die war auch bitter nötig zwischen drögem Schreibmaschinen- und Russischkurs und den vielen trüben Tassen aus anderen Redaktionen. Eine, die wegen ihrer Einfalt besonders auffällig war, kam aus einer hauptstädtischen Zeitung, bei der sie noch heute als gutbezahlte Kulturredakteurin tätig ist. Seither kenne ich die wichtigste Qualifikation, um als Journalist unter allen politischen Verhältnissen funktionieren zu können. Mehr als drei Jahrzehnte beim selben Blatte, und das trotz Brüchen und Gezeiten: á la bonheur ...

Wolf Biermann besaß eine Aura, in die wir angehende Schreiber drängten (»Ich habe gestern wieder mal mit Wolf einen Kaffee getrunken«), und seine bissigen Lieder zitierten wir gern. Als Menschen schätzten wir ihn weniger. Auch ohne je ein Wort mit ihm gewechselt zu haben, spürten wir seine Selbstinszenierung. Wie er den Kopf drehte, gestikulierte, sein Glubschaugenaufschlag über den Tränensäcken, dann dieses kalkulierte, herablassende Grinsen unterm Bärtchen ... Er nahm sich sehr wichtig. Jeden Wimpernschlag, so schien es, wähnte er zitierfähig und für die Ewigkeit bestimmt. Ein Napoleon.

Dann saßen wir in Leipzig und studierten Marx, Engels und die Krise der Physik. Und hockten an einem Novemberabend anno '76 daheim vor dem Fernseher. Der meinige hatte keine Öffnung, in die man ein Übertragungskabel des Tonbandgerätes hätte stecken können, also wurde das Mikrofon vor den Fernsehlautsprecher gehängt. (Der Mitschnitt war entsprechend miserabel, gleichwohl drehte sich die Tonbandspule später unzählige Male in der Studentenbude in der Johannes-R.-Becher-Straße auf dem kiloschweren Tonbandgerät. Die Spule muß noch irgendwo in meinem Keller zu finden sein.)

Biermann lief in Köln zur Hochform auf. Geistreich und witzig reagierte er auf Zwischenrufe aus dem Publikum, er sang zur Klampfe, trat das Harmonium und zog den Balg des Akkordeons klagend auseinander. Liebeslieder und Balladen, Spottlieder und politische Kampfgesänge, das obligate »Wandlitz-Lied« und das »Er ist hinüber, enfant perdu« auf Florian Havemann, der nun glaube, er sitze jetzt *vor* der Mauer, dabei säße er doch *dahinter*. »Abgehauen nach Westen, mit seiner derzeit Festen ...«

Das hatte in der Summe sozialistisch Hand und Fuß, was Biermann da von sich gab. Er äußerte sich kritisch, keineswegs aber ketzerisch gegen die DDR. Alles in allem sprach das mehr *für* als *gegen* uns.

Wäre da nicht die nagende Frage gewesen: Wieso kriegte der zu bester Sendezeit im 1. Programm zwei Stunden live? Degenhardt, Süverkrüp, Wader, Floh de Cologne und wie die linken Liedermacher im Westen hießen, hatten wir noch nie derart lange und intensiv im Staatsfernsehen der BRD besichtigen können.

War's wirklich nur der Exotenbonus, welcher dem nunmehr heimatlosen Ostler Biermann zugestanden worden war?

Drei Tage zuvor kam die Meldung in der *Aktuellen Kamera*, man verweigere wegen dieses Auftritts Biermann die Rückreise in die DDR und erkenne ihm die Staatsbürgerschaft ab. Ich kann mich heute nicht erinnern, ob es danach Wellen oder gar Wogen der Erregung in unserer Seminargruppe gab und wie hoch diese schlugen. Erinnerlich ist mir nur, daß das Zentralorgan mit der Veröffentlichung von Zustimmungsadressen begann. Dank und Begrüßung dieser weisen Entscheidung wanden sich fortan in jeder Ausgabe über mehrere Seiten, was auch die zentrale FDJ-Leitung der Karl-Marx-Universität veranlaßte, die Sekretäre in den Seminargruppen zu einer solchen Bekundung aufzufordern. Ich war ein solcher FDJ-Sekretär. Nö, Jugendfreunde, sagte ich, nicht mit mir. »Findet ihr das nicht ein wenig albern?«

Fragende Blicke.

»Die Genossen in Berlin machen vielleicht einen Fehler, da müssen wir nicht noch applaudieren.«

Ob ich mich etwa klüger dünke als »die Partei«?

Den Spruch kannte ich in seiner Urform aus der Bibelstunde. Dort hieß er im Matthäus-Evangelium 7,3: »Was siehest du aber den Splitter in deines Bruders Auge und wirst nicht gewahr des Balkens in deinem Auge?«

Ich hatte weder einen Balken im Auge noch ein Brett vor dem Kopf und meinte inzwischen das Einmaleins des Klassenkampfs zu kennen. »Hier wurde mit Kanonen auf einen Spatz geschossen. Für ein paar Liedchen gleich die Staatsbürgerschaft wegnehmen – findet ihr das angemessen?«

»Biermann ist ein Feind der Republik!«

»Im Fernsehen aber war das nicht zu merken. Vielleicht hatte ich zuviel Gries auf der Mattscheibe.«

»Da kann man mal sehen, wie der sich verstellt«, trötete ein Mentor mit Strickjacke, welcher von einer Bezirkszeitung aus dem Süden der Republik kam, deren Geschäftsführer und Scharfmacher er nach Privatisierung des Blattes in den frühen 90ern werden sollte. (Man konnte damals schon ahnen, daß es mit ihm ein schlimmes Ende nehmen würde. Er war stets übereifrig und dienstbeflissen. Man nannte solche Typen »300prozentige«.) Er schlage vor, sagte dieser gute Genosse, daß jede Seminargruppe eine Adresse verfertigt, in der sie sich zur DDR bekennt. Der Klassenfeind solle sehen, daß wir geschlossen hinter unserer Partei- und Staatsführung stünden.

Wir standen als FDJ-Gruppe durchaus geschlossen zur DDR und ihrer Führung. Und weil wir zu ihr standen, unterließen wir es, einen solch unsinnigen Schrieb aufzusetzen. Denn selbst wenn man der Auffassung war, Biermann sei vor den West-Kameras in Köln der ganzen Republik auf der Nase herumgetanzt: Hatte das Riechorgan dadurch Schaden genommen? Der Schaden trat doch erst jetzt ein. Denn man mußte schon einige Jahre in der deutschen Geschichte zurückgehen, bis man auf vergleichbare Fälle stieß, daß deutsche Staatsbürger von der deutschen Obrigkeit zu Staatenlosen erklärt worden waren, die man nicht wiederhaben wollte.

Das mußte doch ein gefundenes Fressen für den Westen sein, da würde die Journaille in Blutrausch fallen.

Was sie ja dann auch tat.

Unsere Seminargruppe wurde in jenem Jahr als einzige nicht mit dem Titel »Sozialistisches Studentenkollektiv« ausgezeichnet. Das war bedauerlich, weil dadurch das üblicherweise mit der Prämie finanzierte Gelage im *Coffeebaum* aus dem eigenen Geldbeutel bezahlt werden mußte und darum weniger opulent ausfiel.

Die fetten Jahre waren spürbar vorüber. Das goldene Halbdezennium der DDR zwischen VIII. Parteitag und KSZE-Schlußkonferenz, und mittendrin die X. Weltfestspiele (»Wie ein Stern in einer Sommernacht«), ging nicht nur kalendarisch zu Ende.

Biermanns Rauswurf markierte eine Zäsur.

Der Nachhall des Kölner Konzerts reichte bis zum Ende der DDR.

Gleichwohl gab Biermann postum unserem »300prozentigen« recht. Er habe wahrhaftig bei seinem Auftritt in Köln taktiert und sich sybillinischer Halblügen bedient, erklärte er 1996 offen in einem Interview. »Ich hatte mir fest vorgenommen, im Westen wohl zu sagen, was ich denke und fühle, was denn sonst? Aber nicht die aggressivsten, radikalsten Lieder und Gedichte vorzutragen, die ich ja damals schon geschrieben und veröffentlicht habe.«[1] Folglich war es auch Taktik, als er beispielsweise sein Lied »So soll es sein, so oder so, die Erde wird rot« mit der Bemerkung ankündigte, er habe, als er dieses Lied schrieb, »an den guten Satz von

Marx (gedacht), der sagte, daß die Menschheit entweder einen Weg zum Sozialismus, zu einer kommunistischen Gesellschaft finden würde, oder sie wird in die Barbarei versinken«.²

Ungeachtet der Tatsache, daß der Gedanke »Sozialismus oder Barbarei« nicht Karl Marx, sondern Rosa Luxemburg zugeschrieben wird: Wahr ist er trotzdem – und Biermann bekam nicht grundlos für diesen Hinweis heftigen Szenenapplaus aus dem Saal. Offenkundig zu unrecht, denn er hatte auch damit, wie er zwanzig Jahre später einräumte, das Publikum getäuscht. »Na gut, das habe ich in der DDR geschrieben, das habe ich mir nicht in Köln auf der Bühne ausgedacht«, erklärte er, darauf angesprochen, ausweichend. »Ich konnte im November '76 ja nur das liefern, was ich den Brüdern und Schwestern aus dem Osten mitgebracht hatte.«³

Politik besaß nie, schon gar nicht während des Kalten Krieges, den Charakter von Zufälligkeit. Alles war Kalkül. Was nicht ausschloß, daß Absicht und Resultat auseinandergingen. Das lag meist an der Vielzahl der beteiligten Faktoren, und ein Faktor war bei solchen Prozessen besonders schwer zu kalkulieren: der Mensch. Der verursachte manchen Betriebsunfall.

Doch trotz dieser Imponderabilie gab es Trends und Tendenzen, Grundlinien und Gesetzmäßigkeiten.

Zum Beispiel jene Linie, daß aus Sicht der 1949 gegründeten Bundesrepublik die wenig später gebildete Deutsche Demokratische Republik ein Betriebsunfall der Geschichte sei.[2a] Ein Störfall insofern, als dort die tradierten kapitalistischen Eigentums- und Produktionsverhältnisse außer Kraft gesetzt worden waren. Das sollte rückgängig gemacht werden. Darum mußte die DDR weg. Nur deshalb. Nicht wegen der Demokratiedefizite, der vermeintlichen oder der tatsächlichen, nicht wegen verweigerter Menschenrechte oder eingeschränkter Freizügigkeit, nicht wegen der SED oder des MfS, sondern einzig wegen der 108.000 Quadratkilometer, auf die man keinen Zugriff mehr hatte. »Wir haben uns ihnen weggenommen«, nannte einmal der DDR-Schriftsteller Hermann Kant diesen Vorgang.

Nicht jeder Ostdeutsche fand diese »Wegnahme« gut, aber eine qualifizierte Mehrheit nahm sie hin. Zunächst als Strafe der Geschichte; die Teilung war schließlich von den Siegermächten und keineswegs von den Deutschen verfügt und vollzogen worden.

Dann zunehmend aber auch als bewußt gestalteten politischen Vorgang, der die Option einer Konföderation einschloß: Bis in die späten 60er Jahre rief die SED »Deutsche an einen Tisch«, woran die im Westen regierenden Christdemokraten und andere Konservative demonstrativ nicht interessiert waren. Sie taten, als haßten sie die Mauer, und freuten sich heimlich doch ihrer Existenz.

Die DDR wurde – entgegen anderslautenden Behauptungen – bis in die 70er Jahre hinein nachweislich von Massenloyalität ihrer Bürger getragen. Das war kein bewußtes Bekenntnis zum Sozialismus, aber eben auch keine Distanz oder gar Feindschaft. Die Möglichkeiten des Westens, hier Fuß zu fassen und, wie beabsichtigt, die Verhältnisse nicht nur zum Tanzen, sondern zum Umsturz zu bringen, waren vergleichsweise gering.

Militärisch: eine Illusion. Die DDR war eingebunden in den Warschauer Pakt. Eine Intervention hätte sofort die Bündnispartner auf dem Plan gerufen. Einen Dritten Weltkrieg für so ein Ländchen zu riskieren, widersprach aller Vernunft, die durchaus gleichmäßig über die Welt verteilt war (und ist).

Wirtschaftlich: das geschah, allerdings mit mäßigem Erfolg. Sprangen westdeutsche Firmen ab, sprangen andere ein. Und am Ende stand noch immer die Sowjetunion.

Politisch: nicht sehr wirksam. Der Alleinvertretungsanspruch bröckelte stetig, die Isolation der DDR schwand zunehmend.

Einzig die »innerdeutsche« Propaganda schien erfolgreich zu sein, der Kampf um die ostdeutschen Köpfe. Selbst die in homöopathischen Dosen verabfolgte Demagogie im Äther zeigte Wirkung, wenn sie denn ausdauernd verteilt wurde. Das volksverdummende Werbefernsehen beispielsweise entwickelte in der DDR eine größere Sprengkraft als Atombomben. Es wirkte subversiv und flächendeckend, in dem es unerfüllbare Wünsche weckte, und ließ obendrein die Produktionsanlagen und die künftigen Konsumenten heil.

Zudem hatten die Strategen am Rhein inzwischen begriffen, daß propagandistische Frontalangriffe wenig brachten; blindwütiger Antikommunismus zerschellte an der Realität. Angesichts des wachsenden Übergewichts der ostdeutschen Landsleute zum Beispiel ließ sich schwerlich die Losung von den Hungerleidern und Habenichtsen aufrechterhalten, wenn man sich nicht dem Gespött der Geschmähten ausliefern mochte.

Weniger Ablehnung hingegen fand dezidierte Kritik, die – von solidarischem Verständnis und Nachsicht getragen – gleichsam als Hinweis zur Verbesserung des Realsozialismus galt. Denn die Idee des Sozialismus wurde von immer mehr Menschen als vernünftig begriffen. Und da dieser auch als fortschreitender Prozeß gesehen wurde, in welchem Hemmendes sukzessive überwunden werden sollte – die Muttermale der alten Gesellschaft, aus der man kam, und die Kinderkrankheiten der neuen, die man gestaltete –, war man konstruktiven Ratschlägen durchaus aufgeschlossen.

So fanden im Westen bald jene im Osten, die den Sozialismus »von kommunistischen Positionen« aus kritisierten, um ihn zu verbessern, mindestens soviel Aufmerksamkeit und Unterstützung wie dessen erklärte Gegner, die man ebenfalls unverändert protegierte.

Verwundert rieb man sich die Augen, als etwa der »Prager Frühling« 1968, in dem es angeblich um einen »Sozialismus mit menschlichem Antlitz« ging, plötzlich mehr Fürsprecher und Unterstützer jenseits des »Eisernen Vorhangs« hatte als in der Goldenen Stadt an der Moldau selbst. »Wir sagten: Wir sind die Kommunisten, und ihr im Politbüro seid die Antikommunisten. Ihr seid Konterrevolutionäre, und wir sind die Revolutionäre«[4], erklärte Biermann im Nachgang den vermeintlichen Paradigmenwechsel. Unterstellt, daß die »inneren Kritiker« der sozialistischen Gesellschaft tatsächlich deren Fortschritt und nicht ihre Beseitigung wollten: Objektiv arbeiteten sie damit der Gegenseite zu. Absicht und Resultat ihres Engagements gingen auch hier auseinander.

Das ist die wohlmeinende Interpretation, die Naivität vor den Vorsatz stellt.

Robert Havemann beispielsweise mußte sich vom Rektor der Humboldt-Universität zu Berlin (HUB) im Frühjahr 1964 vorhalten lassen: »Wissen Sie, mir schmeckt etwas nicht an Ihren Ausführungen: Ihre Naivität. Ihre unglaubliche Naivität gegenüber – wie Sie sagen – solchen Menschen, die daherkommen und die sich unterhalten wollen und die dann mit einem massiven Artikel den Prozeß wenden, und von denen Sie jetzt behaupten, sie hätten ein Tonbandgerät in der Tasche gehabt. Was der Kalte Krieg ist, wissen wir … Wir sollen Erzieher unserer Studenten sein. Sie selbst waren Prorektor für Studienangelegenheiten. Wenn der naivste Student auf solche Sachen hereinfällt, würde ich sagen, der hat nicht genügend Intelligenz, ein Studium zu beginnen.«[5]

Die Vorhaltung stammt aus dem Protokoll des Disziplinarverfahrens, das an der HUB gegen Havemann geführt wurde, weil im Hamburger *Echo am Abend* am 6. März 1964 ein Interview erschienen war, in welchem Havemann sich über dieses und jenes, aber eben auch über Arbeitsprobleme geäußert hatte. Das fand sein Arbeitgeber, die Universität, mehr als illoyal, weshalb sie eben jenes Disziplinarverfahren führte. In diesem gehe es nicht um Ideologie, erklärte Magnifizenz Prof. Dr. Kurt Schröder eingangs. (Diese Hervorhebung sollte man sich merken, denn auch sie muß zur Beurteilung Havemanns herangezogen werden.[5a])

Havemann verteidigte sich damit, daß er kein Interview gegeben habe. Karl-Heinz Neß, der ihn an seinem Arbeitsplatz aufgesucht hatte, habe das Gespräch heimlich mitgeschnitten. Havemann nannte diesen Mann aufgebracht einen »böswilligen Betrüger«, »der zweifellos im Auftrage westlicher Stellen, wobei ich es für wahrscheinlich halte, westlicher Geheimdienste, handelte«.[6] Er habe inzwischen Rechtsanwalt F. K. Kaul und den westdeutschen Rechtsanwalt Dr. Regensburg eingeschaltet, die gegen Neß und die Zeitung juristisch vorgehen sollten. »Ich bin nicht irgendjemand, ich bin nicht gegen unseren Staat. Ich habe mein Leben lang gearbeitet und gekämpft für diesen Staat und die Sache«, erklärte er. Im Westen habe man die Tatsache »ausnutzen« wollen, daß er wegen seiner Vorlesungen von der Partei kritisiert worden sei, »um das Kesseltreiben gegen die DDR zu verschärfen durch eine angebliche Presseäußerung von mir«.[7]

Robert Havemann war der Annahme, daß er benutzt worden, daß er Objekt, nicht Subjekt gewesen sei. An anderer Stelle sagte er sogar: »Ich möchte feststellen, daß es sich um ein offensichtlich geplantes Unternehmen eines westlichen Geheimdienstes handelt, das die Absicht hatte, den Streit um meine Vorlesungen zu benutzen, ihre Interessen zu verfolgen. Deshalb sind solche Äußerungen in der Westpresse erschienen.«[8]

Havemanns Behauptung ist vermutlich so zutreffend wie frei: Sie wurde ihm nicht abgenötigt oder gar erzwungen. Das halbe Dutzend Akademiker, eine kleine Runde, redete offen miteinander und behandelte sich mit wechselseitigem Respekt. Niemand verlangte von ihm zu erklären: »Dieser Mann *[Neß – R. A.]* ist ein

Agent des Geheimdienstes, der dieses Unternehmen organisiert hat, er ist ein Agent des amerikanischen Geheimdienstes, der aus der Kontroverse über meine Vorlesungen politisches Kapital geschlagen hat. Ich bin das Opfer eines raffinierten Anschlages geworden.«⁹ Robert Havemann tat es aus freien Stücken.

Nebenbei bemerkt: Magnifizenz reagierte ein wenig süffisant auf die – vermeintliche oder tatsächliche – Unbedarftheit seines Kollegen. »Ich bin politisch nicht so erfahren wie Sie, Herr Havemann«, merkte er an, doch auch er habe schon vergleichbar »komplizierte Verhandlungen« führen müssen. Er erinnerte an ein Gespräch mit dem Rektor der Göttinger Universität in dessen Amtszimmer. Als man zu bestimmten Themen gekommen sei, habe der ihm vorgeschlagen: »Herr Kollege, wir wollen doch lieber in einen anderen Raum gehen, ich weiß nicht genau, wie der Verfassungsschutz arbeitet.«¹⁰

Er jedenfalls, so Schröder, würde »höchste Aufmerksamkeit walten lassen«, wenn »so ein Westfritze« daherkomme. Havemann hätte gut daran getan, es ebenfalls so zu halten, dann müßte er jetzt nicht feststellen: »Auf meinem Rücken wird das alles ausgetragen, ich muß Stellung beziehen, ich bin verblendet gewesen, ich habe keine Sorgfalt walten lassen.«¹¹

Also unterstellt, der Kommunist Robert Havemann kritisierte die DDR auf diese Weise einzig zu dem Zweck, sie zu entwickeln: Dann mußte man ihm ein hohes Maß an Blauäugigkeit konzedieren. Das Schaf im Schafsfell also. Doch wenn einer wie er auch noch die internationalen und die nationalen Rahmenbedingungen derart ignorierte, war er entweder dumm und für die Politik ungeeignet. Oder er war ein selbstsüchtiger Hasardeur. Oder einer, der im Auftrag anderer arbeitete.

Diese Einschätzung wäre dann weniger wohlmeinend, aber eventuell näher an der Wahrheit. Ein Wolf im Schafspelz?

Robert Hans Günter Havemann, Jahrgang 1910, kam in München zur Welt, besuchte in Hannover und Bielefeld die Schule und studierte in München und Berlin. Die Eltern, von ihm selbst als anfangs liberal bezeichnet, schwenkten 1933 zu den Nazis über. Der Vater, zunächst Lehrer, arbeitete dann als Journalist. Havemann jr. bekam 1931/32 Kontakt zur KPD und war laut Selbstauskunft nur deshalb nicht deren Mitglied geworden, weil ihm eine für die Komintern tätige Genossin davon abgeraten habe: Man brauchte seine Wohnung als illegales Quartier für ausländische Genossen. Anfang 1933 habe, so Havemann, der Bulgare Taneff bei ihm gewohnt, der ihm aber namentlich erst bekannt wurde, als dieser neben Dimitroff im Reichstagsbrandprozeß auf der Anklagebank gesessen habe.

Nach seiner Befreiung aus der Todeszelle in Brandenburg-Görden wurde Havemann Verwaltungsdirektor im Krankenhaus Berlin-Britz, dann Direktor des Kaiser-Wilhelm-Instituts für Physikalische Chemie Berlin-Dahlem. Auch damals habe er Antrag auf Aufnahme in die Partei gestellt. Doch Otto Winzer, Josef Naas und Erich Ziegler hätten ihm mitgeteilt, »daß meine Parteimitgliedschaft geheim bleiben müßte wegen der Amerikaner«, berichtete er in einem handschriftlichen Lebenslauf vom 9. April 1954.[12] »Später wurde durch die Partei eine Verbindung zu sowjetischen Genossen hergestellt. Während der nun folgenden Zeit arbeitete ich politisch im Auftrag der sowjetischen Genossen; über den Inhalt und die Ergebnisse dieser Arbeit kann ich hier keine Mitteilung machen.«[13]

Nicht jeder Mitarbeiter der Komintern, der in Deutschland arbeitete, wird für die sowjetische Aufklärung tätig gewesen sein. Doch die Annahme scheint nicht abwegig, daß Havemann als 21jähriger Student vom sowjetischen Nachrichtendienst angesprochen, vielleicht sogar angeworben wurde. Die Vermutung wird in seinem Anwerbungspapier als IM »Leitz« vom 23. Februar 1956 bestärkt. MfS-Unterleutnant Richter von der Abt. VI vermerkt darin, daß der Geheime Informator (GI) »bereits seit 1953 für unser Organ als Kontaktperson« tätig sei und »wertvolle Hinweise und Informationen über sein Institut und verschiedene Wissenschaftler« gebracht habe. »Vorher arbeitete er jahrelang mit einer sowjetischen Dienststelle zusammen.«[14]

Es kann also mit einiger Sicherheit davon ausgegangen werden, daß Havemann etwa zwei Jahrzehnte für die sowjetische Aufklärung tätig war. Diese Personen waren für das MfS tabu – erst nachdem die Zusammenarbeit endete, durfte sich der DDR-Dienst um sie bemühen. Die Aufklärer wurden gleichsam weitergereicht. »Die Anwerbung erfolgte während eines Treffs am 24. 2. 1956 in seiner Wohnung.«[15]

Die Verbindung mit dem MfS ist in über 60 Treffberichten dokumentiert; er habe »auch belastende Informationen über ihm bekannte Personen aus beruflichem, politischen und privatem Umfeld«[16] geliefert, konstatierte die Gauck-Birthler-Behörde. »Aus den MfS-Akten ist nicht ersichtlich, daß sich Robert Havemann der Zusammenarbeit mit dem MfS entzogen hätte oder dies beabsichtigte. Es ist jedoch deutlich erkennbar, daß das MfS aufgrund der nicht abreißenden ideologischen Auseinandersetzungen um seine Person zunehmend selbst Zweifel am Sinn einer solchen Zusammenarbeit hatte und diese dann folgerichtig einstellte«[17], heißt es aus der Bundesbehörde über das Ende des IM »Leitz« 1963/64.

Es ist wahrscheinlich, daß die sowjetische Aufklärung insbesondere an seinen Kontakten zu Mitgliedern der 1933 entstandenen Oppositions- und Widerstandsgruppe »Neu Beginnen« interessiert war. (Havemann trug dort den Decknamen »Glassner«.) Die Überlebenden fanden sich 1945 in der SPD und gerieten offenkundig als politisch aktive Gruppe ins Visier der östlichen (wie auch der westlichen) Aufklärung. In einem handschriftlichen Lebenslauf vom 15. Dezember 1951 urteilte Havemann über »Neu Beginnen«, daß deren Mitglieder »eine erhebliche Rolle in der SPD spielen. Diese Gruppe ist heute eine reine amerikanische Agentenorganisation«.[18] Damit war alles gesagt.

Havemanns Engagement für die östlichen Dienste gestattet Rückschlüsse auf die Zeit und seine Überzeugung und ist keineswegs ehrenrührig. Im Gegenteil.

Wenn es da nicht noch etwas gäbe.

In dem von Havemann am 9. April 1954 verfaßten Lebenslauf hieß es: »Im Jahre 1948 wurde ich auf Anordnung der amerikanischen Militärregierung fristlos aus meiner Stellung als Leiter der Kaiser-Wilhelm-Gesellschaft entlassen. Als Grund wurde die Verletzung des Kontrollratsgesetzes Nr. 25 (Forschungskontrolle) angegeben. Ich durfte jedoch meine Stellung als Abteilungsleiter im Kaiser-Wilhelm-Institut für Physikalische Chemie und Elektrochemie behalten. Inzwischen wurden vom amerikanischen Geheimdienst alle Westberliner politischen Stellen vor mir gewarnt, sodaß ich meine konspirative Arbeit schließlich nicht mehr fortsetzen konnte. Mit Genehmigung meiner sowjetischen Verbindungsstellen trat ich nun langsam wieder politisch hervor, betätigte mich aktiv in der Friedensbewegung und wurde 1950 aufgrund eines Artikels über die Trumansche Wasserstoffbombe, der im *ND* erschien, vom Westberliner Magistrat fristlos entlassen und erhielt Verbot, das Institut zu betreten. Im Friedenskampf in Westberlin wurde ich zweimal verhaftet.«[19]

Das klingt überzeugend und logisch. Wäre nicht jenes Detail, das Havemann hier verschwieg, aber in einem früheren Lebenslauf am 30. Juni 1951 verriet: Nach 1945 sei es ihm gelungen, »über ehemalige Mitglieder der Neu-Beginnen-Gruppe sehr wichtige Beziehungen zur Westberliner SPD und den sie anleitenden Stellen des amerikanischen Geheimdienstes herzustellen. Lange Zeit gelang mir die Täuschung sehr vollkommen. Erst Ende 1947 schöpfte der Geheimdienst Verdacht und schickte mich ›zur Erholung‹ in die Schweiz. Anfang 1948 wurde ich durch amerikanische Verfügung meines Amtes enthoben. Alle Verbindungen mit mir wurden abgebrochen.«[20]

Die Amerikaner schickten ihn also, als sie Verdacht schöpften, in die Schweiz? Andere Dienste pflegten in vergleichbaren Fällen anders zu handeln, von einem Erholungsurlaub in der Schweiz las man noch nie.

Bei der Befragung durch eine Kommission zur Überprüfung der Mitglieder und Kandidaten der SED 1951 gab Havemann zu Protokoll, »daß er 1945 von einem Mitarbeiter des CIC angesprochen und gefragt worden sei, ob er nicht Kontakt mit der Gruppe ›Neu Beginnen‹ aufnehmen wolle.«[21]

Könnte es also sein, daß Havemann 1945 auch von den Amerikanern angeworben wurde? (Die CIC – *Army Counterintelligence Corps* – war die Gegenspionageabteilung des Armee-Geheimdienstes.)

Das hätte seiner hypertrophierten Eitelkeit gewiß geschmeichelt, auch von der anderen großen Siegermacht umworben zu werden. Denn eben dieser Charakterzug trat überdeutlich an ihm hervor und bestimmte sein Handeln.

So urteilte Heinz Brandt, sein Parteibürge, am 22. Januar 1952 über ihn: »Genosse Robert Havemann ist ein außerordentlich fähiger, intelligenter Genosse, hat jedoch nicht alle Eigenschaften seiner bürgerlichen Herkunft völlig überwunden. Es besteht bei ihm immer noch ein gewisses Geltungsbedürfnis und eine nicht immer ausreichende Disziplin in der Arbeit.«[22]

Und ein Genosse Förster von der SED-Organisation der Humboldt-Universität schätzte am 22. März 1954 ein: »Wenn er auch über gute Kenntnisse im Marxismus-Leninismus verfügt, so zeigt sich beispielsweise in seinem Auftreten auf Parteiveranstaltungen, daß ihm die Verbindung dieser Kenntnisse mit der politischen Praxis schwerfällt. Es kann daraus leicht der Eindruck einer gewissen Überheblichkeit gegenüber den anderen Genossen entstehen. In seinen Entscheidungen (besonders als früherer Prorektor für Studentenangelegenheiten) war nicht selten eine sektiererische Haltung festzustellen. Genosse Havemann neigt dazu, mehr zu repräsentieren als vermittels mühevoller, unbeachteter Arbeit Großes zu leisten. Die fortwährenden übertriebenen Hervorhebungen in Presse und Rundfunk (als ›Atomphysiker‹ oder ›Nationalpreisträger‹ usw.) haben nicht geholfen, seine Überheblichkeit zu überwinden«, meinte sein Beurteiler. Und er wurde noch direkter: »Seine persönliche Schwäche besteht bei ihm darin, daß er sehr auf Geld aus ist.«[23]

Ähnliches liest man auch in der Einschätzung der Universitäts-Parteileitung vom 4. Dezember 1958, die auch wie die vorangegangenen an die Abteilung Wissenschaft im ZK der SED ging. Havemann sei ein »begabter Wissenschaftler«, der aber »zuwenig auf seinem wissenschaftlichen Gebiet arbeitet«. Dafür habe man ihn wiederholt schon kritisiert. »Genosse Havemann arbeitet schätzungsweise im Durchschnitt 2-3 Stunden täglich an der Universität, obwohl hier seine Hauptarbeitszeit liegen müßte. Sein Verhalten wird dadurch erleichtert, daß Genosse Havemann viele Aufträge übergeordneter Organe erhält, die nicht mit der Grundorganisation abgestimmt sind.«[24]

Offiziell ist Havemann (und das bis zum März 1964) Institutsdirektor und Professor an der Chemischen Fakultät der HUB. Der Volkskammerabgeordnete sammelte Ämter wie andere Briefmarken und schmückte sich mit ihnen. Die Fragebögen faßten in der entsprechenden Rubrik nicht alle Funktionen; seine ohnehin zierliche Handschrift wurde dort noch um einiges winziger, damit möglichst viele Titel hinpaßten. Nur 1958 gelang es durch kollektiven Unmut, ihm das Angebot auszureden, auch noch die angetragene Präsidentschaft in der Kammer der Technik (KDT) zu übernehmen, schließlich sei er bereits drei Jahre zuvor als Mitglied aus der Ingenieurvereinigung der DDR ausgeschieden, hieß es ...

Selbst die Dauer der Parteizugehörigkeit gehört zur Selbsterhebung. Am 25. November 1956 wandte er sich mit der Bitte an das ZK der SED, man möge das Eintrittsdatum 19. Dezember 1951 in seinem Parteidokument ändern, weil er doch schon seit Beginn der 30er Jahre für die Partei gearbeitet habe.[25] Auch diese Bitte wurde ihm nicht abgeschlagen: Am 28. Februar 1957 beschloß die Bezirksleitung Berlin der SED, den Beginn von Havemanns KPD-Mitgliedschaft auf das Jahr 1932 zu legen.[26]

Die Charakterisierung, die die Zentrale Parteikommission 1964, im Jahr seines Ausschlusses aus der SED, vornahm, wurde vielleicht auch vom Willen diktiert, Havemann loszuwerden. Jedoch trat kein neuer Aspekt hinzu: alles wurde in den zurückliegenden anderthalb Jahrzehnten, wo er noch aktiv im politischen Leben der SED und der DDR stand, schon einmal so festgehalten. »Prof. Dr. Havemann ist überheblich und hat einen starken Geltungsdrang. Er ist nicht bereit, in der täglichen Arbeit das Statut anzuerkennen und die damit im Zusammenhang stehende Disziplin einzuhalten. Er ist undiszipliniert, stark individualistisch und neigt zu anarchistischen Tendenzen.«[27]

Geltungsdrang und Eitelkeit machen verführbar.

Ließ er sich nach dem Krieg von den Amerikanern verführen, wurde er vor, während oder nach seiner »Erholung« in der Schweiz zum Doppelagenten? Der Gedanke ist nicht abwegig, er paßt in Havemanns charakterliches Profil. (Im übrigen war Havemann laut eigenen Angaben vom 6. April 1950 zwischen 1935 und 1939 schon einmal in der Schweiz sowie in Österreich und Jugoslawien, was er als »Urlaubsreisen« deklarierte.[28])

Rechnet man seine Tätigkeit als militärischer und politischpolizeilicher Abwehrbeauftragter am Kaiser-Wilhelm-Institut bis zu seiner Verhaftung hinzu (und diese Funktion übernahm er mindestens mit Billigung von zwei faschistischen Geheimdiensten, der Abwehr und der Gestapo), muß man besorgt fragen, ob er sich nicht doch ein wenig überschätzte, mehrere Tiger auf einmal reiten und sie auch beherrschen zu können?

Das MfS suchte in Erfahrung zu bringen, wie Dieter Skiba berichtet, ob Havemann mit den Nazis paktierte. Das gelang nicht, es fanden sich keine stichhaltigen Belege für eine Kollaboration. Und deshalb unterließ es das MfS, Havemann mit einem Anfangsverdacht zu denunzieren.

Doch nun gibt es jenen anderen Verdacht, daß er sich mit den Amerikanern eingelassen haben könnte. Auf Nachfrage erklärt

Oberstleutnant a. D. Dieter Skiba: »Ich kann mich nicht erinnern, ob wir eine eventuelle Verbindung Havemanns zu amerikanischen oder anderen westlichen Geheimdiensten vermuteten und solchen Verdachtsmomenten auch nachgegangen wären. Offenkundig nicht. Hingegen entsinne ich mich, daß wir annahmen, daß sein Brandenburger Kurier, der Wissenschaftler Fritz von Bergmann, nach dem Krieg für die Amerikaner gearbeitet hat.

Havemanns sowjetische Anbindung ist bezeugt. Antje Hasenclever, mit der er von 1933 bis 1946 verheiratet war, besorgte für das Exekutivkomitee der Komintern (EKKI) Quartiere. Ich erinnere mich, was auch von anderen Mitarbeitern der HA IX/11 bestätigt wurde, daß wir in diesem Zusammenhang in unserer Arbeitskartei zum Vorgang Havemann eine Original-Karteikarte der Gestapo (sogenannte IS-Karteikarte, Größe A 5, Farbe graugrün) hatten, auf der vermerkt war, daß Havemann Verbindungen zur Komintern hatte. An den genauen Wortlaut, an das Datum der Eintragung und die stets angegebene Vorgangsnummer kann ich mich leider nicht erinnern. In solcher Art Indexkartei sind bei der Gestapo relevante Personen und Sachverhalte generell erfaßt und überprüft worden. Schon deshalb ist es unwahrscheinlich, daß die Gestapo bei der Ernennung Havemanns zum Abwehrbeauftragten am Institut davon nichts mehr gewußt haben soll, wie beispielsweise der Mitarbeiter des Robert-Havemann-Archivs Bernd Florath in seinem *ND*-Beitrag am 22./23. April 2006 behauptete.«[29]

In dem von Skiba erwähnten Beitrag hatte der Historiker Florath eingeräumt: »In der Tat: Havemann wurde am Pharmakologischen Institut der Berliner Universität Ende 1939 als stellvertretender, 1941 als militärischer Abwehrbeauftragter (bestätigt durch das Amt Abwehr des OKW) und am 11. Mai 1942 als politisch-polizeilicher Abwehrbeauftragter (bestätigt durch das Reichssicherheitshauptamt, Amt IV E 2, d. h. durch die Abwehrabteilung der Gestapo und nicht durch den ›Chef der Sicherheitspolizei und des Sicherheitsdienstes‹) eingesetzt.«[30]

Auf ein Interview eingehend, in welchem der ehemalige MfS-Offizier Skiba Zweifel artikuliert hatte, daß die Verbindung Havemanns zur Komintern der Abwehrabteilung der Gestapo nicht bekannt gewesen sein solle, merkte Florath gleichermaßen hintersinnig wie apodiktisch an: »Tatsächlich mag es, verglichen mit dem Informationsmanagement des Dienstes von Herrn Skiba, verwundern, daß die Gestapo wenige Wochen vor der Verhaftung Havemanns über ihn ›weder in politischer noch in krimineller Hinsicht [...] Nachteiliges‹ wußte. Allein: So ist es.«[31]

Beweist oder widerlegt aber dieses »Basta« etwas?

Trotzdem erstaunt, daß manche Aussage Havemanns weder zu DDR-Zeiten noch danach eine Rolle bei seiner Bewertung spielte. Sie kann sowohl als Dummheit der DDR-Organe wie auch als Ausdruck von Seriosität interpretiert werden: Selbst in der Auseinandersetzung mit Havemann ließ man sich nicht auf Unbewiesenes und Spekulatives ein.

Da ist zum Beispiel jene Hausmitteilung aus dem Büro Hager an Walter Ulbricht vom 17. April 1964. (Am 12. März 1964 war Havemann aus der SED ausgeschlossen worden.) Der Erste Sekretär des ZK der SED schrieb mit Bleistift in seiner breitlaufenden Zimmermannsschrift kommentarlos an den Rand: »An den Leiter der Kaderabteilung«. Und der packte den Zettel in die Kaderakte, wo sie noch heute unbesichtigt ruht.

»Betr.: Äußerung von Prof. Dr. Thiessen über Prof. Havemann

Anläßlich eines Gespräches, das Gen. Schober mit Prof. Thiessen hatte, versuchte Gen. Schober zu erfahren, wie Prof. Thiessen zum Problem Havemann steht. Dabei wurde sichtbar, daß Thiessen von Havemann nichts hält, was nicht zuletzt auf Äußerungen Havemanns vor langer Zeit zurückgeht. Havemann hatte sich sinngemäß dahingehend ausgesprochen, daß man einen großen Nazi zum Vorsitzenden des Forschungsrates gemacht habe, ihn dagegen nicht.[32]

Im Verlaufe des Gesprächs äußerte Prof. Thiessen, was mit Havemann wirklich los ist, wissen die wenigsten. Als er (Prof. Thiessen) in der Sowjetunion mit Prof. Siebert (?) zusammen war, habe ihm dieser mitgeteilt, daß Havemann in der Nazizeit nicht wegen seiner antifaschistischen Haltung eingesperrt und verurteilt worden wäre, sondern wegen Rauschgifthandel. Siebert habe damals ein Gutachten anfertigen müssen. Nach Auffassung des Gen. Schober habe Prof. Thiessen nicht nur ihm diese Dinge erzählt.«[33]

Was immer an dieser Bemerkung[34] dran war: Sie wurde stillschweigend zu den Akten genommen wie auch das Schreiben einer gewissen Inge Karsten vom 18. Dezember 1950 an das

»Sekretariat der SED«, die Havemann beschuldigte, »ein kluger Agent zu sein, enge Verbindungen zur amerikanischen Besatzungsmacht zu haben und ganz nahe Beziehungen zu einem früheren deutschen Emigranten und Beamten des amerikanischen Sicherheitsdienstes, Horst Mendershausen, zu haben«.[35]

Das Schreiben ohne Absender, das vermutlich von einer Westberlinerin (oder einem Westberliner) kam, wurde ohne Überprüfung und mit der Begründung, die Mitteilung sei »zu subjektiv«, zu den Akten genommen. Es war seinerzeit nicht unüblich, daß sich Geheimdienste im Schreiben und Versenden solcher kompromittierenden Mitteilungen übten. Es konnte sich also erstens um eine »aktive Maßnahme« eines westlichen Dienstes handeln, zweitens um eine klassische Denunziation eines früheren Kollegen oder einer früherin Kollegin, oder drittens um einen begründeten Hinweis. In diesem Falle handelte man aber wie gewöhnlich: im Zweifel *für* den Beschuldigten. Nachdem das Blatt über mindestens zehn Schreibtische gewandert war – so viele handschriftliche Paraphen sind jedenfalls zu erkennen – kam es in die Ablage. Der Wortlaut des Schreibens lautete: »Sehr geehrte Herren! Durch Presse und Veranstaltungen habe ich festgestellt, daß Herr Professor Robert Havemann als Friedenskämpfer in der DDR eine führende Rolle spielt.

Aus meiner Tätigkeit habe ich Herrn Prof. H. besonders nach 1945 kennengelernt. Seine charakterlichen Eigenschaften sind nicht ohne Tadel. Ich weiß positiv, daß Prof. H. sehr enge Beziehungen zur amerikanischen Besatzungsmacht hatte, ganz nahe Beziehungen hatte er aber mit einem früheren deutschen Emigranten und späteren Beamten des amerikanischen Sicherheitsdienstes, Mister Horst Mendershausen. Diese Beziehungen sollen noch nicht abgebrochen sein. – Wenn Sie glauben, daß seine damaligen Differenzen mit den Amerikanern politischer Natur waren, so irren Sie. Ich darf Ihnen hundertprozentig versichern, daß es sich um materielle, insbesonder aber um stark persönliche Dinge handelt, denn er ist krankhaft ehrgeizig und von einem großen Geltungstrieb befangen.

Daß Herr Professor Havemann auch enge Verbindungen mit Mitgliedern des sozialdemokratischen Parteivorstandes (Mattick, Thiele), besonders aber mit dem damaligen Leiter der Wannseeschule der SPD, Kurt Schmidt, hatte, ferner mit Peuke und Gurland, die er alle in seiner damaligen Wohnung im Kaiser-Wilhelm-Insitut empfing, dürfte Ihnen wohl nicht bekannt sein.

Ich bin der Ansicht, Herr Professor Havemann ist ein sehr kluger Agent. Bitte, prüfen Sie diese Dinge nach, vielleicht können Sie von Herrn Professor Havemann noch einiges mehr erfahren.

Hochachtungsvoll Inge Karsten«[36]

Die Tatsache, daß Havemann Thiessen als »einen großen Nazi« bezeichnete, läßt sich mit einer tiefsitzenden Rivalität und Aversion gegenüber seinem früheren Chef erklären. Vielleicht wußte man wirklich zuviel voneinander? Da half die Ideologie-Keule. In der DDR funktionierten die antifaschistischen Reflexe, worauf Havemann wohl spekulierte. In diesem Falle umsonst. Gleichwohl erscheint seine Bemerkung angesichts der aktuellen Debatte über die antifaschistische Verfaßtheit der DDR in einem anderen Lichte. Es ist nichts Neues unter der Sonne. Der Versuch, die DDR auf diese Weise zu diskreditieren, hat also Tradition.

So illustrierte *Die Zeit* ihre Seite (»Scherbengericht über Havemann«) vom 18. März 1966 mit einem Foto des soeben aus der Deutschen Akademie der Wissenschaften Ausgeschlossenen. Das Hamburger Blatt veröffentlichte den vertraulichen Bericht Werner Hartkes, der Havemanns Rauswurf begründet hatte. Bildtext: »Robert Havemann ist dem SED-Regime wegen seines unerschrockenen Denkens seit Jahren ein Dorn im Auge. Während des Dritten Reiches gehörte er in Berlin einer kommunistischen Widerstandsgruppe an. Akademiepräsident Hartke war Blockleiter und NSDAP-Mitglied.«[37]

Halten zu Gnaden: In seinem SED-Fragebogen vom 8. August 1950 schrieb Havemann zu den eigenen Eltern: »Beide waren Pg. Bruder Hans Erwin, 18.3.1911, gefallen 1943, war Pg. Vater jetzt SED und Kulturbund. Für die Redaktion des *Sonntag* tätig.«

Ungeachtet aller bekannten Fakten und Vermutungen bleiben wir einmal bei der abwegigen Hypothese: Robert Havemann war ein politischer Naivling. Seine Dienste für diverse Dienste leistete er in dem Glauben, »daß auch eine Geheimpolizei im Interesse einer emanzipatorischen Politik nützlich wäre«.[38] Dafür wurde ihm postum – im Unterschied zu anderen Personen, die nicht anders handelten – Absolution erteilt. Denn: »Er hat sich geirrt. Er hat sich geschämt.«[39] Das aber nur nebenbei.

Doch trotz Naivität und Scham: Havemann war objektiv in

die Strategie des Westens eingebunden, die DDR zu schwächen und ihr den Garaus zu machen. Auch wenn er selbst dieses bestritt und davon überzeugt war, Kommunist zu sein. Auf eine entsprechende Frage von »Il Giorno« antwortete er 1966: »Aber gewiß. Ich glaube, daß man trotz Stalin und trotz des heute noch weiter lebenden Stalinismus nicht sagen kann, daß sich die kommunistische Welt mit Schuld befleckt habe, wie sie mit der des Nazifaschismus vergleichbar ist. Die Mängel des zeitgenössischen Kapitalismus sind groß und offensichtlich. Man braucht nur an den Rassimus in den USA oder in Südafrika, an die amerikanischen Repressalien in Vietnam, an das immer ernster werdende Problem des Hungers in der Welt und an die Massenunkultur der westlichen Länder zu denken, wo die meisten Menschen zu Großverbrauchern, zu verrückten Autofahrern und zu Sklaven der Dinge geworden sind.«[40]

Und zur Zukunft des Kommunismus sagte er noch ein wenig blumiger und auf Grammatik pfeifend: »Nun, einen modernen Kommunismus vorausgesetzt, der seine Quellen in denen der universellen Weisheit aller Zeiten kennt und die christliche Lehre nicht ablehnt, sondern sie assimiliert und säkularisiert, habe ich keine Furcht, Optimist zu sein. Es wird ein Tag kommen, da wir frei sein werden von jeder Spur stalinistischen Dogmatismus' sowie bereit, uns aller Mittel der Menschheit zu bedienen. Bei dieser gewaltigen wissenschaftlichen und kulturellen Entwicklung der gesamten Menschheit kann der entscheidende Beitrag von den sozialistischen Ländern kommen.«[41]

Als Medium im Kalten Krieg *gegen* diese sozialistischen Länder funktionierte Havemann sehr erfolgreich. Am 6. März 1964 erschien im Hamburger *Echo am Abend* das bereits erwähnte Interview mit Karl-Heinz Neß. Weil darin auch Forschungsresultate ausgeplaudert wurden, zog Havemanns Arbeitgeber rechtliche Konsequenzen: Entlassung. Ein derart schwerwiegender Vorwurf hatte natürlich auch politische Konsequenzen: Ausschluß aus der SED. Beides geschah am 12. März 1964. Trotzdem bekam Robert Havemann eine Forschungsstelle bei der Deutschen Akademie der Wissenschaften (DAW) mit einem »Sondergehalt von 4.000,00 Mark« zugewiesen, die er am 1. April 1964 antrat. Zur gleichen Zeit verhandelte er mit Rowohlt in Hamburg über die Edition seiner Vorlesungen an der Humboldt-Universität. Der lukrative

Vertrag wurde am 5. Mai 1964 geschlossen, das Buch mit den 168 Seiten erschien noch im gleichen Jahr unter dem Titel »Dialektik ohne Dogma«.

Am 23. Oktober 1965 erfolgte Havemanns Abberufung als Forschungsgruppenleiter durch DAW-Vizepräsident Prof. Dr. Hermann Klare. Der begründete diesen Schritt so: »Nachdem Sie bereits im Juni 1964 durch die Veröffentlichung eigener Vorlesungen und Vorträge von einem westdeutschen Verlag prinzipielle Veränderungen in der Gesellschaftsordnung der Deutschen Demokratischen Republik propagiert hatten, haben Sie Ihrer Funktion als Leiter einer wissenschaftlichen Akademieeinrichtung in den letzten Tagen selbst dadurch vollends die Grundlage entzogen, daß Sie in der westdeutschen Zeitschrift *Der Spiegel* einen Artikel publiziert haben, der mit ihren dienstlichen Pflichten in keiner Weise mehr zu vereinbaren ist. Sie wenden sich in diesen Ausführungen gegen die nationale und demokratische Politik der Regierung der Deutschen Demokratischen Republik und gegen die von ihr vertretene Verurteilung des Verbots der KPD und sprechen sich für die Gründung einer neuen kommunistischen Partei Ihrer Vorstellung aus. Sie greifen darin ferner entscheidende politische Grundlagen der Staats- und Gesellschaftsordnung in der Deutschen Demokratischen Republik an.

Mit dieser Handlungsweise haben Sie die Basis für Ihre Berufung bewußt zerstört und die weitere Ausübung Ihrer Funktion als Leiter der Arbeitsstelle für Photochemie der Forschungsgemeinschaft der Deutschen Akademie der Wissenschaften unmöglich gemacht.«[42]

Das *ND* meldete am 25. Dezember 1965: »Prof. Dr. Robert Havemann wurde mit sofortiger Wirkung von der Leitung der Arbeitsstelle für Fotochemie der Forschungsgemeinschaft der Deutschen Akademie der Wissenschaften zu Berlin entbunden und aus seinem Arbeitsverhältnis entlassen, weil er Handlungen begangen hat, die mit seiner Dienststellung und dem Ansehen der DAW nicht zu vereinbaren sind.«[43] Der Hamburger *Spiegel* hatte in seiner Ausgabe 52/1965 Havemanns »Plädoyer für eine neue KPD« publiziert.

Bereits in der nächsten Ausgabe legte man in Hamburg nach und höhnte über Ulbricht, der Havemanns Beitrag als Arbeit »auf Bestellung einiger westdeutscher Agenturen und des Bonner Gesamtdeutschen Ministeriums« bezeichnet hatte.[44]

Allerdings räumte schon wenig später der BRD-Schriftsteller Rudolf Jungnickel in der *Frankfurter Rundschau* ein, daß Havemanns Beitrag »auf meine – wirklich und wahrhaftige alleinige – Anregung zurückgeht«[44a]. In seiner Eitelkeit hatte er nur bestätigt, was Ulbricht unterstellt hatte.

Doch es war noch heißer als vermutet. Havemann beschwerte sich bei Rudolf Augstein, daß ein gravierender Zusatz von fremder Hand angebracht worden sei. »Von der Fälschung des Artikels durch Hinzufügung eines nicht von mir stammenden Satzes, der die Gründung einer neuen SPD in der DDR empfiehlt, habe ich die Redaktion bereits telegraphisch unterrichtet und um Richtigstellung gebeten. Ich weiß nicht, von wem diese Fälschung stammt. Ich bin aber überzeugt, daß Sie meine Empörung verstehen – es handelt sich schließlich nicht um eine politische Bagatelle.«[45] Das Nachrichtenmagazin antwortete in der dem Hause eigenen blasierten Weise: »Ob tatsächlich eine Fälschung vorgenommen worden ist und – wenn dies der Fall wäre – wer sie vorgenommen haben könnte, weiß der SPIEGEL nicht.«[46]

Nur *Spiegel*-Leser wissen eben mehr.

Der Philologe Prof. Werner Hartke, seit 1958 Präsident der Deutschen Akademie der Wissenschaften zu Berlin und bis Jahresende 1965 Havemanns Arbeitgeber, begründete Havemanns Ausschluß aus der Akademie. Hartkes als »vertraulich« klassifizierter Bericht erschien, wie bereits erwähnt, am 18. März 1966 in der *Zeit* und konterkarierte damit seine darin getroffene Feststellung, die an Havemanns Adresse gerichtet war: »Offenheit ist nicht identisch mit Öffentlichkeit.«[47]

Hartke beschrieb das, was der »naive« Kommunist Havemann offenkundig noch immer nicht wahrhaben wollte: »Zweiter Gesichtspunkt, unter dem die Angelegenheit Havemann zu betrachten ist, ist die politische Machtfrage, die auch von uns klar gesehen werden muß. Herr Havemann hat wiederholt in der letzten Zeit, zum Teil verquickt mit politischen Spekulationen, politische Machtfragen aufgegriffen und Alternativen zur bestehenden politischen Ordnung der DDR aufgestellt. Der Bürger der DDR als Akademiemitglied ist in besonderem Maße *homo publicus*. Er hat sich stets bewußt zu sein, daß seine Äußerung eine andere Wirkung hat, als wenn ein auswärtiges Mitglied dasselbe tut. Es gilt für den Bürger der DDR die Form der Loyalität.«[48]

Und auf die Wirkung der von Havemann gesuchten Öffentlichkeit eingehend, sagte Hartke, wobei er vielleicht Absicht und Folgen vertauschte: »Der politische Inhalt der Alternativen Havemanns öffnet ihm natürlich auch die Nachrichtenorgane der westlichen Großindustrie wie Springer-Presse und *Spiegel*. Allein diese Tatsache kennzeichnet für jeden, der politische Erfahrung besitzt, den objektiven Wert und Wirkung dieser Alternativen.«[49]

Hier ist nicht der Raum, die Auseinandersetzung mit Havemann im Detail zu dokumentieren, der er sich im übrigen meist zu entziehen verstand. Als beispielsweise am 11. April 1963 die Sektion Philosophie der Akademie beriet, legte Havemann seine Position »sehr verworren und widersprüchlich dar«, wie es im Protokoll heißt. Als ihm Widerspruch entgegenschlug (»Es gab keinen Wissenschaftler, der sich für Havemann einsetzte«), verließ er »vorzeitig« die Beratung. Daraufhin stellte der anwesende Akademiepräsident Hartke den Antrag, »Prof. Havemann eine Mißbilligung auszusprechen. Diesem Antrag wurde zugestimmt.«[50]

Oder als er im Dezember 1962 auf einem Kulturforum der HUB erklärte, daß die DDR-Wirtschaft auf Chaos und Zerstörung zusteuere, und daß es eigentlich noch viel schlimmer sei, als das, was er sage, erntete er Nachfragen und auch Widerspruch. Daraufhin räumte er ein, »daß er nur geringe Kenntnisse von der Ökonomie und der wirtschaftlichen Zusammenhänge habe«.[51]

Zweifellos traf zu, daß die politische Auseinandersetzung mit Havemann sehr scharf, vielleicht zu scharf und prinzipiell geführt wurde. Drei Jahre nach dem Mauerbau konnte man vielleicht souveräner sein. Laut Alfred Neumann war im Politbüro, wie der Historiker Siegfried Prokop von ihm erfuhr, diese Linie keineswegs Konsens, sie war umstritten. Der Berliner Bezirks-Chef Paul Verner und sein späterer Nachfolger Konrad Naumann wären in der Debatte die Scharfmacher gewesen. Neumann, der Spanienkämpfer, sagte, in dieser Sache habe man die beiden »nur mit der Zange« anfassen können. Aber egal, Verner hatte vermutlich kaum unrecht, wenn er Havemann vorhielt, er spiele »sich als Vorkämpfer gegen Dogmatismus und Enge auf«, den er darin sehe, »daß die Partei andere Beschlüsse gefaßt hat und faßt, als er es wünscht«.[52] Seine Haltung mache »ihn selbst zum Dogmatiker«. Vor allem aber warf er Havemann vor, daß er »die Hauptfrage der Revolution, nämlich die Machtfrage«, vom sozialökonomischen und Klasseninhalt der sozialistischen Revolution löse und mit einem »abstrakten und absoluten Freiheitsbegriff« operiere. Er plappere »das Geschwätz der bürgerlichen Ideologen von der sogenannten Entartung jeder Revolution« nach.[53]

Und auf dem 11. Plenum im Dezember 1965 erklärte Verner mit Blick auf »Biermann, Havemann, Heym und einige andere, deren Tun und Handeln objektiv gegen unseren gesellschaftlichen Aufbau gerichtet ist«: »Wer von unseren erbitterten Gegnern als ›hervorragender Sozialist und Kommunist‹ gefeiert wird«, müsse sich fragen lassen, was er getan habe, um diese Anerkennung zu verdienen. Schließlich gelte noch immer der alte Bebel-Satz: Wenn mich meine Feinde loben, muß ich etwas falsch gemacht haben.[54]

Aus jener Zeit rührt auch die Verbindung zwischen Havemann und Biermann. Mit der ihm eigenen Theatralik schrieb Biermann später: »Robert war, aber das ist ja bekannt, mein engster, liebster, bester, treuester Freund in all diesen Jahren, und ich glaube nicht, daß es eine Übertreibung ist, wenn ich behaupte, daß ich ohne ihn wahrscheinlich kaputtgegangen wäre nach 1965.«[55] Dabei verschwieg Biermann dezent, daß sein »engster, liebster, treuester Freund« in den frühen 70er Jahren das Tischtuch zwischen beiden zerschnitten hatte, wie Sohn Florian H. bezeugt. Biermann hatte ein Auftrittsangebot der DDR-Obrigkeit angenommen, was Havemann – zurecht – als unsolidarischen Alleingang verstand. Es habe jahrelang Funkstille zwischen beiden geherrscht, heißt es, und erst kurz vor der Ausbürgerung wäre es wieder zu einer Annäherung gekommen, aber das Verhältnis wäre nachhaltig beschädigt und nie wieder so gewesen wie einst.

Am Tag nach jenem 11. Plenum, am 18. Dezember 1965, übergab Havemann ein Schreiben an die Nachrichtenagentur ADN des Inhalts: »Ich übermittle Ihnen beiliegend Solidaritätserklärung für den Dichter Wolf Biermann mit der Bitte um Veröffentlichung durch Ihre Agentur.«[56] Das Schreiben trägt handschriftlich Ulbrichts Bemerkung: »Umlauf PB«. Das Plenums-Verdikt hatte Havemann zu einer geradezu lyrisch-hymnische Stellungnahme bewegt, die, wie zu vermuten war, nicht über den Nachrichtenticker ging. Sie war ja auch als Provokation gedacht.

»Ich erkläre mich mir Wolf Biermann solidarisch.

Er spricht die Wahrheit.

Die Wahrheit ist immer schmerzhaft.
Er liebt die Menschen –
und haßt ihre Feinde.
Er ist Kommunist –
das ist heute schwer.
Die ihn verdammen
machen sich ihre Sache zu leicht.
Ich halte zu Wolf Biermann
als Kommunist.
Berlin, den 17.12.65
Robert Havemann«[57]

Bereits zwei Jahre zuvor, am 2. Dezember 1963, heißt es in einer seiner Kaderakte beigefügten sechsseitigen Stellungnahme, aus der aber nicht ersichtlich ist, wer sie abgab, »daß sich hinter den philosophischen Fragestellungen tiefgehende Meinungsverschiedenheiten mit der Politik der Partei verbergen«.[58] Und Havemann wurde mit der Bemerkung zitiert, daß er die Kulturpolitik der SED für »falsch und zerstörerisch« halte, was er mit der Bemerkung illustrierte: »Bei uns dürfe man den Ansichten z. B. des Genossen Kurella nicht wiedersprechen, und junge Dichter wie Biermann würden von den verschiedensten Stellen am Auftreten gehindert. [...] Es werde offiziell nur chloroformierte Lyrik geboten, Biermann dagegen biete lebendige Lyrik, und es werde sich noch zeigen, was ein wirklicher Künstler ist.«[59]

Der Professor war, das ist unschwer zu erkennen, in vielen Sätteln zu Hause, und als Anwalt von Biermann machte er sich nicht schlecht. So ermutigten und halfen sie sich wechselweise, wie etwa dem dem Begleittext auf Seite 22 in einem 1996 verlegten Bildband zu entnehmen ist. Dort hatte der abgebildete Autor Biermann kokett und bescheiden zur vor ihm auf dem Tisch stehenden Flasche französischen Cognacs vermerkt: »Die Flasche Courvoisier kommt aus dem Intershop, wobei interessant die Art und Weise ist, wie ich diesen Courvoisier bezahlt habe. Nicht mit Geld, sondern mit einem Scheck von der AWA, der Anstalt zur Wahrung der Aufführungsrechte, die für mich die Tantiemen aus dem Westen einsammelte. GEMA-Gelder aus dem Westen, die mir die ostdeutsche AWA nach Abzug von zwanzig Prozent Bearbeitungs- und Schmerzensgebühr dann überwies. Für eintausend Westmark eintausend Ostmark. Gemäß einer Verordnung konnte ein Teil dieser Gelder in Valutaschecks ausgezahlt werden. So ging ich gelegentlich mit einem dieser Schecks in den Intershop und kaufte eine ganze Kiste Courvoisier. Davon eine Flasche für mich und den Rest für Robert Havemann.«[60]

Biermann und Havemann wurden im Westen mit der Maßgabe aufgebaut, daß es irgendwann zum Knall kommen mußte. Und die Führung der DDR, mit politischer Blindheit geschlagen, sah dies nicht. Mit Havemann und Biermann glaubte sie ein operatives Problem zu haben, kein strategisch-politisches.

Für die Lösung operativer Probleme war das MfS zuständig.

Das war der nächste Fehler. Jede zugehaltene Kamera, jede Gesprächsverweigerung, jedes zur Maske erstarrte Gesicht eines Volkspolizisten, das über den Bildschirm flimmerte, war eine Anklage: Seht her, so geht das System drüben mit seinen Bürgern um: repressiv, grausam, undemokratisch. Mußte man sich da wundern, wenn die im Westen bisweilen an die Adresse von Mißliebigen in den eigenen Reihen gerichtete Aufforderung »Na, dann geh' doch nach drüben!« kein Echo fand? Und auch die DDR-Deutschen sahen im Westfernsehen, was bei ihnen da geschah. So konnte man mit »unseren Menschen« doch nicht umgehen.

Und nun sogar das: Rauswurf und Entzug der Staatsbürgerschaft! Das ging zu weit. Biermann, wer ist das? Egal, das macht man einfach nicht. (Ihre Begeisterung hatten auch Werktätige aus dem VEB Carl Zeiss Jena dem *ND* signalisiert. Sie seien froh, daß die DDR endlich diesen Tyrannen Biermann des Landes verwiesen habe. Tatsächlich, sie wähnten ihren Kombinatsdirektor im Westen, weil sie übersehen hatten, daß der Ausgebürgerte nicht Wolfgang, sondern Wolf hieß. Ein selten schönes Beispiel für die Wahrhaftigkeit von Volksweisheiten: Blinder Eifer schadet nur!)

Attitüden bürgerlicher Behaglichkeit waren beiden nicht fremd, auch wenn sie Begriffe wie »Salonbolschewik« nur auf andere anwandten. Der Öffenlichkeit hingegen präsentierte man sich als Revoluzzer. Robert Steigerwald zitierte 1977 aus einem von »Ton, Steine, Scherben« (1970 gegründet) verlegten Anarcho-Blättchen, in dem Biermann nach der Verleihung des Westberliner Fontane-Preises 1969 und der Verwendung des Preisgeldes befragt wurde:

»Herr Biermann, Sie haben die 10.000 DM für Ihren Fontane-Literaturpreis an den Rechtsanwalt Mahler[60a] *überwiesen, damit Westberliner Studenten sich vor westlichen Gerichten besser verteidi-*

gen können, Was würden Sie dazu sagen, wenn diese 10.000 DM in die Kasse der Baader-Meinhof-Gruppe gewandert sind und sich in Schußwaffen verwandelt haben? Macht Ihnen das keine Sorgen?
Nein.
Ist das alles ...?
Nein, aber Sie erwarten doch wohl nicht, daß ich mich von der Roten-Armee-Fraktion distanziere. Ich möchte nicht in den Orden linker Oberpriester aufgenommen werden, die der Baader-Meinhof-Gruppe ihren Segen verweigern. Lenin hat gesagt, daß der erste Schuß abgefeuert werden darf, wenn die Revolution losgeht. Die ›Kommunisten‹ in der Baader-Meinhof-Gruppe setzen ihr Leben für die Gegenthese ein, nämlich, sie wollen beweisen, wenn nicht endlich der erste Schuß losgeht, die Revolution verschlafen und verfressen wird. Daß nun Leute ihr Leben für eine These aufs Spiel setzen, mag für das gebildete Publikum seine typisch deutsche Komik haben, aber immerhin hat die RAF wichtige Antworten auf die Frage geliefert, ob und in welchem Maße die Methoden der südamerikanischen Tupamaros in Westeuropa anwendbar sind. Und solche Erfahrungen werden nicht in Wortgefechten gemacht, sondern in praktischen Kämpfen. Billiger sind neue politische Erkenntnisse nicht zu haben.«[61]

Warum, so ist zu fragen, gestand Biermann den Mitgliedern der RAF Recht und Notwendigkeit zu, Erfahrungen in praktischen Kämpfen zu sammeln – aber nicht der DDR und der SED?

Die Neigung, vergleichbare Sachverhalte mit unterschiedlicher Elle zu messen, war beiden nicht fremd. In dieser Hinsicht waren sie weitaus ideologischer, vulgo: dogmatischer, als jene, gegen die sie ihre Galle gossen. Abgehoben von der Realität, setzten sie eigene Maßstäbe, die andere übernehmen sollten. Wehe nicht!

Am 27. Februar 1950 wurde Havemann von Berliner Stadtrat May suspendiert. Der Absender des denkwürdigen Schreibens lautete: Magistrat von Groß-Berlin, Abteilung für Volksbildung, Berlin-Charlottenburg, Messedamm 4-6. Es soll vollständig zitiert werden, weil es nicht nur den in der geteilten Stadt herrschenden Geist auf deutliche Weise sichtbar macht, sondern auch, daß diese Ungeheuerlichkeit weitaus weniger Nachhall und Verurteilung erfuhr als vergleichbare Petitionen aus dem anderen Teil des Landes. Das sollte zu denken geben. Und vielleicht hilft es objektivere Maßstäbe zu finden.

»Betr.: Ihre Tätigkeit in der Forschungsgruppe Dahlem
Ich habe mit Bedauern festgestellt, daß Sie das *Neue Deutschland* zu Ihrem Publikationsorgan gewählt haben (s. Ausgabe 5. 2. 50), d. h. die Berliner Tageszeitung, die systematisch die freiheitliche Bevölkerung Berlins und ihre Körperschaften mit Schmutz bewirft. Besonders die Einleitung Ihres Aufsatzes zeigt eine auffallende Anpassung an die im *Neuen Deutschland* übliche Terminologie.

Ich kann darin nur einen von Ihnen bewußt herbeigeführten Affront erblicken, mit dem Sie das Vertrauen zerstören, daß ich als Voraussetzung für Ihre Tätigkeit an einem Dahlemer Institut für unerläßlich halte.

Ich suspendiere Sie daher mit sofortiger Wirkung von Ihrer Tätigkeit und Ihren sämtlichen Funktionen innerhalb der Forschungsgruppe Dahlem.

Ihre Suspendierung schließt das Verbot des Betretens der Institutsräume ein.«[62]

Ein Vierteljahrhundert später sann man, diesmal am Werderschen Markt, erneut über eine Suspendierung nach. An sie muß ebenfalls erinnert werden, weil sie zur historischen Wahrheit gehört. Und gewiß kennt kaum einer das Faktum, weshalb es hier vermutlich erstmals offenbart sein soll: Am 24. Juni 1975, also knapp anderthalb Jahre vor Biermanns Rauswurf, behandelte das Politbüro unter Tagesordnungspunkt 9 die »Angelegenheit Havemann«. Das Protokoll weist Erich Honecker als »Berichterstatter« aus. Das sogenannte Reinschriftenprotokoll vermerkt dazu:

»1. Das Politbüro nimmt zur Kenntnis, daß Havemann mit seinem Auftreten in westlichen Publikationsorganen gegen die sozialistische Staats- und Gesellschaftsordnung der DDR Handlungen begeht, die objektiv und subjektiv den Tatbestand des schweren Falls staatsfeindlicher Hetze, § 106, Abs. 1, Ziffer 1 des Strafgesetzbuches, erfüllen.

Ausgehend von der dargelegten strafrechtlichen Verantwortung wird – wie das Politbüro zur Kenntnis nimmt – Havemann durch den zuständigen Staatsanwalt der Abteilung I beim Generalstaatsanwalt von Groß-Berlin in mündlicher Form vorgeladen.

Im Rahmen der zu führenden Aussprache wird ihm mitgeteilt, daß bisher von einem Ermittlungsverfahren gegen ihn abgesehen wurde, weil er während der Nazizeit in Haft war, daß aber bei Fortführung seiner gegen die sozialistische Staats- und Gesellschaftsordnung der DDR gerichteten Handlungen im Zusammenhang mit dem Auftreten in westlichen Publikationen strafrechtliche Maßnahmen gegen ihn eingeleitet werden müssen.

2. Das Politbüro nimmt zur Kenntnis, daß, falls Havemann diese Warnung nicht versteht, die zuständigen Organe der DDR, ausgehend von seinen feindlichen Angriffen gegen die sozialistische Staats- und Gesellschaftsordnung der DDR, seine Ausweisung aus der DDR entsprechend § 13 des Staatsbürgergesetzes vornehmen und daß innerhalb der gesetzlich zulässigen Frist von 24 Stunden Havemann mitgeteilt wird, daß er aus der Staatsbürgerschaft der DDR entlassen wird und von den zuständigen Organen über die Staatsgrenze zu setzen ist.«[63]

Man war sich der Relevanz des erwogenen Diktums bewußt: Der Beschluß[64] wurde als »Geheime Verschlußsache« deklariert und nur in zwei Exemplaren ausgefertigt: ein Exemplar ging an Minister Mielke, das andere in die Ablage.

Am 1. August 1973, zwei Jahre zuvor, als Honeckers Vorgänger an der Spitze der Partei für immer die Augen schloß, hatte Peter Hacks notiert: »Ulbricht leider ist tot und Schluß mit der Staatskunst in Deutschland.«[65]

Fußnoten

1 *Berliner Zeitung*, 7. September 1996
2 Dietmar Keller, Matthias Kirchner (Hrsg.): Biermann und kein Ende. Eine Dokumentation zur DDR-Kulturpolitik, Berlin 1991, S. 98
2a Wie tief diese Haltung verinnerlicht ist, offenbarte Prof. Dr. Christoph Stölzl in einem Interview mit dem Berliner *Tagesspiegel* am 20. September 2006 (!). Der 1944 bei Augsburg geborene Historiker leitete, protegiert von seinem Parteifreund Dr. Helmut Kohl, von 1987 bis 1999 das Deutsche Historische Museum und war damit durchaus prägend bei der Ausformung des »deutschen Geschichtsbildes«. Nach einem Zwischenspiel als Stellvertretender Chefredakteur der Springer-Zeitung *Die Welt* ging er in die Politik: 2000/01 war er Senator für Wissenschaft, Forschung und Kultur des Landes Berlin. Von Mai 2002 bis Mai 2003 war er CDU-Landesvorsitzender und von 2001 bis 2006 Vizepräsident des Abgeordnetenhauses von Berlin. Der im bürgerlichen Feuilleton hofierte kultivierte Bildungsbürger Stölzl repräsentiert die maßgebende Haltung der politisch herrschenden Klasse der Bundesrepublik.
»Kommunismus in seiner historischen Form, also als Bedrohung der Freiheit, konnte es doch ohne Diktatur und Sowjetreich gar nicht mehr geben«, erklärte er in jenem Interview, um auf dessen vermeintliches Überleben in Gestalt der Linkspartei.PDS zu verweisen. »Der Kommunismus als historische Bewegung war 1989 am Ende.« In bezug auf die SED sagte er: »Wenn sie ein Ehrgefühl gehabt hätte, hätte sich die SED 1989/90 nach dem Untergang ihrer Staatsschöpfung DDR aufgelöst und ihren Mitgliedern den Weg in alle demokratischen Parteien freigegeben. Es gab und gibt für ›Postkommunismus‹ im programmatischen Spektrum keinen Bedarf […] Links von der SPD gibt es nur Sektierertum.« Die SED habe »ihren Staat gründlich ruiniert, dabei unzählige Menschen drangsaliert und ins Unglück gestürzt«. Mithin: Die DDR war ein »unsinniger Umweg« der Geschichte.
3 *Berliner Zeitung*, 7. September 1996
4 ebenda

5 SAPMO-BArch DY 30/IV2/11/v. 4920, Bl. 113
5a Havemann war am 29. Januar 1946 zum »Professor mit vollem Lehrauftrag« an der Berliner Universität berufen worden, die Urkunde (BArch DR 3 11360a, Bl. 14) trägt die Unterschriften von Wandel und Brugsch. Am 1. September 1951 bekam er einen »Einzelvertrag«, in welchem es unter Punkt 3 hieß: »Herr Prof. Havemann verpflichtet sich, über alle dienstlichen und mit seinem Aufgabengebiet verbundenen Angelegenheiten auch nach Beendigung dieses Vertragsverhältnisses Verschwiegenheit zu wahren.« Dafür zahlte ihm die Universität ein Monatsgehalt von 2.500,00 DM, das am 1. Juli 1952 bereits auf 3.200,00 DM und im Jahr darauf auf 3.600,00 DM angehoben wurde. Hinzu kamen Stundenhonorare bei Sondervorlesungen von 80,00 und bei Gastvorlesungen von 120,00 DM und weitere Zuwendungen. Havemann verstieß eklatant gegen diesen Vertrag, als er in seinem Büro Westjournalisten empfing und Interna ausplauderte. Sein Arbeitgeber würde heute von jedem Arbeitsgericht bestätigt bekommen, daß der Rauswurf rechtens war. Nur Prof. Hans-Joachim Meyer vom Ministerium für Bildung und Wissenschaft der DDR sah dies anders: Am 23. Mai 1990 hob er die fristlose Entlassung und Abberufung Havemanns auf und sprach nachträglich dessen Emeritierung zum 1. September 1975 aus. Nebenbei: Jener Meyer sollte als Minister im Freistaat Sachsen dafür sorgen, daß Tausende Akademiker, Dozenten und Pädagogen entlassen wurden.
6 SAPMO-BArch DY 30/IV2/11/v. 4920, Bl. 107
7 ebenda
8 SAPMO-BArch DY 30/IV2/11/v. 4920, Bl. 109
9 SAPMO-BArch DY 30/IV2/11/v. 4920, Bl. 111
10 SAPMO-BArch DY 30/IV2/11/v. 4920, Bl. 119
11 ebenda
12 SAPMO-BArch DY 30/IV2/11/v. 4920, Bl. 233-238
13 ebenda
14 BStU, MfS, AOP 5469/89, Bd. 1, S. 44
15 BStU, MfS, AOP 5469/89, Bd. 1, S. 44
16 http://www.bstu.bund.de/nn_715182/DE/MfS-DDR-Geschichte/Einzelthemen/Havemann/havemann__node.html__nnn=true)
17 ebenda
18 SAPMO-BArch DY 30/IV2/11/v. 4920
19 SAPMO-BArch DY 30/IV2/11/v. 4920, Bl. 237
20 SAPMO-BArch DY 30/IV2/11/v. 4920, Bl. 281
21 SAPMO-BArch DY 30/IV2/11/v. 4920, Bl. 143f.
22 SAPMO-BArch DY 30/IV2/11/v. 4920, Bl. 256
23 SAPMO-BArch DY 30/IV2/11/v. 4920, Bl. 239f.
24 SAPMO-BArch DY 30/IV2/11/v. 4920, Bl. 202f.
25 SAPMO-BArch DY 30/IV2/11/v. 4920, Bl. 132
26 SAPMO-BArch DY 30/IV2/11/v. 4920
27 SAPMO-BArch DY 30/IV2/11/v. 4920, Bl. 94
28 SAPMO-BArch DY 30/IV2/11/v. 4920, Bl. 32ff.
29 Email Dieter Skibas an den Autor, 30. August 2006
30 *Neues Deutschland* vom 22./23. April 2006
31 ebenda
32 Prof. Dr. Peter Adolf Thiessen (1899-1990), Physikochemiker wie Havemann, wissenschaflich tätig in Göttingen, Münster und Berlin. Mitglied der NSDAP seit 1926, 1932 Professor, 1933, als Havemann dort anfing, wurde Thiessen Direktor des Kaiser-Wilhelm-Instituts für Physikalische Chemie und Elektrochemie in Dahlem. Das Institut spezialisierte sich auf Giftgasforschung, in das auch Havemann eingebunden war. Thiessen kam, wie etliche andere deutsche Wissenschaftler, 1945 in die Sowjetunion, leitete dort eine deutsche Forschergruppe, die am sowjetischen Atomprogramm mitwirkte, und kehrte erst 1956 in die DDR zurück. Von 1957 bis 1965 leitete er den Forschungsrat, ein qualifiziertes Beratungsgremium des DDR-Ministerrates, in dem der Vizepremier Ulbricht versuchte, mehr Sachverstand in die politischen Entscheidungen der DDR-Regierung einzubringen
33 SAPMO-BArch DY 30/IV2/11/v. 4920, Bl. 97
34 In seiner fünften Vernehmung durch die Gestapo am 9. September 1943 sprach Havemann selbst darüber. Die Freundin einer mit ihm befreundeten Arbeitskollegin, eine Dr. Gertrud Winkelnkemper, Assistentin an der II. Medizinischen Klinik des Robert-Koch-Krankenhauses, habe diese um einen Freundschaftsdienst gebeten. Sie, Elisabeth, war mit einem Arzt liiert, der Morphinist war und von der Rauschgiftzentrale überwacht wurde. Er habe 30 Ampullen verschwinden lassen und nun Sorge, daß das bemerkt werde. Dr. Winkelnkemper sollte für 25 Zigaretten Ersatz beschaffen. Diese konsultierte Havemann. »Ich machte ihr klar, daß die Erzählung der Elisabeth bzw. ihres Freundes völlig unglaubwürdig sei und riet ihr dringend davon ab, die Morphiumampullen zu beschaffen. Die Frau Dr. W. hat dann auch den Wunsch ihrer Freundin aus-

geschlagen und ihr die 25 Zigaretten zurückgegeben. (BArch NJ 1720, Bd 3, Bl. 74) Es kann sich so verhalten haben – oder auch nicht)
35 SAPMO-BArch DY 30/IV2/11/v. 4920, Bl. 144
36 SAPMO-BArch DY 30/IV2/11/v. 4920, Bl. 305
37 SAPMO-BArch DY 30/IV2/11/v. 4920, Bl. 45
38 Bernd Florath in: »Aufklärung oder Zersetzung?« in: *Neues Deutschland* vom 22./23. April 2006
39 ebenda
40 SAPMO-BArch DY 30/IV2/11/v. 4920, Bl. 39
41 SAPMO-BArch DY 30/IV2/11/v. 4920, Bl. 39ff.
42 http://f2.webmart.de/f.cfm?id=2165073&r=threadview&t=2703771)
43 SAPMO-BArch DY 30/IV2/11/v. 4920, Bl. 46ff.
44 SAPMO-BArch DY 30/IV2/11/v. 4920, Bl. 46
44a zitiert nach ebenda
45 ebenda
46 SAPMO-BArch DY 30/IV2/11/v. 4920, Bl. 39ff.
47 SAPMO-BArch DY 30/IV2/11/v. 4920, Bl. 45
48 ebenda
49 ebenda
50 SAPMO-BArch NY 4182/937, Bl. 75
51 SAPMO-BArch NY 4181/56, Bl. 267
52 SAPMO-BArch NY 4182/56, Bl. 269
53 SAPMO-BArch-BA NY 4182/56, Bl. 270
54 SAPMO-BArch NY 4182/63, Bl. 176
55 In: Wolf Biermann: Ausgebürgert; Berlin 1996
56 SAPMO-BArch DY 30/IV2/11/v. 4920, Bl. 48
57 SAPMO-BArch-BA DY 30/IV2/11/v. 4920, Bl. 48
58 SAPMO-BArch DY 30/IV2/11/v. 4920, Bl. 173f.
59 SAPMO-BArch DY 30/IV2/11/v. 4920, Bl. 175
60 Wolf Biermann: Ausgebürgert, Berlin 1996
60a Horst Mahler, Jahrgang 1936 wie Biermann, wurde 1960 aus der SPD ausgeschlossen, gründete 1964 eine Anwaltskanzlei in Berlin und war Verteidiger u. a. von Rudi Dutschke und Beate Klarsfeld, von Andreas Baader und Gudrun Ensslin. Am 1. Mai 1969 bildete er mit Hans-Christian Ströbele das »Sozialistische Anwaltskollektiv«, das bis 1979 bestand. Mahler schloß sich 1970 der RAF an, wurde verhaftet und im Prozeß von Otto Schily verteidigt. 1980 wurde er mit Hilfe seines Anwalts Gerhard Schröder nach Verbüßung von zwei Dritteln seiner Strafe vorzeitig aus der Haft entlassen. 1987 wurde Mahler wieder als Anwalt zugelassen; beim Verfahren zur Wiederzulassung vorm Bundesgerichtshof wurde er wiederum von RA Gerhard Schröder vertreten. Im Jahr 2000 trat er erstmals öffentlich für die NPD in Erscheinung und wurde dort zu einer Führungsfigur. Obgleich er die Partei 2003 wieder verließ, blieb er im rechten Lager und seiner antisemitischen Gesinnung treu. 2004 wurde er wegen Volksverhetzung verurteilt, am 8. April 2004 erteilte im das Berliner Amtsgericht Tiergarten ein vorläufiges Beufsverbot.
61 Robert Steigerwald: Der »wahre« oder der konterrevolutionäre »Sozialismus«. Was wollen Havemann, Dutschke, Biermann?; Frankfurt am Main 1977
62 SAPMO-BArch DR 3 11360a, Bl. 41
63 SAPMO-BArch DY 30/ J IV 2/2/1568, Bl. 4f.
64 SAPMO-BArch DY 30/4810, Bl. 68/69. Zum Verständnis für Außenstehende: Dieser Band enthält die gefaßten Politbürobeschlüsse, d. h. der relevante Havemann-Beschluß – der offenkundig nie zur Ausführung kam – existierte formell nur in diesen beiden Exemplaren. (Geheime Verschlußsache ZK 02 – Politbüro – Beschlüsse 438 26/75 vom 24. 6. 1975). Gleichwohl findet sich der Beschluß auch im Protokollband (SAPMO-BArch DY 30/J IV 2/2A/1894) mit Korrekturen. So war im Punkt 1 aus dem § 6 des StGB der DDR zutreffenderweise § 106 gemacht und die Einfügung »wie das Politbüro informatorisch zur Kenntnis nimmt« die Tautologie »informatorisch« getilgt worden. Und in der Akte SAPMO-BArch DY 30/J IV 2/2/1568, dem Band mit den Reinschriftenprotokollen der Politbürositzungen, war die korrigierte Fassung enthalten. Mit anderen Worten: Das bis dato unentdeckte Papier liegt dreimal in der Stiftung Archive der Parteien und Massenorganisationen (SAPMO) im Bundesarchiv. – Im übrigen scheint der Punkt 9 »Angelegenheit Havemann« kurzfristig in die Tagesordnung aufgenommen worden zu sein (worüber nun auch gerätselt werden kann), denn in der Einladung vom 20. Juni 1975 zur Politbürositzung am 24. d. M. ist dieser TOP noch nicht enthalten.
65 Hacks Werke (HW), Bd. I, S. 374

Heinz Brandt, Hollitschers, Robert Havemann

Von Ingeborg Rapoport

Die international bekannte Kinderärztin und Wissenschaftlerin veröffentlichte mit 85 Jahren 1997 ihre Autobiographie (»Meine ersten drei Leben«, edition ost). Als Ingeborg Syllm, aus einer Hamburger Patrizierfamilie stammend, die Mutter kam aus einer reichen jüdischen Familie, vertrieben sie die Nazis ins Exil. Und aus den USA vertrieben sie und ihren Mann Mitja McCarthy und das »Komitee für unamerikanisches Verhalten«. (Kurz zuvor noch hatte der US-Präsident den Biochemiker von Weltrang Rapoport hoch geehrt.) So kamen die Rapoports 1952 in die DDR. Wie fast alle Westemigranten und unabhängigen Geister litten sie unter der Engstirnigkeit und dem Provinzialismus mancher Funktionäre. Gleichwohl waren sie bis zu deren Ende davon überzeugt, daß die DDR das bessere Deutschland verkörperte. Mit sozialistischer Überzeugung beurteilt sie auch Robert Havemann, mit dem sie in den 50er Jahren an der Humboldt-Universität zusammenarbeitete.

Bis in die 70er Jahre war das Institut ein Zufluchtsort für Genossen, die unter der Diskriminierung durch konservative, ja sozialismusfeindliche Leiter von klinischen und theoretischen Einrichtungen litten.

Ein solches Schicksal möchte ich herausgreifen, weil ich weder meinen Zorn noch meine Trauer über diesen »Fall« verwinden kann.

Heinz Brandt war mir wie ein kleinerer Bruder. Als junger Bursche wurde er von der Wehrmacht eingezogen, machte den Feldzug gegen die Sowjetunion mit, geriet bei Stalingrad in russische Gefangenschaft und gelangte von dort aus zur Antifa-Schulung. Als er zurückkam, war er ein überzeugter Kommunist geworden. Er heiratete eine Genossin, die später Sekretär für Kultur der SED-Bezirksleitung Halle wurde. Sie hatten einen kleinen Sohn. Heinz war nicht mehr jung, als er in Berlin das Chemie-Studium begann. Zu jener Zeit, in den 50er Jahren, war das Chemische Institut der Humboldt-Universität noch eine Hochburg offen DDR-feindlicher, ja selbst faschistischer Ideen. An manchem Abend ertönten Nazi-Lieder aus den alten Universitäts-Gebäuden, die einst Emil Fischers Wirkungsstätte gewesen waren. Studenten, die SED-Mitglieder waren, hatten es dort sehr schwer. Sie wurden in den Praktika noch und noch schikaniert. Ihre Pflichtanalysen enthielten ausgeklügelte Gemische seltener Substanzen, weit über den Schwierigkeitsgrad für die Nichtgenossen hinaus, so daß die Praktika in der Regel von den Genossen nicht in der vorgeschriebenen Zeit abgeschlossen werden konnten.

Auch Heinz mußte sich mächtig abplagen. Für seine Diplomarbeit wandte er sich an Mitja *(Rapoport, ihr Mann – d. Hrsg.)* mit der Bitte um ein biochemisches Thema. Mitja nahm ihn auch als Diplomanden ans Institut und mußte es nicht bereuen, denn Heinz war ein begabter und begeisterter Wissenschaftler und hatte bald Ergebnisse, die international anerkannt und in namhaften Zeitschriften veröffentlicht wurden.

Immer, wenn ich an ihn denke, trifft mich ein scharfer Schmerz. Ich sehe ihn vor mir, seine magere Gestalt, das knochige und doch liebe Gesicht mit dem großen Mund, der gern und oft lachte, ein kindlich-argloser Mensch, freundlich und hilfsbereit, dessen Fröhlichkeit nach der Zeit der Repression und Diskriminierung am Chemischen Institut nun bei uns förmlich hervorsprudelte. Ich stiftete ihn an, Choräle, die wir beide aus unserer protestantischen Vergangenheit kannten, in langen Strophen gemeinsam mit mir im Treppenhaus des Instituts zu singen. Unserem Geschmack nach klang es wunderhübsch, und wir hatten eine diebische Freude an diesen sich wohl nicht ganz geziemenden Streichen. Viele Kollegen schmunzelten, andere – wie wir auch selbst – warteten gespannt auf eine ermahnende Intervention von Mitjas Seite. Mitja enthielt sich aber bei solchen Dingen stets jeglicher Einmischung, wie er auch nie auf Klatsch oder bei Liebschaften innerhalb des Instituts reagierte.

Heinz schrieb seine Diplomarbeit. Die beiden Gutachter waren Mitja und Robert Havemann, damals Lehrstuhlinhaber des Instituts für Physikalische Chemie der Humboldt-Universität. Mitja bewertete die Arbeit mit »Sehr gut«. Er war mit Sicherheit ein strenger und gerechter Gutachter, und Teile der Arbeit waren ja bereits bei internationalen Zeitschriften angenommen, also positiv beurteilt worden. Von Havemann kam kein Wort. Nach einigen Monaten mahnte Mitja das Gutachten bei ihm an. Aber es geschah nichts – auch nicht nach wiederholten Aufforderungen von Mitjas Seite und Anfragen von Heinz selbst.

Ich weiß bis heute nicht, was es in dieser ersten Phase mit Havemann auf sich hatte: Nachlässigkeit, Schikane oder Bosheit, die Mitja als Heinzens Diplomvater gelten sollte?

Ich weiß, daß auch ein anderer Mitarbeiter des Biochemischen Instituts wegen des Gutachtens zu seiner Doktorarbeit, das er von ihm benötigte, Havemann ein ganzes Jahr nicht erreichte, obgleich er schließlich täglich bei der Sekretärin um einen Termin bat.

In der späteren Phase, in der es um das Gutachten zur Diplomarbeit von Heinz Brandt ging, wurde mir dann klar, was für ein Mensch Robert Havemann war. Die Zeit verging, Monate über Monate. Heinz wurde krank, bekam Lungenkrebs mit Metastasen im Gehirn. Immer wieder – schon todkrank im Krankenhaus – fragte er nach Havemanns Gutachten. Mitja appellierte an Havemanns Anstand und Mitgefühl, schilderte ihm die Situation. Umsonst – Heinz starb, ohne daß Havemann sich gerührt hatte.

Mitja schrieb daraufhin an den Rektor der Humboldt-Universität, Havemann zu veranlassen, das Gutachten wenigstens postum zu schreiben, Heinz das Diplom zuzuerkennen – um der Familie willen. Erst auf eine strenge Aufforderung von seiten des Rektors bequemte sich Havemann schließlich zu einer Begutachtung der Arbeit mit »Genügend«.

Seit dieser Zeit habe ich die Person und später den »Fall« Robert Havemann« mit geschärfter Aufmerksamkeit und größtem Mißtrauen verfolgt.

Wer war Robert Havemann? In den ersten Jahren der DDR ein hochgeachteter Antifaschist und Kommunist, geehrt und verwöhnt von Partei- und Staatsführung. Man sah ihm alle seine scheinbar kleinen und größeren Schwächen nach: seine Unproduktivität, seinen persönlichen Lebenswandel, seine Arroganz. Er war »der Held, der bei den Nazis bis zum Ende des Zweiten Weltkrieges in der Todeszelle gesessen hatte«.

Von 1952/53 an gewann ich persönlich authentische Eindrücke von Havemann, und zwar durch unsere Freunde Walter und Violetta Hollitscher, bei denen wir abends öfters mit Havemann zusammentrafen. Der Philosoph Walter Hollitscher, jüdischer Abstammung und Wiener Herkunft, war Mitja bereits aus seinen Jugendjahren bekannt, und Mitja freute sich, ihn jetzt in der DDR an derselben Universität wiederzutreffen, denn Walter war als Professor am Lehrstuhl für Philosophie der Humboldt-Universität angestellt. Er war der bemerkenswerteste Polyhistor, dem ich in meinem Leben begegnet bin, und hatte die Gabe, sein Wissen und seine Gedanken verständlich für jedermann auszudrücken.

Besonders unsere Buben freuten sich, wenn er zu Gast kam. Seine Freude an der Beantwortung kindlicher Fragen machte ihn besonders bei Tommy und Meiki zu einem Anziehungspunkt. Fufu und Lisa dagegen waren Violetta zugetan, die auch ich sofort in mein Herz geschlossen hatte. Walter hatte sich während der Zeit seiner Emigration in England, als seine erste Ehe zerbrach, in Violetta verliebt, und diese Liebe verlor nichts an Tiefe und gegenseitiger Verbundenheit, trotz zahlreicher Wirrnisse ihres Lebens. Zur Zeit, als ich sie kennenlernte, war Violetta schon nicht mehr jung, sie wirkte körperlich ein wenig bequem, war aber von einer solch kraftvollen Herzlichkeit und Wärme, daß man sie gleich liebgewinnen mußte. Sie verfügte über einen köstlichen, nie versiegenden Humor, der seine besondere Nuance dadurch erhielt, daß sie keine der drei Sprachen, in denen sie »heimisch« war, wirklich beherrschte. So machte sie auf Italienisch, das sie als Kind gesprochen hatte, auf Englisch aus ihrer Emigrationszeit während des Zweiten Weltkrieges und auf Deutsch/Österreichisch die lustigsten Fehler. Ihr Lachen, das wir unter uns als »horse laughter« bezeichneten, war durch ihre tiefe Stimme weithin hörbar – noch heute klingt es in mir nach. Ihr Humor hatte viele spöttische und ironische Spitzen, die sich oft auch gegen Walter richteten, den sie mit tiefer mütterlicher Zuneigung, aber auch mit klarer Kenntnis seiner Schwächen, liebte. Walter war ein völlig egozentrischer Mensch, der zu Hause keinen Finger rührte und der, in seine Bücher oder Diskussionen vertieft – ich glaube, noch nicht einmal gewußt hätte, wie man einen Teller abwäscht. Über Violettas gelegentliche sarkastische Bemerkungen, ihn betreffend, ging er immer mit lächelnder Taubheit hinweg. Woraufhin ihre schönen dunklen Augen belustigt aufblitzten und sie in ein besonders lautes »Pferdegelächter« ausbrach.

In dieser ersten Zeit unserer Freundschaft war es nur Violetta, die mich anzog, während Walters Redseligkeit, seine offensichtliche

Eitelkeit und Ich-Bezogenheit, auch sein Mangel an echter schöpferischer Orginalität mich innerlich eher von ihm fernhielten. Erst nach dem Ereignis, über das ich im Zusammenhang mit Robert Havemann berichten will, gewann ich ihn lieb und bewahrte mir bis zu seinem Ende den Blick in das eigentliche Innere dieses zunächst so eindeutig erscheinenden Menschen. Er war – mit all seinem Wissen – ein argloses Kind, ein »reiner Tor«, der völlig weltfremd in keinem Menschen etwas Böses vermutete. So war er den politischen Provokationen, die Havemann bei unseren abendlichen Einladungen mit ihm trieb, völlig ahnungslos ausgeliefert. Und als Mitja Walter beiseite zog und ihn vor Havemanns offensichtlich bösen Absichten warnte, war Walter völlig ungläubig und verteidigte seinen »Freund«.

Plötzlich wurde Walter verhaftet. Weder er noch Violetta haben je etwas über diese Zeit, die Ursachen und Umstände seiner Verhaftung verlauten lassen.

Wir hatten den Eindruck, Walter säße in Karlshorst, bei der Zentrale der Sowjetischen Besatzungsmacht; ein anderer Freund und Schüler Hollitschers meinte, man habe ihn nach Moskau gebracht. Walter konnte offensichtlich nichts Ehrenrühriges nachgewiesen werden. Er kam nach kurzer Zeit wieder frei, verlor aber seine Professur an der Humboldt-Universität, mußte die DDR verlassen und in seine Heimatstadt Wien zurückkehren, wo ihn schwierige finanzielle Verhältnisse erwarteten. Walter hat nie ein bitteres Wort über diese Episode, über die Partei oder über die DDR verloren. Er blieb bis zu seinem Tode ein treuer und fester Genosse. Die DDR hat übrigens das Vorgehen ihm gegenüber als Unrecht eingesehen und ihm später eine Pension, eine dreimonatige Gastprofessur pro Jahr in Leipzig und einen jährlichen Kuraufenthalt in Bad Liebenstein gewährt.

Walter und Violetta führten in Wien ein bescheidenes Leben. Sie lebten von seinen Artikeln in linken Zeitschriften, von Büchern, die er schrieb und Vorträgen, zu denen er als geschickter und toleranter Diskussionspartner besonders gern von katholischen Organisationen eingeladen wurde. Er war Mitglied des Zentralkomitees der Österreichischen Kommunistischen Partei und hatte das Glück, deren Auflösungserscheinungen nicht mehr miterleben zu müssen.

Walter war schon jahrelang herzkrank. In den letzten Monaten, als sich sein Zustand ständig verschlechterte und sein Tod bereits absehbar war, verschwieg Violetta ihre eigenen Krankheitssymptome und steuerte meiner festen Überzeugung nach ihr Leben bewußt auf ein gemeinsames Ende mit Walter zu. Sie ging erst ins Krankenhaus, als auch Walter auf dem Sterbebett lag. Sie starb drei Tage vor ihm im selben Spital, nur zwei Stockwerke höher.

Unsere Freundin Grete Schütte-Lihotzky sah Walter an seinen letzten drei Tagen im Krankenhaus. Sie erzählte mir, daß dieses Gespräch mit ihm zu ihren schönsten und wichtigsten Erinnerungen an ihn gehört. Er wußte bereits von Violettas Tod, war gefaßt und fast heiter – von seiner eigenen Person schon abgerückt und nur noch von einer größeren Gedankenwelt erfüllt. So ging er in völliger Gelassenheit seinem eigenen Tod entgegen – am Ende eben doch ein echter Philosoph.

Auch das Schicksal von Hollitschers – ebenso wie das von Heinz Brandt – hat wenigstens zum Teil mit Robert Havemanns Verhalten zu tun. Die Beziehungen zwischen Hollitschers und ihm brachen jedenfalls im Zusammenhang mit Walters Verhaftung abrupt ab. Seit dieser Zeit schien Havemann Mitja zu hassen, und die späteren Geschehnisse, die mit Heinz Brandt zusammenhingen, mögen sehr wohl auf diesen Haß zurückzuführen sein.

Im übrigen war Robert Havemann, »der große Antifaschist«, auch ein Antisemit. Eine diesbezügliche Bemerkung entschlüpfte ihm einmal in betrunkenem Zustand Mitja gegenüber.

Lange Jahre hindurch blieb er gehätscheltes Vorzeigekind der DDR – insbesondere der Parteiführung der DDR (während die Studenten sich offiziell beklagten, daß er als ihr Prodekan für Studienangelegenheiten für sie nie zu sprechen war). Auch als er seine politische Dissidentenrolle spielte und sich an der Universität zum Volkstribun aufschwang, wendete sich das Blatt nicht sofort. Mit keinem »Dissidenten« in der DDR ist so sorgfältig und geduldig diskutiert worden wie mit Havemann. Ich war neugierig auf diese politisch-philosophischen Vorlesungen, die er an der Humboldt-Universität hielt. Der Saal war bis zum Bersten mit Studenten und Assistenten gefüllt, die an der für sie frischen und neuartigen Sprache Havemanns Gefallen fanden.

Auch ich ging zwei- oder dreimal hin, bis ich die Oberflächlichkeit der Argumentation erkannt hatte und von seiner maßlosen Eitelkeit und seinem Zynismus abgestoßen war.

Ich wohnte einer Parteiaktivtagung an der Humboldt-Universität bei, auf der leidenschaftlich mit Havemann diskutiert wurde. Er hatte auch Anhänger, zum Beispiel den 1. Sekretär der Universitätsparteileitung, Werner Tzschoppe, der völlig in seinen Bann gezogen war. (Tzschoppe wurde im Zusammenhang mit der Entlassung Havemanns als 1. Sekretär abberufen und Parteisekretär beim VEB Berlin-Chemie)

Unzweifelhaft konnte Havemann sehr anziehend sein. Hochgewachsen, elegant, gescheit und, wenn er es wollte, von bestrickender Liebenswürdigkeit, sagte ihm die Rolle eines »Volkstribuns« sicher zu.

Ich empfand Havemanns Auftreten als arrogant und überheblich, wobei mein nie vergangener Groll über sein schäbiges, unbarmherziges Verhalten gegenüber Heinz Brandt mein Gerechtigkeitsgefühl möglicherweise trüben mag.

Wohl schien er absolut furchtlos, aber es widerstrebt mir, dies als Tugend zu empfinden. Eher sah ich in dieser Furchtlosigkeit Hohn und Herausforderung und konnte mich der Vermutung nicht erwehren, daß er sich irgendwelcher Unterstützung mir unbekannter Mächte sicher war.

Und in der Tat war er in der DDR nie der Märtyrer, als der er im Westen dargestellt wurde und wird. Er verlor zwar seinen Posten an der Humboldt-Universität, aber er erhielt eine Abteilung für Fotochemie an der Akademie der Wissenschaften der DDR mit vollen finanziellen Bezügen. Sicher war es ein großer Fehler von seiten der Akademie der Wissenschaften, Havemann die Mitgliedschaft zu entziehen. Die sowjetische Akademie der Wissenschaften hat dies noch nicht einmal mit Lyssenko gemacht, obwohl sie sich seiner schämte.

Mitja hat damals *gegen* Havemanns Ausschluß gestimmt, nicht aus Sympathie für ihn, sondern aus der prinzipiellen Überzeugung heraus, daß politische Positionen für die Mitgliedschaft in einer wissenschaftlichen Vereinigung keine Rolle spielen dürfen und daß jegliche Nötigung von außen, besonders vom Staat, einen unberechtigten Eingriff in die geistige Unabhängigkeit einer Akademie darstellt und einen Bruch ihrer Statuten bedeutet.

Allerdings war Mitja der Meinung, man hätte Havemann niemals zum Mitglied der Akademie der Wissenschaften wählen dürfen, da er seiner Meinung nach über nicht genügende wissenschaftliche Verdienste verfügte.

Hätte man ihn vielleicht auch nicht von seinem Posten an der Universität entbinden sollen, jedenfalls nicht aus politischen Gründen, selbst wenn man seine Aktivitäten als feindlich ansah?

Ich bin mir heute nicht mehr sicher. Es hätte in meinen Augen genügend andere Gründe für ein disziplinarisches Vorgehen gegen ihn gegeben. Da er kein wirklich besessener Wissenschaftler und verantwortungsbewußter Hochschullehrer war, keine finanziellen Einbußen hatte und ein bequemes privates Leben schätzte, kann er wohl nur den Verzicht auf seine Rolle als Volkstribun als »tragisch« empfunden haben.

Die politische Führung der DDR hat bei der Handhabung des »Falles Havemann« sicherlich nicht das richtige Fingerspitzengefühl besessen und zuletzt auch nicht ihre eigene Würde und Menschenachtung gewahrt – mit dem Hausarrest und der Bewachung Havemanns hat sie sich ganz unnötigerweise ins Unrecht gesetzt. Aber er war auch ein verteufelt schwerer Fall für sie.

Ich bin sicher, daß sich bezüglich der schillernden Persönlichkeit von Robert Havemann in der Zukunft noch historische Zusammenhänge und Hintergründe auftun werden, die auf den Ursprung seines Zynismus und seiner Menschenverachtung, wie wir sie jedenfalls kennengelernt haben, ein klärendes Licht werfen können.

Ich weiß nicht, ob meine negative Sicht auf einen derart komplizierten Menschen wie Robert Havemann etwas zum wahrhaftigen Verständnis seiner Person beitragen kann. Und bei den vielen bitteren Gedanken an ihn kommen mir doch auch Bilder an ihn in den Sinn, wie ich eines seiner Kinder bei ihm zu Hause ärztlich behandelte und er mir freundlich begegnete. Damals lebte er noch mit seiner ersten Frau zusammen, der Schwester von Isi Henselmann, die sich später von ihm scheiden ließ.

In mir erstehen auch quälende Vorstellungen des praktisch in seinem Haus gefangenen alternden Havemann, der – wohl von Natur aus ein wilder, freiheitsdurstiger Wolf – von Regierungsbeamten der DDR bewacht wurde.

Ein »Gerechter unter den Völkern« – Fragen bleiben

Von Dieter Skiba

Der Diplomjurist Dieter Skiba, Jahrgang 1938, war seit 1958 beim MfS und zuletzt Oberstleutnant. Er arbeitete seit den 60er Jahren in der Hauptabteilung IX/11, die sich mit der Aufklärung von Nazi- und Kriegsverbrechen beschäftigte. Zuletzt war er deren Leiter. Er erarbeitete 1979 eine Studie zu Robert Havemann und dessen Widerstand und Verstrickung im Dritten Reich. Obgleich seinerzeit ordentlich archiviert, scheint sie nach 1990 nicht mehr auffindbar. Die darin enthaltenen Feststellungen sind für die Glorifizierung Robert Havemanns wenig tauglich.

Es war am 26. Juni 1979, einem Dienstag. Im Anschluß an den täglichen Rapport beim Leiter der HA IX/11, Oberst Stolze, teilte er einem kleinen Kreis von Stabsoffizieren mit, daß unserer Abteilung vom Minister wieder einmal ein spezieller Auftrag erteilt worden sei. Eine streng vertrauliche Sonderaufgabe, über die deshalb auch nur mündlich informiert werde. Der Auftrag betraf Robert Havemann. Es sollte auf der Grundlage bereits vorhandener Dokumente und Erkenntnisse sowie durch neuerliche Recherchen und Überprüfungen aufgeklärt werden, was er vor dem 8. Mai 1945 getan und welche Verbindungen er seinerzeit unterhalten habe.

Aufträge dieser Art erteilte der Minister für Staatssicherheit der HA IX/11 nicht selten. Auch daß es sehr schnell gehen mußte, war nicht ungewöhnlich. Wir hatten in diesem Falle Zeit bis Freitagabend.

In der HA IX/11 lag schon ein umfangreicher Vorgang mit der Registriernummer AS 91/67 vor, d. h. er war 1967 begonnen worden und gehörte damit zu den ersten Recherchevorgängen, die in der HA IX/11 überhaupt angelegt worden waren. Unsere Abteilung war bekanntlich mit Ministerbefehl Nr. 39/67 als Struktureinheit bei der Hauptabteilung Untersuchung des MfS gebildet worden.

Sie war als zentrale Stelle im MfS mit der Aufklärung von Nazi- und Kriegsverbrechen und Verbrechen gegen die Menschlichkeit sowie mit der Suche nach Tätern, die an solchen völkerrechtswidrigen Verbrechen beteiligt waren, befaßt.

Der Vorgang AS 91/67 umfaßte bereits eine Vielzahl von Aktenordnern, zu denen bis 1989 noch eine ganze Reihe hinzukommen sollte.[1] Er enthielt auch Rechercheergebnisse operativer Diensteinheiten des MfS, die sich mit Havemann beschäftigten. Insbesondere handelte es sich dabei um Materialien der HA XX aus deren Operativ-Vorgang »Leitz«. Wir sollten also in vier Tagen alles zusammentragen zu Havemanns persönlicher Entwicklung bis 1945 und die seinerzeitigen Familienverhältnisse (Eltern, Ehefrau, nähere Verwandte) sowie alles an Belegen über sein Verhalten während des Studiums und der beruflichen Tätigkeit, über seinen Einsatz und das Wirken als militärischer und politisch-polizeilicher Abwehrbeauftragter am Kaiser-Wilhelm-Institut, seine Verbindungen und den Einsatz im antifaschistischen Widerstand, seine Verhaftung, Vernehmung, Verurteilung und sein Verhalten im Zuchthaus Brandenburg-Görden bis zu seiner Befreiung am 27. April 1945.

Die Sache, das war allen Beteiligten klar, war insofern politisch brisant, als Havemann eine im Blickfeld der Öffentlichkeit stehende Person war, auch wenn er von eben dieser Öffentlichkeit ferngehalten werden sollte. (Was aber mit dem Hausarrest nur bedingt möglich und darum peinlich bis albern war.) Auch darum mußte alles, was gefunden und vielleicht publik gemacht werden würde, hieb- und stichfest, also nachprüfbar sein. Die Recherchen, sofern sie außerhalb unseres Hauses erfolgen würden, mußten zudem konspirativ vorgenommen werden. Von allen Materialien sollten Kopien angefertigt und in die entsprechenden Auskunftsberichte und Akten aufgenommen werden.

Vor allem sollten wir Auskünfte und Informationen von Dritten, die bereits vorlagen, überprüfen.

Die Aufgabe war ergebnisoffen. Es war – entgegen heute verbreiteten Behauptungen – nicht befohlen worden: Liefert den Nachweis, daß Havemann mit den Nazis paktiert hat, oder produziert notfalls entsprechende Beweise! Sondern der Rechercheauftrag lautete im Kern: *Wie* hat sich Havemann im Dritten Reich verhalten? Es waren eben nicht alle Mittel recht, um Robert Havemann als antifaschistischen Widerstandskämpfer und damit auch als »Kritiker der SED-Diktatur« zu desavouieren, wie etwa eine Simone Hannemann in ihrer Studie »Robert Havemann und die ›Europäische Union‹«[1a] unterstellt.

Solche Überprüfungen waren auch schon bei anderen Persönlichkeiten vorgenommen worden. Mal hatten sich Anhaltspunkte für eine Kollaboration ergeben, mal nicht. Und entsprechend war dann gehandelt worden. Im Negativfalle nämlich gar nicht. Dann wurde die Sache stillschweigend zu den Akten genommen und war damit erledigt.

Der geforderte Havemann-Bericht wurde in intensiver Tag- und Nachtarbeit termingemäß fertiggestellt und abgeliefert. Die viele Seiten umfassende Dokumentation mit Anlagen lieferte jedoch nicht nur keine endgültigen Antworten, sondern sie warf auch neue Fragen auf.

Auch in der Folgezeit, nachdem dieser unter meiner Mitwirkung zustandegekommene Bericht Minister Mielke vorgelegt und von ihm weiterführende Recherchen angewiesen worden waren, konnten bestimmte Verdachtsmomente hinsichtlich einer vermuteten inoffiziellen Tätigkeit für faschistische Geheim- bzw. Nachrichtendienste – etwa für den Nachrichtendienst der NSDAP, die Politische Polizei, die Abwehr, den faschistischen Sicherheitsdienst oder die Gestapo – nicht gänzlich ausgeräumt werden. Da aber auch keine Beweise für diese Hypothese erarbeiten werden konnten, galt auch hier der alte juristische Grundsatz: »in dubio pro reo« – im Zweifelsfalle *für* den Verdächtigten.

Da war beipielsweise die Frage nach dem Zustandekommen des Kontaktes von Havemann zu Antje Hasenclever, seiner späteren Ehefrau (bis 1946). War es Zufall oder fremdgesteuert, daß sich beide begegneten? Und wenn »fremdgesteuert«: von wem? Antje Hasenclever beschaffte unseren Erkenntnissen zufolge vor 1933 für das Exekutivkomitee der Kommunistischen Internationale (EKKI) Quartiere für in Deutschland tätige EKKI-Beauftragte.

Wenn es tatsächlich zutraf, daß Havemann – wie ohne dokumentarischen Beweis behauptet – 1932/33 für die Komintern bzw. für das EKKI tätig und in Abwehraufgaben eingebunden war, hieße das, eine »Fremdsteuerung« könnte von Moskau aus erfolgt sein. Aber natürlich ist auch eine andere Adresse, etwa in Berlin, denkbar.

Uns beschäftigte deshalb auch die Frage, *wie* die Gestapo davon Kenntnis erlangte, daß Havemann Februar/März 1933 den bulgarischen EKKI-Mitarbeiter Taneff beherbergte, und welche Angaben Havemann darüber machte, als er dazu von der Gestapo vernommen wurde. Da er für den Reichstagsbrandprozeß als Zeuge der Anklage gegen Dimitroff und Genossen vorgesehen war, scheinen Havemanns Aussagen sachdienlich gewesen zu sein. Was er im Detail bei der Gestapo ausgesagt hat und warum er im Prozeß dann nicht gehört wurde, konnte von uns nicht geklärt werden.

Eine in unserem Besitz befindliche und der Arbeitskartei zum Vorgang Havemann zugeordnete Original-Karteikarte der Gestapo – ein sogenanntes IS-Karteiblatt auf grau-grünem Karton in der Größe A5 – enthielt einen Hinweis darauf, daß die Gestapo ihn wegen EKKI-Verbindungen in ihrer zentralen Index- bzw. Suchkartei erfaßt hatte. Einzelheiten über die diesbezüglichen Eintragungen auf der Karteikarte und zur Quelle dieser Information sind mir allerdings nicht mehr erinnerlich, so daß ich lediglich schlußfolgern kann, daß die Karte möglicherweise infolge der Vernehmung Havemanns wegen der Beherbergung des bulgarischen Kommunisten Taneff zustande kam. Ebenso ist aber auch eine andere Quelle denkbar.

Uns beschäftigte ferner die Verbindung Havemanns zur Widerstandsgruppe »Neu Beginnen«, der er bis zur Verhaftung der Berliner Gruppe durch die Gestapo im Jahre 1935 angehört haben soll. Wann und wie kam es zum Kontakt, was wußte er über Mitglieder der Gruppe und deren Tätigkeit? War es ein glücklicher Umstand, daß Havemann zum Zeitpunkt der Festnahme der anderen im Urlaub weilte, und war es tatsächlich einer funktionierenden Konspiration zu danken, daß andere Mitglieder in den Vernehmungen durch die Gestapo seinen Namen nicht nannten? Und überhaupt: Auf welche Weise hatte die Gestapo die Namen der anderen, nicht aber den seinen erfahren?

Ein zu untersuchender Aspekt der Verbindung Havemanns zu »Neu Beginnen« war auch die Person Mayer-Reifferscheidt. Dieser soll ihn in die Gruppe eingeführt haben. Er brachte auch wenige Tage vor dem Reichstagbrand Wassili Taneff zu Havemann und holte ihn auf Bitte Havemanns, der Angst bekommen haben soll, wieder ab. Simone Hannemann schreibt, daß Havemann mit der Unterbringung Wassili Taneffs das Interesse der Gestapo auf sich gelenkt habe, was leicht zu einer Verhaftung hätte führen können.[1b] Unser Interesse an der Klärung der Zusammenhänge bezüglich der Beherbergung Taneffs und die damals dazu geführten Recherchen aber deutet sie in ihrer Fußnote 76 auf Seite 37 ihrer Studie so: »Die Beherbergung Taneffs war eines der Ereignisse, für welche das MfS Beweise suchte, um Havemann in irgendeiner Form einen Verrat nachzusagen.«

In der Tat war das Verhalten Havemanns in dieser Angelegenheit und die Reaktion der Gestapo für unsere Überprüfungen eine Schlüsselfrage. Deshalb gab es Anfragen an die sowjetischen und bulgarischen Sicherheitsorgane sowie eine Befragung der Witwe von Wassili Taneff.

Ähnliche Fragen ergaben sich auch in bezug auf Verbindungen Havemanns und der antifaschistischen Widerstandsgruppe »Europäische Union« zu anderen Antifaschisten und Widerstandsgruppen, die der Gestapo zum Opfer fielen.

So beschäftigte uns die Frage, warum – im Hinblick auf Konspiration und eigene Sicherheit – ausgerechnet zu einer Reihe von Personen Verbindungen aufgenommen wurden, die der Gestapo bereits bekannt waren. Man mußte davon ausgehen, daß sie unter deren Beobachtung standen. Bei Einbeziehung solcher »registrierten« Personen in die illegale Arbeit konnte eine ernsthafte Gefährdung sowohl der »Europäische Union« als auch der betreffenden Personen selbst nicht ausgeschlossen werden. Objektiv führte das dazu, daß sich der Gestapo die Gelegenheit bot, erneut gegen die ihr bereits bekannten »Reichsfeinde« und anderweitig Verdächtige rigoros vorzugehen. Was sie ja bekanntlich dann auch tat. Die Blutjuristen des faschistischen »Volksgerichtshofes« trugen mit Todesurteilen und deren Vollstreckung das ihrige bei.

Da war z. B die Verbindungsaufnahme zu Kurt Müller, dem Halbbruder von Ilse Stöbe und zu deren Mutter. Wegen Kundschaftertätigkeit für die Sowjetunion in Verbindung mit der Widerstandsorganisation »Rote Kapelle« war Ilse Stöbe am 14. Dezember 1942 vom »Volksgerichtshof« zum Tode verurteilt und am 22. Dezember 1942 hingerichtet worden. Kurt Müller kam, als er Hilfe beim Abfassen eines Gnadengesuchs für seine Halbschwester suchte, in Verbindung zum Kreis um Havemann und wurde in die Aktivitäten der »Europäischen Union« zur Unterstützung von verfolgten Juden einbezogen. Er wurde am 5. September 1943 gemeinsam mit versteckten Juden von der Gestapo festgenommen, vom »Volksgerichtshof« im *Verfahren 1 H 51/44 gegen Müller und Andere* (Hilde Seigewasser, Ruth Stenzel, Charlotte Uhrig und Charlotte Breitbach) unter Vorsitz von Freisler und Mitwirkung von Rehse als Beisitzer sowie Stark als Anklagevertreter am 17. April 1944 zum Tode verurteilt und am 26. Juni 1944 im Zuchthaus Brandenburg hingerichtet.

Verbindung gab es auch zu Dr. Josef (»Beppo«) Römer, der durch die Gestapo verfolgt (u. a. im KZ Dachau) und von der faschistischen Justiz wegen illegaler Tätigkeit verurteilt worden war. Auch er hatte Verbindungen zur Gruppe um Robert Uhrig und war 1942 der Festnahme nur knapp entgangen. Am *Verfahren 1 L 192/44* gegen ihn und Cecilie Bode waren neben Freisler Stier als Beisitzer und Wittmann als Vertreter der Anklage beteiligt. Das gegen Römer am 19. Juni 1944 verhängte Todesurteil wurde am 25. September 1944 in Brandenburg vollstreckt.

Auch gegen Dr. Paul Hatschek, der mit seiner Tochter Krista Lavickova im *Verfahren 1 L 56/44 (10 J 1125/43)* am 27. März 1944 unter Vorsitz von Freisler und Mitwirkung von Stier als Beisitzer sowie Stark als Anklagevertreter zum Tode verurteilt wurde, war die Gestapo seit 1942 aktiv, um ihm nachrichtendienstliche Verbindungen ins Ausland nachzuweisen. Dazu war ein sich als Kurier ausgebender Spitzel eingesetzt worden. Paul Hatschek wurde am 15. Mai 1944 im Zuchthaus Brandenburg-Görden und seine Tochter am 11. August 1944 in Berlin-Plötzensee hingerichtet.

Ursprünglich plante die Staatsanwaltschaft einen gemeinsamen Prozeß gegen Paul Hatschek, seine Tochter und seine zweite Ehefrau Elli am 18. März 1944, bei dem Robert Havemann als Zeuge auftreten sollte. Es wurde jedoch gegen Elli Hatschek in einem gesonderten Prozeß verhandelt. Wegen »Kriegsspionage« und Verbindung zur »Europäischen Union« wurde auch sie unter Vorsitz von Freisler sowie Beteiligung von Schlemann als Beisitzer und Bruchhaus als Anklagevertreter im Verfahren *1 L 411/44* am 4. November 1944 zum Tode verurteilt. Sie starb am 8. Dezember 1944 in Plötzensee ...

Im Zusammenwirken mit dem Institut für Marxismus-Leninismus/Zentrales Parteiarchiv (IML/ZPA) und dem Dokumentationszentrum der Staatlichen Archivverwaltung der DDR waren durch die HA IX/11 neben dem *Verfahren 1 H 305/43(0 J 1095/*

43) gegen Havemann und Andere mindestens weitere 13 Strafverfahren vor dem Volksgerichtshof gegen Mitglieder der »Europäische Union« bzw. gegen mit dieser Widerstandsgruppe in Verbindung stehende Personen ermittelt worden. Neben dem Präsidenten des »Volksgerichtshofes«, Roland Freisler, waren an diesen Verfahren zwölf hauptamtliche Richter und Staatsanwälte beteiligt. Nicht wenige von ihnen lebten nach 1945 in Westdeutschland und waren wieder im Justizdienst tätig. Einzelne von ihnen sind im »Braunbuch. Nazi-und Kriegsverbrecher in der BRD« (2002 als Reprint in der edition ost erschienen) namentlich aufgeführt.

Den Prozeß gegen Robert Havemann, Georg Groscurth, Herbert Richter und Paul Rentsch, die im Dezember 1943 wegen *Abhören von Feindsendern, Gründung einer »Europäischen Union«, Anfertigung von Flugblättern, Beziehungen zu illegalen Gruppen ausländischer Arbeiter in Deutschland, Verschaffung falscher Papiere für Juden* zum Tode verurteilt wurden, führte Freisler persönlich. Beisitzer war Rehse, Stark vertrat die Anklage.

Hans-Joachim Rehse, der an mindestens 231 Todesurteilen – darunter auch an etlichen im Zusammenhang mit der »Europäischen Union« – mitgewirkt hatte, starb als freier Mann, nachdem der Bundesgerichtshof ein in Berlin (West) am 3. Juli 1967 gegen ihn wegen Beihilfe zum Mord und versuchten Mord ergangenes Urteil am 30. Oktober 1968 aufgehoben und zur Neuverhandlung an das Schwurgericht zurückverwiesen hatte. Von diesem wurde er mit der Begründung freigesprochen, der Volksgerichtshof sei ein unabhängiges, nur dem Gesetz unterworfenes Gericht gewesen, und Rehse habe als Richter rechtmäßig entschieden. Bevor es nach Revision zu einer neuen Verhandlung kam, verstarb Rehse. Sein Fall galt als Präzedenzfall für das Einstellen von Verfahren gegen Nazi-Juristen in der BRD. Edmund Stark, der Todesurteile gegen Havemann, Groscurth, Richter und Rentsch sowie gegen weitere Angeklagte aus den Reihen der »Europäischen Union« erwirkte, war einer der Beschuldigten in Ermittlungsverfahren gegen Richter und Staatsanwälte des Volksgerichtshofes in Berlin (West). Zu diesen leistete in den 80er Jahren die DDR umfangreiche Rechtshilfe. Stark hatte zwischen März 1943 und Januar 1945 in mindestens 37 Prozessen mitgewirkt, in denen 41 Männer und Frauen zum Tode und 39 zu hohen Zuchthausstrafen verurteilt worden waren. Das Verfahren gegen ihn wurde jedoch ergebnislos eingestellt.

Nicht einer der Nazijuristen, gegen die die Justiz in Berlin (West) ermittelte, wurde abgeurteilt. Ein bemerkenswerter Vorgang, der allerdings noch eine bezeichnende Pointierung erfahren sollte. »Der nach dem Anschluß der DDR als unermüdlich-emsiger strafrechtlicher Verfolger von DDR-Bürgern bekannt gewordene Oberstaatsanwalt Bernhard Jahntz hatte es damals nicht vermocht, seine Ermittlungen gegen Angehörige des Volksgerichtshofes erfolgreich zu führen. Die Staatsanwaltschaft stellte die Ermittlungen gegen die Beschuldigten ein. Das Ergebnis: Von 577 Richtern und Staatsanwälten des Volksgerichtshofes wurden in 40 Jahren lediglich zwei angeklagt, die vor ihrer Verurteilung starben. Die vom Volksgerichtshof von 1934 bis 1945 gefällten ca. 5.000 Todesurteile, die Mehrzahl von 1942 bis 1944 ausgesprochen, blieben ungesühnt.«[1c]

Jahntz (Jg. 1945) selbst bilanzierte seine Erfolge bei der Verfolgung von DDR-Juristen, Politikern und Militärs im Internet.[1d]

Doch zurück zu Havemann: Unklar war und ist bis heute, wie die Gestapo in der Zeit nach der Annexion Österreichs und vor Beginn des Überfalls auf Polen davon Kenntnis erlangen konnte, daß Havemann in seinem Wochenendhaus am Scharmützelsee eine von der Wiener Gestapo gesuchte Jüdin versteckt hielt.

Aus den uns damals vorliegenden Unterlagen der Gestapo, insbesondere einem Observationsbericht, war zu entnehmen, daß die Gestapo genau wußte, wann Havemann mit welchem Zug nach Bad Saarow fuhr und wie lange er sich dort aufhielt. Zwei Gestapo-Leute fuhren mit im selben Zug und beobachteten Havemann auf dem Weg zu seinem Grundstück. Dort warteten sie, bis Havemann das Haus wieder verließ und schritten unmittelbar danach zur Festnahme der gesuchten und von Havemann versteckt gehaltenen Person. Die Aktenüberlieferungen enthielten keinen Hinweis darauf, ob Havemann in dieser Sache von der Gestapo vernommen worden ist und ob es deshalb irgendwelche Sanktionen gegen ihn gab.

Dieser Umstand erschien merkwürdig, zumal in jene Zeit seine Ernennung zum stellvertretenden militärischen Abwehrbeauftragten fiel und dazu in den »Volksgerichtshof«-Akten (jetzt im Bundesarchiv unter NJ 1720, Bd. 2 archiviert) ein entsprechendes Karteiblatt vorlag, welches zwischenzeitlich mehrfach als Faksimile veröffentlicht wurde. Auf dem von der Gestapo (IV C 1 b) am 5. September 1943 gefertigten »Auszug aus dem Karteiblatt« zu Robert Havemann sind außer weiteren Angaben zur Person folgende Auftragungen enthalten: »27. 1. 42 Wurde von der Abwehrstelle im Wehrkreis III zur Überprüfung aufgegeben. Ist im Pharmakologischen Institut der Universität als stellv. Abwb. vorgesehen. (Geschäftszeichen: Stapo Berlin, Stapo IV A 2 61/41 -g- neu)

13. 4. 42 Gegen die vorgesehene Verwendung wurden keine Bedenken erhoben. H. wurde zur Bestallung als pol. Abwb. in Vorschlag gebracht. (Geschäftszeichen: Stapo Berlin IV A 2 61/ 41 g

28. 5. 42 Wurde am 11. 5. 42 zum polit.-polizeil. Abwehrbeauftr. des Pharmakologischen Institut der Universität Berlin, NW 7, ernannt. (Geschäftszeichen: RSHA IV A 2 b 552 / 38 g)«

Demzufolge war Havemann für zwei faschistische Geheimdienste, die Abwehr und die Gestapo, zumindest für eine »informelle« Form des Zusammenwirkens bestallt. Darüber hinaus war Havemann offenbar auch für den faschistischen Sicherheitsdienst (SD) mit einem Forschungsauftrag zu Geheimschriftmitteln befaßt.

In den Akten findet sich auch die als »Geheime Reichssache« deklarierte Mitteilung eines Kriminalsekretär Manig (unter dem Kopfbogen »Chef der Sicherheitspolizei und des SD« an den Oberreichsanwalt beim Volksgerichtshof Dr. Barnickel vom 29. Oktober 1943 – also nach der Verhaftung von Havemann und mehr als dreißig anderen Personen, die der »Europäischen Union« zugerechnet wurden). Darin heißt es: »Havemann ist bisher weder in politischer noch in krimineller Hinsicht nachteilig in Erscheinung getreten. Die Staatspolizeileitstelle Berlin machte mit Bericht vom 21. 4. 42 (IV A2 – 61/41g – neu –) dem RSHA – Referat IV E 2 – davon Mitteilung, daß Havemann bei dem Pharmakologischen Institut der Universität Berlin als militärischer Abwehrbeauftragter (Abwb.) eingesetzt wurde und brachte in Vorschlag, ihn auch zum politisch-polizeilichen Abwb. einzusetzen. Da die von IV E 2 erfolgte karteimäßige Überprüfung nichts Nachteiliges ergab, wurde er am 11. 5. 42 zum politisch-polizeilichen Abwb. ernannt.«[2]

Unterstellt, daß vielleicht manches der Gestapo wirklich entgangen oder vergessen wurde und eine Notwendigkeit zum Verschweigen nicht bestand, bleibt dennoch vieles offen – denn alle Aktenzeichen enthalten ein »g«, was für »geheim« steht. Die Aussage »nichts Nachteiliges bekannt«, läßt mithin auch eine andere Deutung zu, zumal sich darunter auch ein Aktenzeichen aus dem Jahre 1938 befindet.

Die Vernehmungsprotokolle – das erste datiert vom 5. September 1943, das letzte vom 23. September – wie auch Havemanns Erklärung vom 28. September 1943 offenbarten Haltungen, die auch andere in einer vergleichbaren Situation zeigten. Um es deutlich zu sagen: Havemann wußte, was ihm drohte, zumal bei ihm eine Pistole sichergestellt worden war[3] und er für die Gestapo wegen seiner illegalen Arbeit trotz Verpflichtung für geheimdienstliche Abwehraufgaben als Verräter in den eigenen Reihen gelten konnte. In einer solch lebensbedrohlichen Situation ist vieles erlaubt (nur nicht der Verrat von Personen), um den eigenen Kopf zu retten. Daher war und ist bei der Wertung von bestimmten Ausführungen wie den nachfolgenden besondere Vorsicht geboten, nicht allem ist eine besondere Relevanz zuzumessen. Uns Nachgeborenen, die in ganz anderen Verhältnissen leben, stand und steht es ohnehin nicht zu, moralisch über Argumente zu rechten, mit denen ein Mensch im Angesicht seiner Mörder den Kopf aus der Schlinge zu ziehen versuchte. Gleichwohl machten solche Sätze stutzen: »Der nationalsozialistische Staat hat große Verdienste für das deutsche Volk. Ich stehe auf dem Boden des heutigen Staates. Es wäre aber übertrieben zu sagen, daß ich mit allem und jedem einverstanden bin. Ich bin z. B. der Ansicht, daß es ein Fehler war, daß man nicht frühzeitig genug der wissenschaftlichen Forschung große Mittel zur Verfügung gestellt hat, daß man aus diesem Grunde sehr viele Wissenschaftler von den Forschungsstätten in die Industrie getrieben hat.«[4]

Und auf sein Weltbild eingehend, sagte er: »Ich machte mich eingehend bekannt mit den philosophischen Grundlagen der beiden großen radikalen Parteien Deutschlands, der Kommunistischen Partei und der Nationalsozialistischen. Bei der Kommunistischen Partei stieß es mich ab, daß sie eine Diktatur des Proletariats errichten wollte, während ich der Meinung war, daß die Massen möglichst keinen Einfluß auf die Regierung ausüben sollten. Bei der Nationalsozialistischen Partei wurde ich besonders abgestoßen durch den Antisemitismus. Es schien meiner eigenen Beobachtung zu widersprechen, daß die Juden so ausschließlich Schädlinge seien.«[5]

Bei seiner dritten Vernehmung am 8. September 1943 erklärte Havemann: »Ich muß es ganz entschieden ablehnen, daß meine politischen Ideen sich an die Ideen der Kommunisten anlehnen. Die Bezeichnung ›Antifaschismus‹ ist heute ein von den Gegnern Deutschlands allgemein verwendeter Ausdruck, da, wie ich schon ausführte, unsere Gegner vorgeben, nicht gegen Deutschland, sondern nur gegen den Nationalsozialismus zu kämpfen. [...] Wir haben auch niemals die Absicht gehabt, anderen Menschen ihren Glauben an den Sieg zu nehmen.«[6]

Auf einen handschriftlichen Text eingehend, den Havemann zwei Wochen vor seiner Festnahme geschrieben hatte, fragte bei der fünften Vernehmung der Vernehmer: »Sie sprechen im letzten Absatz dieser Schrift von ›ungezählten ausländischen Agenten, Kriegsgefangenen, Deserteuren und illegalen Nazigegnern‹. Woher hatten Sie diese Kenntnis, und welche Wirkung versprachen Sie sich überhaupt von dem Flugblatt?

Antwort: Diese Angaben habe ich völlig aus der Luft gegriffen, ich nahm aber an, daß Richter oder auch Großcurth vielleicht Informationen hierüber erhalten würden.«[7]

Bei der Vernehmung am 15. September 1943 hielt ihm der vernehmende Gestapo-Beamte vor: »Sie sollen nach Angaben der Elisabeth Kind nach einem Trinkgelage aus der Wohnung von Richter über eine Geheimnummer eine führende Persönlichkeit angerufen und Drohungen ausgestoßen haben. Diese Kenntnis will Frau Kind von Dr. Großcurth haben.

Antwort: Mir ist hierüber nichts bekannt und muß sich Frau Kind irren.«[8]

Und in einer Erklärung am 28. September 1943 sagte Havemann, er bereue seine Handlungen. »Es kann deshalb für jeden Deutschen heute nur eine Aufgabe geben, alle Kräfte für den Sieg einzusetzen.«[9] War das sibyllinisch gemeint?

Zu den seinerzeit Festgenommenen gehörte der Neuköllner Bruno Grap, der schon 1933, 1934, 1935 und 1938 verhaftet worden war. 1935 wurde er zu zwei Jahren Zuchthaus wegen »Hochverrat« verurteilt, danach kam er ins KZ. Anfang 1943 lernte er Havemann kennen. Er berichtete Karl Schirdewan auf dessen Bitte am 19. Mai 1947 über die »Europäische Union«[10]:

»Ungefähr im Juni 1943 überraschten mich Havemann und Großcurth mit der Tatsache der Gründung der Organisation Europäische Union. Man zeigte mir Flugblätter und Programmblätter. In diesen war von einer großen und mächtigen Organisation die Rede. [...] Ich erinnere mich aber sehr, daß in einem dieser Blätter darauf hingewiesen wurde, daß die Gestapo von der Existenz der E. U. noch keine Kenntnis hat – und daß streng auf konspirative Arbeit geachtet werden soll. Doch gerade diese Worte sollten sich nicht bestätigen, denn schon wenige Wochen später – am 5. September 1943 – wurden die meisten Beteiligten verhaftet. Zirka 30-35 Leute wurden auf einen Schlag festgenommen. Spielte da nur ein Zufall mit, oder besteht eine Verbindung dieser kühnen Behauptung und der Tatsache der so plötzlichen Verhaftungen?

Dem Kreis, der fast nur aus Intellektuellen bestand, gehörte ein gewisser Dr. Hatscheck an. *[In anderen Dokumenten heißt er auch Hadschek oder Hatschek – D. S.]* Dieser, ein ehemaliger Jurist, war Mitarbeiter bei der Tobis. Er war tschechischer Staatsangehöriger. Hatscheck wollte Patente nach Rußland verkaufen und hatte über Prag Verbindung nach der S.U. Mit den russischen Agenten hatte er ein Stichwort, und zwar: Onkel Leopold, verabredet. Hatscheck hat aber eine so konspiratives Handeln erfordernde Angelegenheit nicht für sich behalten, sondern anscheinend damit unter seinen Bekannten herumgeprahlt. Eines Tages hat nun wahrscheinlich die Gestapo davon Wind bekommen, und es meldete sich ›Onkel Leopold‹. So ist denn Hatscheck an die Gestapo geraten, aber nicht an den russischen Agenten. Diesem Gestapoagenten muß Hatscheck, wohl in der Meinung, er spricht mit dem russischen politischen Agenten, von dem Kreis um Havemann und Großcurth erzählt haben. Hatscheck wußte damals noch nichts von der Gründung der E. U., denn Havemann und Großcurth hielten ihn absichtlich in Unkenntnis. Sie hatten des mysteriösen ›Onkel Leopold‹ wegen die Absicht, Hatscheck langsam vom Kreis abzuhängen. [...]

Die Europäische Union hatte genau wie die Kommunistische Partei ein Zentralkomitee und eine Exekutive. Dem ZK gehörten an: Dr. Havemann (Chemiker), Dr. Großcurth (Arzt), Dr. Rentsch (Arzt) und Richter (Architekt). Havemann war der Kopf der Sache. Seine Eltern sind Nazis. Seine, jetzt von ihm geschiedene Frau *[Antje Hasenclever – D. S.]*, stammt aus der sozialistischen Bewegung.

Großcurth und Richter sind Sozialisten. Der Zahnarzt Rentsch dagegen ist ein ehemaliger Stahlhelmer. [...]

Als ich 1945 aus Westfalen, wo ich in einem Zuchthauskommando war, zurückkam, interessierte mich zuerst die E. U. nicht, denn die K. P. war wieder da und in dieser neuen Situation hatte die E. U. keine Daseinsberechtigung mehr. Im Laufe der Zeit wunderte ich mich aber trotzdem, daß Havemann nie versucht hat, die Überlebenden der E. U. zusammenzunehmen und einmal so etwas wie einen Bericht zu geben über Ursachen und Werdegang der Verhaftungswelle gegen die E. U. Auf dem Brandenburger Treffen am 4. Mai 1947 haben dann Genossen Havemann gegenüber die Genossen Jakob und Frau und der Genosse Dr. Broser ebenfalls ihr Erstaunen darüber erklärt. [...]

Vor dem 1. Senat hat Havemann sich damit verteidigt, daß die E. U. im Falle des verlorenen Krieges eine vernünftige Regierung zusammenbringen wollte, die die Invasion von West und Ost verhindern sollte. Diese Argumentation hielt ich damals für eine Ausrede dem Gericht gegenüber. Heute sieht es aus, als ob Havemann, der doch anscheinend den Weg zu uns gefunden hatte, sich wieder von der SED entfernt.

Diese Argumentation gegen West und Ost, glaube ich heute, ist gar keine Ausrede gewesen, sondern scheinbar auch in bezug auf Ost Überzeugung.

Deswegen, und weil vieles im Zusammenhang mit den Verhaftungen ganz unklar ist, würde ich vorschlagen, daß die in Frage kommende Abteilung der Partei sich einmal näher mit dem Prozeß der E. U. beschäftigt.«[11] Das wurde im Mai 1947 formuliert!

Inwieweit dies geschah, geht aus den Unterlagen nicht hervor. Offenkundig ging »die in Frage kommende Abteilung der Partei« dem Zweifel nicht nach: Havemann kam bald zu hohen Ehren und »machte eine richtige Bonzenkarriere«[11a], wie Biermann später befand. Lediglich in den Akten des KPD-Politbüros aus dem Jahr 1945 fand sich eine Aktennotiz vom 5. April 1949 (!), in welcher Bruno Grap zitiert wurde. Die »Europäische Union« habe drei Flugblätter herausgegeben. »Trotz einer Sprache, die darauf hinwies, daß die Union viele Anhänger habe, schätzt Grap den Radius ihres Wirkungskreises sehr klein.«

Und nicht uninteressant eine andere Bemerkung dazu: »Zwei schwedische Studenten sollten nach Stockholm fahren, um der Sowjet-Botschaft Material zu übermitteln. Sie wurden verhaftet und kamen ins Zuchthaus.«[12]

Wie Simone Hannemann zu berichten weiß und aus einem von ihr als Dokument V veröffentlichten Schreiben von Bruno Haid, der damals mit der Sichtung von Aktenüberlieferungen aus der Zeit des Faschismus auch zum *Verfahren gegen Havemann und Andere* im Auftrage der KPD/SED befaßt war, ersichtlich ist, hatte Robert Havemann sich um Akteneinsicht bemüht. Der Vorschlag von

Haid mit Datum vom 15. Februar 1946, dem Ansinnen von Havemann stattzugeben, ist durch Walter Ulbricht aus bisher nicht bekannten Gründen mit dem handschriftlichen Vermerk »Nein K. Erlaubnis« offensichtlich abgelehnt worden.[12a]

Das MfS war also keineswegs allein mit seinen Zweifeln und Vorbehalten gegenüber Havemann und seiner Rolle während der Zeit vor 1945.

Havemann selbst berichtete 1946 in einer »Sendereihe über die deutsche Widerstandsbewegung des amerikanischen Rundfunks in Berlin« über die »Europäische Union«.

»Ich will Ihnen jetzt erzählen von unserer Arbeit und von meinen Erlebnissen bei der Gestapo und im Zuchthaus. Ich habe von 1933 bis etwa 1936 in einer großen illegalen Organisation gearbeitet, die unter dem Namen ›Neu Beginnen‹ in der Welt bekannt ist. Ich habe dort all das gelernt, an theoretischem und praktischem Wissen, was die illegale und konspirative Arbeit erfordert.«[13] Und als er auf die »Europäische Union« und deren Ende zu sprechen kam, lenkte er, ohne dessen Namen zu nennen, den Verdacht auf Hatscheck. »Ich habe mich sehr um die Nachprüfung dieser Beziehung bekümmert und erlangte erst Gewißheit darüber, daß es sich in Wirklichkeit um einen Gestapoagenten handelte, als es schon zu spät war.«[14] Woher er das wußte, verrieten weder er noch die Akten. Jedoch in der ihm eigenen Bescheidenheit schloß er: »Im Dezember 1943 wurde ich als Leiter der Organisation mit dreien meiner Freunde zum Tode verurteilt.«[15]

Im Rahmen des AS 91/67 war mehrmals geprüft worden, ob sich im Zusammenhang mit den »kriegswichtigen Forschungen«, die immer wieder zum Aufschub der Vollstreckung des von Freisler verhängten Todesurteils führten (am 8. Mai 1944 wurde es an Großcurth, Richter und Rentsch vollstreckt) – erst um ein halbes Jahr, dann zweimal um zwei Monate –, Hinweise auf eine Verstrickung in Kriegsverbrechen oder Verbrechen gegen die Menschlichkeit existierten. Schließlich waren nach geltendem Völkerrecht Giftgasforschungen geächtet und -produktion verboten. Daß sich die kriegführenden Seiten über solche Festlegungen hinwegsetzten, änderte nichts an der Völkerrechtswidrigkeit und der Strafbarkeit solchen Handelns. Giftgashersteller und -forscher, vor allem aus der IG Farben, standen deshalb nicht von ungefähr in Nürnberg vor Gericht.

Die Einbindung Havemanns in geheime und »kriegswichtige Forschungen« auf dem Gebiet der Giftgasentwicklung konnte nicht belegt werden. Es gab weder Beweise für einen solchen Verdacht noch konnte dies mit Sicherheit gänzlich ausgeschlossen werden. Es war nicht einmal festzustellen, woran Havemann genau geforscht hatte und ob sich daraus tatsächlich oder vermeintlich Ergebnisse für »kriegswichtige« Belange ergaben. Er selbst hatte wiederholt erklärt, und diese Logik traf zu: Hätte er etwas Verwertbares »erfunden«, wäre das sein Ende gewesen, weil man ihn nicht mehr brauchte. Also mußte er auf Zeit »spielen«, um gebraucht zu werden.

Weiß- , Grün-, Blau- und Gelbkreuz waren als Kampfstoffe seit dem I. Weltkrieg bekannt. Andere für massenhaften Einsatz geeignete Giftgase und Kampfmittel wurden in immensen Mengen produziert und bevorratet, darunter solche wie Tabun, Sarin, Lost und nicht zuletzt das von der IG Farben produzierte Zyklon-B, das bekanntlich zur industriemäßigen Vernichtung von Menschen in Lagern wie Auschwitz zum Einsatz kam.

Da gelegentlich von Aerosolen die Rede ging, steht zu vermuten, daß Havemann vielleicht zur Gasschutzproblematik arbeitete. Das 1942 vom Heereswaffenamt aufgestellte Programm zur Forcierung der Schutzmaskenproduktion führte dazu, daß die Dringlichkeitsstufen dieser »kriegswichtigen« Aufgabe von vormals Stufe »I c« in »S« und danach sogar in die höchste Kategorie »SS« erhoben wurde. Georg Groscurth, der im Selbstversuch eine Untersuchung zur Steigerung der Leistungsfähigkeit unter der Gasmaske durchführte bzw. an Forschungen zur Verbesserung der Qualität der Gasschutzmasken arbeitete, durfte – anders als Havemann – seine »kriegswichtigen« Forschungen nicht fortsetzen. Insofern stellt die Genehmigung für Havemann eine Besonderheit dar, die zwangsläufig Fragen provoziert: warum er, und andere nicht?

Olaf Groehler, der sich als Militärhistoriker mit der Giftgas-Forschung und -produktion befaßte, listete in seinem Buch (»Der lautlose Tod«, Berlin 1978) detailliert auf, welche Giftgase in welchen Mengen produziert wurden und welche Entscheidungen wann von wem angeregt und getroffen worden sind. Hinweise auf Giftgasforschungen unter Leitung von Prof. Heubner bei der Kaiser-Wilhelm-Gesellschaft und deren Institutionen sowie über eine

Mitwirkung von Havemann und seinem Kollegen von Bergmann finden sich bei Groehler allerdings nicht.

Groehler lebt nicht mehr. Man kann ihn also nicht mehr fragen, ob er da was übersehen hat – oder ob es dort nichts gab. Mithin bleibt offen, ob die »Erfindung«, an der Havemann vorgeblich arbeitete, eine solche war.

Wie Olaf Groehler – auf entsprechende Dokumente gestützt – darlegt, zeichnete sich an der Jahreswende 1943/44 hinsichtlich Giftgasforschung und -produktion eine ganz klare Kompetenzverteilung ab. Die chemische Industrie, vor allem IG Farben, hatte eine monopolartige Stellung in Fragen der Entwicklung, Produktion und Bereitstellung von Kampfstoffen erlangt, während die Wehrmachtbehörden darauf orientiert wurden, sich mehr der operativen und militärischen Belange anzunehmen.

Im Februar 1944 gab der Generalstab des Heeres erstmals eine Weisung an alle Heeresgruppen und Armeeoberkommandos heraus, in der drei Stufen der unmittelbaren Vorbereitung auf einen Gaskrieg festgelegt worden waren. Gedacht war ein möglicher Einsatz chemischer Kampfmittel zur Abwehr einer Invasion in Westeuropa. Auffällig dabei ist, daß sich der »Führer und Reichskanzler« Hitler im Frühjahr 1944 erstmals bei zwei Gelegenheiten – am 24. März beim Besuch des rumänischen Marschalls Ion Antonescu und am 22. April beim Besuch Mussolinis – gegenüber ausländischen Staatsgästen zur Frage eines Gaskrieges äußerte und dabei die Nervengifte Tabun und Sarin auf eine Stufe mit den sogenannten Wunderwaffen stellte. Deutschland sei gut vorbereitet und hätte bessere Gase und Sprengstoffe als der Feind, prahlte er. Und wenig später war dann auch davon die Rede, daß deutschen Chemikern »der Einbruch in eine gewisse Gasgruppe gelungen« sei und das »alles vernichtende Mittel« im Falle eines Kampfstoffangriffes auch rücksichtslos eingesetzt werden würde.[15a]

Für uns stellte sich die Frage, ob die tatsächlichen oder vermeintlichen Arbeiten Havemanns auf dem Gebiet der Giftgasforschung von ihrem Gegenstand her und infolge real erzielter oder glaubhaft in Aussicht gestellter Resultate in einem mittel- oder gar unmittelbaren Zusammenhang mit diesen Äußerungen Hitlers standen. Eine schlüssige Antwort fanden wir nicht.

Keine andere Person, zu der ich zwischen 1933 und 1945 in

der HA IX/11 recherchierte, ist mir so im Gedächtnis geblieben wie gerade Robert Havemann.

Es waren Zehntausende von Personen, zu denen wir Nachforschungen anstellten und Auskünfte aus uns zugänglichen Archivmaterialien erteilten. Das betraf vor allem Nazi-Eliten, Kriegsverbrecher und Verbrecher gegen die Menschlichkeit, Nazi-Juristen, Angehörige der Abwehr und des faschistischen Sicherheitsdienstes sowie Mitarbeiter der Gestapo, deren V-Leute, Spitzel und sonstige Agenturen, aber auch einfache Mitglieder der Nazipartei und deren Gliederungen sowie Persönlichkeiten, die aktiv am antifaschistischen Widerstandskampf teilgenommen hatten oder Opfer des Faschismus geworden waren.

Nicht immer war es uns möglich, Antworten zu finden und auf Beweismittel gestützte Aussagen zu treffen. Aber so viele unterschiedlich interpretierbare Umstände und Fakten, wie wir sie im Zusammenhang mit Robert Havemann fanden, gab es in keinem anderen Fall. Schon das allein erzeugte und nährte Zweifel.

Auch den an uns selbst.

Vielleicht war Havemann besonders listig und clever, so daß er nicht nur die Gestapo erfolgreich narrte, sondern auch andere. Wenn dies später nicht durchschaut wurde, war ihm daraus ein Vorwurf zu machen? Oder verdient das im Gegenteil nicht Anerkennung und Respekt anstatt Verdacht, möglicherweise mit den Nazis kollaboriert und Mitstreiter verraten zu haben? Schon 1946 schrieb Bruno Haid an Walter Ulbricht: »Überhaupt ist aus dem vorliegenden Aktenmaterial nicht ersichtlich, wie die Gruppe um Dr. Havemann aufgerollt worden ist. Fest steht, daß die Gestapo eine Reihe von Dingen gewußt hat, die sie bei der Vernehmung der beteiligten Personen dazu benutzte, um Geständnisse zu erhalten. Dr. Havemann hat sich bei all seinen Aussagen vorbildlich verhalten und niemanden von sich aus belastet.«[16]

Auf der anderen Seite: Er selbst blieb den letzten Beweis seiner Verläßlichkeit und Berechenbarkeit schuldig, insofern belastete er sich selbst am stärksten: mit seiner Großspurigkeit, seiner Geltungssucht, seinem in vielen Situationen bewiesenen Opportunismus. Mancher, der eine Zeitlang mit ihm marschierte, stellte irgendwann Fragen. Es gab berührende Berichte aus dem Zuchthaus, in denen Mithäftlinge über Havemanns Engagement berichteten. So schrieb später Walter Hochmuth: »Außer einem Offizier der Wehrmacht und dem Direktor des Zuchthauses, Dr. Thümmler *[gegen den neun ehemalige Häftlinge, darunter auch Havemann, am 8. April 1948 Anzeige bei der Oberstaatsanwaltschaft beim Landgericht Hannover wegen Verbrechen gegen die Menschlichkeit einreichten, als Thümmler Zuchthausdirektor in Celle werden sollte – D. S.]*, hatte niemand Zutritt in die Labor-Zelle. Nachts befand sich Havemann wie alle anderen Todeskandidaten gefesselt in seiner Todeszelle. Für die Forschungsarbeit benötigte Havemann Eisstücke, die sich im Kühlkeller der Kochküche befanden. Von einem Wachtmeister begleitet, kam Havemann täglich an die Gittertür der Kochküche und reichte Männe *[das war Emanuel Gomolla – D. S.]* – später auch mir – einen Emaille-Eimer durch den Spalt der Gittertür. Der Eimer hatte einen Holzgriff, dem ein Zettel zu entnehmen war. Auf den Boden des Eimers legten wir Brot, manchmal etwas Margarine oder Wurst, obenauf kamen die Eisstücke. Anschließend erhielt Havemann den Eimer durch den Spalt der Gittertür zurück. Mit Schreibmaschine geschrieben, im Telegrammstil, enthielt der Zettel Nachrichten, die soeben vom Sender Moskau oder anderen verbotenen Sendern stammten. Diese regelmäßige und zuverlässige Informationsquelle der illegalen Leitung wurde nie entdeckt.«[17]

Aber war es nicht gerade für einen Todeskandidaten (»auf Abruf«) und die illegale Tätigkeit im Zuchthaus Brandenburg besonders gefährlich, irgendwelche Informationen auf der Schreibmaschine zu schreiben? Mußte da nicht sofort auf den Schreiber – wer außer Havemann hatte als Häftling wohl noch eine Schreibmaschine – reflektiert werden? Woher nahm Havemann die Sicherheit, nicht entdeckt zu werden, was doch als Fortsetzung »reichsfeindlicher Tätigkeit« angesehen worden wäre und mit der Vollstreckung des Todesurteils hätte enden können. Woher nahm er die schon in einem Brief an seinen Vater unmittelbar nach der Verurteilung zum Ausdruck kommende Zuversicht, daß das gegen ihn verhängte Todesurteil mit Sicherheit nicht vollstreckt werden würde? War das Optimismus? Wollte er den Vater beruhigen?

Ein anderer Mithäftling, Wilhelm Thiele, erinnerte sich 1971: »Den Schlüssel zu seiner Zelle hatte nur der I. Hauptwachtmeister des Hauses I, Viethe, der diese Zelle nur persönlich aufschließen durfte. Havemann hatte jedoch ständig Wünsche bezüglich der Ausgestaltung seiner Zelle mit Schränken, Regalen, Tischen usw., die in unserer Tischlerei angefertigt wurden. Durch diese Lieferungen kamen entweder der Genosse Wald oder ich mit Havemann in Verbindung. Wir wurden dann von Genossen Schwichtenberg dorthin geführt. Da auch der I. Hauptwachtmeister Viethe sich nicht immer selbst bemühen wollte, konnte Schwichtenberg später den Schlüssel von Viethe abholen und anschließend wieder zu ihm bringen. So waren wir in der Zelle Havemanns ziemlich ungestört unter uns. Havemann fertigte aus den ihm zur Verfügung gestellten Materialien einen Radioempfänger an, hörte die Nachrichten von Moskau und London und schrieb sie mit seiner Schreibmaschine mit mehreren Durchschlägen nieder. Wenn wir gerade in seine Zelle kamen, nahmen wir einen Durchschlag gleich mit. In der Regel gingen diese Informationen durch das Zellenfenster mit Hilfe eines Blumentopfes an die Genossen in der gegenüberliegenden Küche und von dort auf verschiedenen Wegen weiter.«[18]

Aber neben solchen respektgebietenden Darstellungen gab es eben auch andere Bemerkungen, skeptische Fragen, zweifelnde Hinweise, abfällige Nebensätze, die aufmerken ließen. Kein Rauch ohne Feuer ...

Sie finden sich in den Akten, die – entgegen anderslautenden Behauptungen – zu DDR-Zeiten durchaus zugänglich waren. So erklärte beispielsweise Manfred Wilke in seinem Beitrag anläßlich der Ehrung von Antifaschisten der »Europäischen Union« durch Yad Vashem am 19. Juni 2006 in der israelischen Botschaft: »Die Zeugnisse über den Widerstandskampf der ›Europäischen Union‹ wurden [...] zu Ermittlungsakten des MfS gegen Robert Havemann und blieben damit selbst den Historikern der DDR verschlossen.«

Simone Hannemann, die 2001 die bereits genannte Studie über Robert Havemann und die Widerstandsgruppe »Europäische Union« vorlegte[19], verwies in ihrem Literaturverzeichnis auf mehrere in der DDR erschienene Veröffentlichungen, womit sie nicht nur Wilkes Postulat widerlegt. Im Abschnitt über Quellenbestand und Publikationen schrieb sie: »Die Akten des Volksgerichtshofes zur ›Europäischen Union‹ wurden 1959 in den Bestand des Parteiarchivs aufgenommen. Wie alle Akten, die in irgend einer Form die Interessen der KPD und der Sowjetunion berührten, erhielten sie einen Stempelaufdruck ›Vertraulich‹. Dieser Aufdruck schränkte die Benutzung nicht zusätzlich ein; er verwies nur auf den Umgang mit dem Inhalt.«

Und an anderer Stelle bemerkte sie: »Die Parteihistoriker der SED widmeten sich Mitte der 60er Jahre auch der Geschichte der ›Europäischen Union‹«. So erwähnte sie die Dissertation Kurt Kühns aus dem Jahre 1966 (»Deutsche Ärzte an der Seite der deutschen Arbeiterbewegung im Kampf gegen den Hitlerfaschismus«), worin ein Kapitel der Widerstandstätigkeit von Dr. Georg Groscurth und Dr. Heinz Schlag innerhalb der »Europäischen Union« gewidmet war. Kurt Kühn, so Hannemann, der diese Arbeit am Institut für Gesellschaftswissenschaften beim ZK der SED schrieb, habe – wie Luise Kraushaar, die 1981 das Buch »Berliner Kommunisten im Kampf gegen den Faschismus 1936 bis 1942. Robert Uhrig und Genossen« publiziert hatte, in dem auch auf die Tätigkeit der »Europäischen Union« eingegangen wurde – eine »privilegierte Stellung« besessen. Egal, ob nun privilegiert oder nicht: Die Akten waren offen und zugänglich. Ich weiß nicht, wie viele Historiker aus der DDR und dem Ausland im zentralen Parteiarchiv oder im Dokumentationszentrum der Staatlichen Archivverwaltung der DDR Einsicht in die einschlägigen Akten beantragt und und auch gewährt bekommen haben. Es waren gewiß mehr als zwei. Aber was ich genau weiß: Die Akten des Volksgerichtshofes sind nicht, wie behauptet, als Ermittlungsakten in den Bestand der HA IX/11 des MfS eingegangen und damit »selbst den Historikern der DDR verschlossen« gewesen.

Die Originalakten des Volksgerichtshofes zu den Verfahren gegen Angehörige der »Europäischen Union« befanden sich bis 1989 im Besitz des Institutes für Marxismus-Leninismus/Zentrales Parteiarchiv (IML/ZPA) und nicht im Archivaktenbestand der HA IX/11. Das ist auch anhand der von Simone Hannemann benutzten Archiv-Signaturen nachweisbar, die allesamt auf NJ (Nazijustiz) lauten, die nur für Bestände beim IML/ZPA verwendet wurden. Einschlägige Archivalien (VGH-Akten, Akten des Reichsjustizministeriums und von Sondergerichten) im Bestand des MfS bzw. der HA IX/11 trugen das Signum »ZC«.

Für die verschiedenen Vorgänge des MfS bzw. der HA IX/11 wurden lediglich Kopien von den Originalen aus dem IML/ZPA gefertigt und für die Arbeit genutzt.

Erst nach der am 28. Februar 1990 erfolgten formellen Auflösung der HA IX/11 und der Übernahme des Dienstgebäudes mit allen dort verwahrten Akten durch das Zentrale Staatsarchiv der

DDR als »Außenstelle Freienwalder Straße« waren die bis dahin im IML/ZPA archivierten NJ-Akten staatlicher Provenienz dorthin umgelagert worden.

Manfred Wilke und Werner Theuer behaupteten im *DeutschlandArchiv* Nr. 6/99 (»Der Beweis eines Verrats läßt sich nicht erbringen«): »Das MfS ermittelte mit dem Ziel, Beweise und Möglichkeiten für eine Strafverfolgung Robert Havemanns zu schaffen. Für den beabsichtigten Rufmord oder gar für eine strafrechtliche Verfolgung Havemanns sollte das MfS zweierlei beweisen: erstens, daß seine Forschungsarbeit in der Todeszelle objektiv Hitlers Krieg unterstützte, zweitens, daß er Mitgefangene an die Gestapo verriet.«

Das ist Unsinn. Beweise zu schaffen war nie Ziel und Aufgabenstellung für unsere Arbeit – weder in diesem Vorgang noch in anderen. Es ging stets darum zu prüfen, ob sich in den aufgefundenen Archivalien, überlieferten Dokumenten und Informationen, durch Bekundungen von Zeugen oder Tatbeteiligten solche Beweise finden bzw. erschließen lassen, die einen Verdacht begründeten oder auch ausschlossen. Nach dem in der DDR geltenden Tat-Strafrecht war, speziell auf Nazi-Kriegsverbrechen und Verbrechen gegen die Menschlichkeit bezogen, der individuelle Tatbeitrag konkret durch Beweismittel zu belegen. Für Wunschdenken, nicht beweisbare Behauptungen und Unterstellungen war da kein Platz.

Von beabsichtigtem Rufmord kann wohl nicht die Rede sein, wenn verantwortungsbewußt und umsichtig auf der Grundlage der geltenden Rechtsordnung der DDR, speziell der Strafprozeßordnung und des Strafgesetzbuches, zu prüfen war, ob ein nicht von vornherein auszuschließender Verdacht begründet und zweifelsfrei beweisbar ist oder aber mit Sicherheit ausgeschlossen werden konnte. Auch darin sehe ich einen großen Unterschied zu heute, wo Vorverurteilungen, unbewiesene Behauptungen und Unterstellungen gegen mißliebige Zeitgenossen und kritische Geister nicht nur in den Medien üblich sind.

Obwohl wir wußten, daß Havemann Beauftragter der Abwehrstelle im Wehrkreis III für das Pharmakologische Institut der Universität Berlin und politisch-polizeilicher Abwehrbeauftragten des Pharmakologischen Instituts[20] war, wurde das nicht publiziert. Anders formuliert: Es unterblieb, Havemann als Mitarbeiter oder Spitzel faschistischer Geheimdienstorgane zu denunzieren. Ging man etwa derart rücksichtsvoll mit Akten Inoffiziellen Mitarbeiter des MfS um? (Ohne damit die einen den anderen gleichsetzen zu wollen. Ich will nur auf die dem Vorgang innewohnende Heuchelei und das damit verbundene Pharisäertum hinweisen.)

Wilke und Theuer zitieren in ihrem Sinne Erich Kramer als eine Art Kronzeuge gegen das MfS und die zu Havemann geführten Ermittlungen hinsichtlich möglicher strafrechtlicher Verantwortlichkeit. Major (später Oberstleutnant) Kramer war nicht Mitarbeiter der HA IX/11, sondern in der HA IX/10 für die Bearbeitung von Ermittlungsverfahren und Untersuchungsvorgängen zu Nazi-Kriegsverbrechen und Verbrechen gegen die Menschlichkeit zuständigen. Ihm oblag es seinerzeit, in der Sache Havemann strafrechtliche Aspekte zu prüfen. Dabei kam er in seiner Einschätzung vom 7. August 1968 zu einem negativen Ergebnis. »Um strafrechtliche Maßnahmen gegen H. einleiten zu können, wäre es erforderlich«, so wird Kramer zitiert, »den Nachweis zu erbringen, daß H. die angegebenen Personen denunzierte und aus diesem Grunde die Verfolgung und Aburteilung dieser erfolgte«.

Eine analoge Aussage traf der damalige Hauptmann Horst Zank, Mitarbeiter der HA IX, des Zentralen Untersuchungsorgan des MfS, am 25. Juni 1969. Auch er wird von beiden mit dem Satz zitiert: »Der Beweis eines derartigen Verrats läßt sich jedoch nicht erbringen.«[21]

Die Recherchen der HA IX/11 führten weder 1979 noch in der Folgezeit zu keinem anderen, durch sichere Beweise für oder gegen den Verdacht gestützten Ergebnis. Das interpretierten Wilke und Theuer so: »Obwohl die verantwortlichen MfS-Angehörigen immer wieder feststellen mußten, daß sich derartige Beweise weder erbringen noch konstruieren ließen, weil sie nicht der Wahrheit entsprachen, wurden solche Ermittlungen und Versuche noch jahrelang fortgeführt. Die MfSler werteten die Materialien aller in der DDR befindlichen Archive aus, beschafften Volksgerichtshof- und Gestapo-Akten, stellten Anfragen an den sowjetischen und bulgarischen Geheimdienst und befragten Zeitzeugen aus dem Widerstand gegen den Nationalsozialismus, aber auch ehemalige Gestapo-Angehörige. Die Ermittlungen des MfS füllten 82 Aktenbände mit einem Gesamtumfang von weit über 10.000 Blatt.«[22]

Diese durchaus negativ gemeinte Beurteilung unserer Arbeit offenbart allenfalls das intensive Bemühen des MfS, nicht leichtfertig mit Verdachtsmomenten umzugehen und und vor allem keine unbewiesenen Beschuldigungen in die Welt zu setzen. Auffällig ist in diesem Zusammenhang, daß weder Wilke und Theuer noch andere Autoren, die sich in verschiedenen Veröffentlichungen mit den MfS-Materialien zu Havemann befaßten und ihre Deutungsversuche vornahmen, auf den Bericht der HA IX/11 aus dem Jahre 1979 Bezug nahmen. Er wurde weder als Quelle angegeben noch überhaupt erwähnt. Damit stellt sich die Frage nach dem Verbleib dieses Berichtes. Er scheint offenkundig nicht mehr bei der BStU einzuliegen.

In der von der Robert Havemann Gesellschaft e. V. unter der Redaktion von Werner Theuer 1994 edierten Broschüre »Robert Havemann: Kurzbiographie, Dokumente, Auswahlbibliographie« wurde erklärt, daß Havemann seit 1932 eine politische Tätigkeit für die Komintern ausübte[23]. Aus welcher Quelle diese Angaben stammen, wurde vom Autor nicht mitgeteilt.

Insbesondere waren auch spätere Angaben Havemanns, daß er durch gemeinsame Freunde in die kommunistische Bewegung gekommen sei und »in den Komintern-Apparat der sogenannten Abwehr eingebaut wurde«[24], durch Dokumente nicht zu belegen.

Halten wir also fest: Wir haben recherchiert und nichts strafrechtlich Relevantes gefunden. Bewiesen ist allenfalls, daß wir mit dem, was wir wußten, verantwortungsvoll umgingen, indem wir es dort beließen, wo es lag: in den Akten.

Ferner ist bekannt, daß nicht einer der Nazi-Juristen, die am Zustandekommen der Todesurteile gegen Mitglieder der »Europäischen Union« beteiligt waren, in der Bundesrepublik strafrechtlich verfolgt wurden (Freisler ausgenommen: Der wurde noch während des Krieges durch einen herabstürzenden Balken im Gerichtsgebäude erschlagen.)

Die Namen Georg Groscurth, Robert Havemann, Herbert Richter und Paul Rentsch, der Kern der antifaschistischen Widerstandsgruppe »Europäische Union«, wurde 2006 in der Holocaust-Gedenkstätte Yad Vashem in die Liste der »Gerechten unter den Völkern« aufgenommen. Das ist eine hohe Ehrung, die ihnen angemessen ist.

Bei der am 19. Juni 2006 in der Botschaft Israels durchgeführten Gedenkfeier wurde auch der Ehefrau von Georg Groscurth, Anneliese Groscurth, geborene Plumpe, diese hohe Anerkennung für ihre aufopferungsvolle Hilfe für von den Nazis verfolgte Juden ausgesprochen.

Anneliese Groscurth, die von der Gestapo nach acht Wochen wegen Mangel an Beweisen aus der Haft freigelassen werden mußte, entzog der (West-)Berliner Senat »wegen ihrer engagierten Ablehnung der atomaren Rüstung« 1951 »die Anerkennung als Verfolgte des NS-Regimes«.[25] Wegen Unterstützung eines Volksbegehrens gegen die Wiederaufrüstung war sie zuvor bereits als Amtsärztin in Berlin-Charlottenburg entlassen worden.[26]

Fußnoten

1 Zuletzt waren im Bestand der HA IX/11 nach Angaben von Simone Hannemann und Henry Leide insgesamt 82 Bände/Aktenordner mit mehr als 10.000 Blatt an Berichten und Informationen und mit Kopien all der Materialien, die im Laufe der Zeit aus verschiedenen Archivalien, Dokumenten und Publikationen und sonstigen Veröffentlichungen über und von Robert Havemann zusammengetragen wurden.
1a Simone Hannemann: Robert Havemann und die Widerstandsgruppe »Europäische Union«, Berlin 2001
1b ebenda
1c Zitiert aus der Gedenkschrift für Günter Wieland, der als Staatsanwal beim Generalstaatsanwalt der DDR die Rechtshilfe für Westberliner Verfahren koordinierte, in: Bulletin für Faschismus- und Weltkriegsforschung, Beiheft 3, S .444
1d Oberstaatsanwalt Bernhard Jahntz: Die strafrechtliche Aufarbeitung des SED-Regimes seit dem Herbst '89 und ihre Grenzen. Nachzulesen im Internet unter: www.fes.de/Magdeburg/pdf/d_27_10_5_3.pdf
2 BArch NJ 1729, Bd. 2, Bl. 2
3 BArch NJ 1729, Bd. 3, Bl. 87, Vernehmungsprotokoll vom 23. September 1943: »Die bei mir sichergestellte Pistole Nr. 129 238 (Kal. 7.65 mm) habe ich mit Magazin vor etwa einem Jahr von Dr. Großcurth gekauft. Ich habe hierfür 50 RM gezahlt. Die im Magazin befindlichen 6 Schuß habe ich von meinem Kollegen Dr. Jung erhalten. Im Besitz eines Waffenscheines bin ich nicht. Ich habe die Waffe zu meinem persönlichen Schutz erworben, besonders im Hinblick darauf, daß meine Wohnung allein im Dachgeschoß liegt *[in der Bismarckstraße 100, die sie seit dem 1. Februar 1934 bewohnte – D. S.]* und dort bereits einmal während des Krieges ein Einbruch verübt worden ist.«)
4 BArch NJ 1729, Bd. 3, Bl. 6, Vernehmungsprotokoll vom 5. 9. 1943
5 BArch NJ 1729, Bd. 3, Bl. 34
6 BArch NJ 1729, Bd. 3, Bl. 43
7 BArchNJ 1729, Bd. 3
8 BArch NJ 1729, Bd. 3, Bl. 84
9 BArch NJ 1729, Bd. 3, Bl. 99
10 SAPMO-BArch RY 1/I 2/3/147, Bl. 1-7
11 ebenda
11a Wolf Biermann: Ausgebürgert, Berlin 1996
12 SAPMO-BArch RY 1/I2/3/167, Bl. 115
12a Simone Hannemann, a. a. O., S.142
13 SAPMO-BArch RY 1/I2/3/167, Bl. 4-7
14 ebenda
15 ebenda
15a Vgl. Olaf Groehler, Der lautlose Tod, Berlin 1978, S.291ff. und 295ff.
16 nach Simone Hannemann: Robert Havemann und die Widerstandsgruppe »Europäische Union«. Eine Darstellung der Ereignisse und deren Interpretation nach 1945. Berlin 2001.
Bruno Haid (1912-1993), erst SPD, ab 1931 KPD, Mitarbeiter der KPD-Auslandsleitung in Paris 1935-38, 1942-44 in der Résistance, 1945/46 Mitarbeiter der Kaderabteilung des ZK der KPD, ab 1955 Stellv. Generalstaatsanwalt der DDR. 1958 im Zusammenhang mit den Prozessen gegen Harich und Janka Parteistrafe und abgesetzt. Von 1965 bis 1973 stellvertretender Minister für Kultur und in dieser Eigenschaft auch mit Biermann befaßt. Der machte ihn in einem Interview mit der *Berliner Zeitung* am 7. September 1996 madig.

Und dabei offenbarte er nicht nur bezüglich der Schreibweise des Namens erhebliche Bildungslücken, die er wie gewohnt denunziatorisch einsetzte: »Haidt war stellvertretender Minister für Kultur, verantwortlich für das Verlagswesen [...] Der hat im spanischen Bürgerkrieg gekämpft *[? – D. S.]*, aber fragen Sie mich nicht, was er dort gemacht hat. Es gab ja sehr verschiedene Kämpfer in diesem Krieg gegen den General Franco. Mielke war auch dort, um eine eigenen Genossen zu liquidieren. Dieser Bruno Haidt war ein alter Haudegen des Bolschewismus, ein Knochen, aber einer mit intelligentem Fleisch drauf. Und der zitierte mich in sein Büro. [...] Und redete mit dem jungen Mann, der ich damals war, väterlich, und sagte: Na, nun müssen wir doch mal raus aus dieser Konfrontation, das ist doch kein Zustand. Ein junger Dichter in unserer DDR. Wir haben für alle Platz und brauchen jeden. Aber ich kann keinen DDR-Verlag zwingen, Ihre frechen Lieder zu drucken. Wir haben schließlich eine Demokratie. So machte er das mit mir. Und sagte: Möchten Sie nicht doch wieder öffentlich singen und sich gedruckt sehen? Ich sagte: Ja, natürlich möchte ich. Es ist nicht schön, wenn man mit dem Maulkorb singt. Natürlich wollte er mich spreizen auf 'ner Bühne. Lächerlich. Ich war gewiß kein Fisch, dem man Vorträge darüber halten muß, daß es im Wasser besser ist. Ich wollte wieder ins Offene, ins deutsche demokratische Wasser ... Da hat der Minister gesagt: Sie müssen nur eine Erklärung formulieren, daß Sie mit der Kulturpolitik der Partei voll übereinstimmen. Daß Sie sich korrigiert haben, daß Sie gelernt haben aus Ihren Fehlern. Er forderte ein realsozialistisches Glaubensbekenntnis. Ein Ritus, wie in der katholischen Kirche.

Das kam für mich nicht mehr in die Tüte. Gewiß hatte ich Angst wie andere auch. Aber zum Glück hatte die Angst nicht mich. Und das verdanke ich im Grunde einem Menschen: Robert Havemann.«

Was Biermann allerdings verschweigt: Er hatte im April '65 legal am Ostermarsch in Frankfurt am Main teilgenommen und war dort gemeinsam mit dem Kabarettisten Wolfgang Neuss aufgetreten. Was er am Main zum besten gab, u. a. sein »Wintermärchen« als »Cousin Heinrich Heines«, verärgerte nicht nur die Mitarbeiter der Abteilung Kultur im ZK der SED, die am 30. April per Hausmitteilung die Abteilung Agitation informierten:»[...] Wolf Biermann hat mit seinem ›Wintermärchen‹ das dem Genossen Bentzien gegebene Versprechen gebrochen. [...] Die vielfältigen Bemühungen um Biermann, die langen Diskussionen von verantwortlichen Genossen, die ihm ins Gewissen geredet haben, fruchteten nicht. Wir schlagen vor, die ganze Angelegenheit noch einmal ruhig zu überdenken – den Einfluß, der auf ihn ausgeübt wird und der von selber ausübt. [...]« Sodann zitierte man aus seinem dortigen Programm:

»›Die DDR, mein Vaterland

ist sauber immerhin.

Die Wiederkehr der Nazi-Zeit

ist absolut nicht drin‹

Aber das wird sofort mit den abschließenden Versen aufgehoben, wonach der einstmals braune Hintern nach der Behandlung mit Stalins hartem Besen nunmehr ›rot verschrammt‹ ist.[...]«

Die Schlüsse aus dem Auftritt in Frankfurt am Main wurden abschließend in acht Punkten zusammengefaßt. Punkt 1: Kulturstadtrat Ernst Hoffmann solle mit Biermann reden und ihm für seinen Auftritt eine Mißbilligung aussprechen; Punkt 2: keine weiteren öffentlichen Veranstaltungen an der DDR; Punkt 3: keine weiteren Reisen in die BRD; Punkt 4: Adlershof solle die Vorbereitungen für eine geplante Biermann-Sendung einstellen; Punkt 5: Informationen an die einschlägigen Veranstalter; Punkt 6: Biermann ist eine neue Arbeit anzubieten; Punkt 7: Auswertung mit dem Deutschen Schriftstellerverband; Punkt 8: Neuss erhält Einreiseverbot in die DDR. (SAPMO-BArch DY 30/IV A2/902/26)

17 SAPMO-BArch SgY 30/21245, Bl. 78
18 SAPMO-BArch SgY 30/2593/1, Bl. 25
19 Simone Hannemann: Robert Havemann und die Widerstandsgruppe »Europäische Union«, Berlin 2001
20 vgl. BArch NJ 1720, Bl. 2 – Auszug aus dem Karteiblatt der Gestapo IV C 1 b vom 5. 9. 43 in den VGH-Akten
21 BStU, HA IX/11, AS 91/67, Bd. 45, Bl. 98. Völlig unvermittelt und ohne jeglichen Kommentare oder Anlage taucht auf der Politbürositzung am 1. Februar 1972 unter Punkt 10 die Mitteilung auf: »Angelegenheit Havemann: Das Politbüro ist damit einverstanden, daß von Seiten des Generalstaatsanwalts kein Ermittlungsverfahren gegen Havemann eingeleitet wird.« (SAPMO-BArch DY 30/J IV 2/2A – 1.574)
22 *DeutschlandArchiv* 6/99, S. 912
23 Lebensdaten, S. 8, und Kurzbiographie S. 4
24 Havemann, Robert, Ein deutscher Kommunist, hrsg. Manfred Wilke, Berlin 1978, S. 37
25 siehe Andreas Otto, Homepage der Robert-Havemann-Gesellschaft e. V.
26 Simone Hannemann, Bd. 6 der Schriftenreihe der Robert-Havemann-Gesellschaft e. V., Berlin 2001

Philosophischer Dilettantismus und politische Schwärmerei

Von Hans Heinz Holz

Hans Heinz Holz, Jahrgang 1927, saß mehrere Monate in Gestapo-Haft, war nach dem Krieg Student und Doktorand bei Ernst Bloch und lehrte bis zu seiner Emeritierung als Professor für Philosophie in Marburg (1971-1978) und in Groningen (Niederlande). Er gilt unverändert als einer der deutschen Universalgelehrten. Holz veröffentlichte zahlreiche Bücher zur Dialektik-Geschichte, zu Kunsttheorie und Gesellschaftswissenschaften und ist Ehrenpräsident der internationalen Gesellschaft für dialektische Philosophie.
Er lebt in der Schweiz.

Als 1964 Robert Havemanns Vorlesungen »Dialektik ohne Dogma?« als Taschenbuch im Rowohlt-Verlag erschienen, legte ich das Bändchen schnell wieder aus der Hand. Ich hatte Havemann viele Jahre früher bei mutigen antifaschistischen Demonstration kennengelernt und wollte diesen Eindruck gern im Gedächtnis behalten.

Daß Naturwissenschaftler in ihrer zweiten Lebenshälfte einer meist unglücklichen Liebe zur Philosophie verfallen, ist wohlbekannt. Dieses Phänomen hängt wohl damit zusammen, daß die Methoden der Naturwissenschaften kein ausreichendes Instrumentarium für die Beantwortung weltanschaulicher Fragen anbieten, aber die Inhalte der naturwissenschaftlichen Theorien über die Wirklichkeit zu einer weltanschaulichen Interpretation geradezu drängen. Die wenigsten Naturwissenschaftler verfügen aber über eine fachwissenschaftliche *und* philosophische Doppelbildung, die ihnen erlauben würde, die in diskreten Kategoriesystemen formulierten Problemstellungen aufeinander zu beziehen und ineinander zu übersetzen.

Natürlich hat Havemann recht, wenn er in der Vorbemerkung

zur sechsten Vorlesung in der Auseinandersetzung mit einem Kritiker erklärt: »Ich bin der Meinung, daß Philosophen, die sich mit Problemen der Naturwissenschaft befassen, möglichst viel von diesen Problemen verstehen müssen, und zwar nicht nur als Philosophen, sondern auch als Naturwissenschaftler. [...] Ich bin also gegen die Einmischung von Philosophen in Auseinandersetzungen, wenn sie von dem in Frage stehenden Gegenstand ungenügend Kenntnis haben. Sonst habe ich nichts dagegen, wenn Philosophen sich an philosophischen Auseinandersetzungen beteiligen.« (S. 72)

Aber die Polemik läßt sich doch genauso umkehren: »Ich bin der Meinung, daß Naturwissenschaftler, die sich mit Problemen der Philosophie befassen, möglichst viel von diesen Problemen verstehen müssen, und zwar nicht nur als Naturwissenschaftler, sondern auch als Philosophen. Ich bin also gegen die Einmischung von Naturwissenschaftlern in Auseinandersetzungen, wenn sie von dem in Frage stehenden Gegenstand ungenügende Kenntnis haben.«

Da haben wir also das alte Problem. Der Philologe ist von Heisenbergs »Platonismus« peinlich berührt; der Physiker ringt sich über Aloys Wenzls Lehre von der »Freiheit« der Elementarteilchen nur mühsam ein Lächeln ab. Ich nehme keine naturwissenschaftliche Kompetenz in Anspruch und enthalte mich eines Urteils zu dem, was Havemann über Quantenmechanik oder kosmologische Modelle sagte. Aber seine Ausführungen über philosophische Kategorien wie Möglichkeit und Wirklichkeit, Zufall und Notwendigkeit, über Erkenntnistheorie, über Hegel waren zum einen so trivial, zum anderen so dilettantisch, daß ich damit nichts anfangen konnte.

Das war vor vierzig Jahren. Der Kampf gegen die Umwandlung des Grundgesetzes zur Bereitstellung einer Verfassung für Notstandsdiktatur erregte mich mehr als ein Vorlesungszyklus an der Humboldt-Universität. Und jetzt werde ich nach all der Zeit gefragt, was ich von Havemanns philosophischen Ergüssen gehalten habe oder heute davon halte.

Um Freunden eine Antwort nicht zu verweigern, bin ich, ärgerlich genug, gezwungen, dies Buch wieder zu lesen, dessen naturwissenschaftlicher Diskussionsstand längst überholt ist und dessen elegant vorgetragene philosophische Platitüden inzwischen an keiner Reibungsfläche mehr Funken schlagen. Eingedenk der einst in philosophischen Diskussionen nicht unüblichen Bissigkeiten – zum Beispiel Hegels gegen Fries oder Schopenhauers gegen Hegel – mochte man damals noch Spaß gehabt haben an den Invektiven gegen Zweiling und Ley und Kurella und amüsiert abgewartet, wie diese reagieren würden. 2006 hat dieses milde Gewürz jedes kulinarische Aroma eingebüßt.

Was also bleibt zu sagen?

Dialektik ohne Dogma sollte ein Kampftitel sein, gerichtet gegen die herrschende Lehre des dialektischen Materialismus, die Havemann dem mechanischen Materialismus näher sah als der Dialektik. An diesem Vorwurf war sicher einiges richtig – aber die Diskussion darüber wurde unter Marxisten immer geführt, auch in der DDR mit wechselnden Ergebnissen, wie die in Dekadenabstand erschienenen Lehrbücher der marxistisch-leninistischen Philosophie zeigten.

Da war Havemanns Gestus des Besserwissens deplaziert.

Zudem war es immer leichter, den Materialismus als mechanisch zu verstehen, als in ihn die Hegelsche Dialektik einzubringen. So gab es unter Marxisten zu jeder Zeit mechanische Materialisten; und das gilt in der einen oder anderen Hinsicht sogar für so bedeutende Köpfe wie Franz Mehring und den anfänglichen (vorrevisionistischen) Karl Kautsky, gewiß für Plechanow und (in soziologistischer Variante, wie schon Gramsci gezeigt hat) für Bucharin.

Das wäre kein Grund zur Aufmerksamkeit und schon gar nicht zur Aufregung gewesen, wenn nicht das Titelwort »Dogma« als politische Speerspitze gegen Staats- und Parteiführung und deren Kulturpolitik eingesetzt worden wäre, statt einfach gemäß seinem ursprünglichen Sinn eine feste und in sich geschlossene Lehrmeinung zu bezeichnen.

Wieder könnte man Havemann von sich selbst her in Frage stellen. Bestimmte weltanschauliche Folgerungen, die er aus dem Stand naturwissenschaftlicher Theoriebildung bezog, sind nicht weniger dogmatisch als jene, die er kritisierte. So behauptete Havemann mit starken Worten die Unumstößlichkeit des Entropie-Satzes, demgemäß Übergänge von Zuständen größerer Wahrscheinlichkeit in Zustände kleinerer Wahrscheinlichkeit nicht vorkommen und daher tendenziell das Wärmegefälle in einer »gleichgewichtigen Unordnung« zum Stillstand kommt. Großmäulig verhieß Havemann demjenigen, der einen Naturvorgang entdecke, welcher dem »Naturgesetz der Entropie« widerspreche, die Verleihung des Nobelpreises. Und er setzte den Schlußpunkt: »Bleiben wir also bei den Tatsachen, die besagen, daß der Entropie-Satz ein Naturgesetz ist.« (Seite 67)

Nun, inzwischen hat Ilya Prigogine Naturvorgänge entdeckt und erforscht, die der Entropie zuwiderlaufen, und er hat dafür den Nobelpreis bekommen (allerdings nicht auf Antrag Havemanns!).

Daß es zu dem ersten Anfängerwissen in der Logik gehört, aus empirisch gegebenen Tatsachen keine allgemeinen Notwendigkeiten beweisen zu können, hatte Havemann an dieser Stelle vergessen, obwohl er sonst die Differenz von Möglichkeit und Notwendigkeit gerade für naturwissenschaftliche Aussagen doch stets ins Feld führte.

Aber um die Naturwissenschaften ging es eigentlich auch gar nicht. Das merkt man, sobald man zum letzten Drittel des Vorlesungszyklus kommt. Da handelte Havemann dann von Freiheit, Ideologie und Moral, und man erkennt auf Schritt und Tritt, daß er mit den Problemstellungen und Problemlösungsversuchen einiger Jahrtausende Denkgeschichte nicht oder vielmehr nur sehr feuilletonistisch vertraut war. Aber man spürt auch, daß er hier mit Leidenschaft eine Privatfehde ausfocht – eine Privatfehde gegen die Institution der Partei und ihrer Funktionäre.

Er versuchte gar nicht, die Diskrepanz zwischen seinem Empfinden und den tatsächlichen Verhältnissen zu reflektieren und sie sich als einen objektiven und begründeten Sachverhalt zu erklären, also das ihm aus seiner Wissenschaftsdisziplin vertraute Verfahren auf die Subjektwelt anzuwenden (was doch erklärtermaßen sein Programm war); sondern er erklärte seine Kontrahenten als Dummköpfe, als inkompetent, während er selbst gegen die anderen allein die wahre Gestalt wissenschaftlicher materialistischer Dialektik zu kennen glaubte.

Und in dieser Einbildung steckte der politische Anspruch, die Staatsführung müsse den Gedanken des Herrn Professor Havemann folgen – obwohl ihm klar sein mußte, daß in diesen Gedankengängen keine einzige konkrete Handlungsorientierung für reale Probleme oder Schwierigkeiten im gesellschaftlichen Prozeß enthalten war.

Eine solche Einstellung mußte zum Konflikt mit Staats- und Parteiinstanzen führen.

Ich habe mich damals gefragt und frage mich auch heute, wie Havemann, den ich doch in anderen Zusammenhängen als einen engagierten Kommunisten zu kennen meinte, zu solchen Verstiegenheiten gekommen ist; wie ein so kluger Mann sich von der Banalität seiner persönlichen Unzufriedenheit überwältigen ließ.

Es war ja nicht ein Problem, daß er sich kritisch zu den von ihm gesehenen Mängeln beim Aufbau des Sozialismus verhielt – das taten andere auch, Peter Hacks ist ein eklatantes Beispiel dafür; sondern daß er es auf eine so privatistische Weise tat, die ihn für den Gegner – den Klassenfeind und den Staatsfeind – brauchbar machte.

Bei der Wiederlektüre seiner Vorlesungen und der darauf folgenden Publikationen in westlichen Zeitungen glaube ich nun, eine Antwort auf diese Frage zu sehen.

Havemanns ursprünglicher Kommunismus war von der Art eines schwärmerischen Weltverbesserungswillens mit dem ganzen, selbst zum Märtyrertum bereiten Einsatz eines Schwärmers; sein subjektiver Antrieb war es, die Schlechtigkeit und Unvollkommenheit der Welt zu bekämpfen und zu überwinden.

Ihn beherrschte die Negation – und jede Wirklichkeit, auch wenn er sie mitgestaltete, konnte nur eine Enttäuschung sein.

Der letzte Satz seiner letzten Semesterstunde ist ein Bekenntnis: »Ich möchte diese Stunde mit dem Wort beschließen, daß wir alle, die wir uns wissenschaftlich strebend mühen, in dem Sinne Künstler sind, daß wir etwas verwirklichen möchten, was nicht geschehen kann.« (Seite 168)

Das gilt nicht einmal für den Künstler, keinesfalls für den Wissenschaftler und schon gar nicht für den politisch tätigen Menschen.

Letzten Endes verbirgt sich dahinter eine religiöse Einstellung. Sie verzichtet auf Kants Aufklärungspathos – den »Ausgang des Menschen aus seiner selbstverschuldeten Unmündigkeit«.

Seine Nähe zum Christentum hat Havemann in einem Vortrag 1965 selbst herausgestellt: »Brüderlichkeit, Nächstenliebe, Hilfsbereitschaft, Geringschätzung irdischer Güter und das Vertrauen in die Kraft der Gerechtigkeit und auf den Sieg des Guten, dies sind die ursprünglichen christlichen Tugenden, die allen zeitlichen Wandel überdauern werden. [...] Wie fremd Christentum und Marxismus auch einander sein mögen, in ihren ursprünglichen Antrieben, die der Quell ihrer Kraft sind, zehren und leben sie vom Gleichen.«

Solche Empfindung ist achtenswert, aber sie kommt aus einer anderen Wurzel als die wissenschaftliche Weltanschauung des dialektischen Materialismus. Sie dafür auszugeben, mag zunächst ein Mißverständnis sein; darauf zu insistieren, führt aber in die Konfrontation. Keine Weltanschauung kann sich umstandslos von einem fremden System anders geleiteter Motivationen kontaminieren lassen.

Die Zürcher *Weltwoche*, die diesen Vortrag am 7. Mai 1965 druckte, stellte ihm triumphierend die Einschätzung voran, die den utopischen Schwärmer ins Feldlager der Gegner des realen Sozialismus einholte: »Havemann ist zum schlechten Gewissen der herrschenden Klasse in Ostdeutschland geworden. Der kommunistische Veteran aus bourgoiser Familie steht an der Spitze der intellektuellen Fronde im Reiche Ulbrichts. Er forderte die Befreiung des Geistes von der Parteidiktatur. Seine Ideen und Vorstellungen von einem ›demokratischen Sozialismus‹ haben eine Grundsatzdebatte über die kommunistische Lehre entfacht.«

Und Havemann stimmte dem in der Sache zu: »Die Revolution ist immer in Gefahr, ihre Glaubwürdigkeit zu verlieren, wenn sie begonnen hat, ihre Ziele zu verwirklichen. Je länger sie an der Macht ist, umso erschreckender klaffen Utopie und Wirklichkeit auseinander. Es ist aber ein verhängnisvoller Irrtum zu glauben, Utopie und revolutionär geschaffene neue Wirklichkeit könnten je in Übereinstimmung gebracht werden.«

Das ist das Argument, mit dem der Fortschritt verweigert wird, weil er Schritt für Schritt vorangehen muß und nicht durch das Drehen eines Zauberrings am Finger des Magiers schlagartig verwirklicht wird.

In der Zeit des sozialistischen Aufbaus wußten die Kapitalisten, was ihnen die Diskreditierung dieses mühevollen Weges zur »einfachen Sache, die schwer zu machen ist« (Brecht) wert war.

Am 31. Januar 1964 beendete Havemann seine Vorlesungsreihe. Gut drei Monate später erschienen die Tonbandabschriften bereits als Buch in Westdeutschland, aber schon am 6. April 1964 brachte die *Frankfurter Allgemeine Zeitung* einen Vorabdruck in einer für eine Zeitung ungewöhnlichen Länge von 520 Druckzeilen (fast 25.000 Zeichen). Dieses Interesse galt nicht den wissenschaftsphilosophischen Erörterungen. Diese wurden zu jener Zeit ohnehin von den angelsächsischen Positivisten und ihren Epigonen unter sich ausgetragen. Es war die politische Wirkung dessen, was die Amerikaner seit dem 2. Weltkrieg »Psychological Warfare« (psychologische Kriegführung) nannten, an der es den Propagandisten des Antikommunismus lag. Der XX. Parteitag der KPdSU 1956 hatte Risse in der Systemstruktur des Sozialismus entstehen lassen. Havemann lieferte sich als Keil, mit dem man diese Risse erweitern konnte.

Ich sagte, man höre aus Havemanns Worten die Enttäuschung des Schwärmers. Ihm entgegen stehen die Worte des Philosophens der Hoffnung, Ernst Bloch, der doch auch dem Schwärmerischen nicht fern stand. Auf die Frage: »Kann Hoffnung enttäuscht werden?«, heißt es bei ihm »daß konkretes Hoffen bei Rückschlägen nicht aufgibt, gar renegatenhaft (also wieder abstrakt) völlig auf bisher Verneintes setzt. Echte Enttäuschung wird vielmehr durch Schaden auf eine ihr ebenfalls immanente Weise klug. Klug nicht durch bloße krude Tatsachen, dagegen klug durch die treue Beachtung der Tendenz, worin die sogenannten Tatsachen – nicht stehen, sondern laufen und verlaufen.«

Damit eröffnete Bloch seine erste Vorlesung in Tübingen 1961 – ein Kontrapunkt zur Resignation, mit der Havemann schloß.

Die Utopie braucht nicht zu verzweifeln, und sie ist keine, wenn sie beim Gegner Unterschlupf findet!

Der Anspruch auf Vernunft

Von Arnold Schölzel

Warum Robert Havemanns »Dialektik ohne Dogma« 1964 in der Bundesrepublik nicht davon abhielt, Lukacs' »Zerstörung der Vernunft« zu lesen. So überschrieb Arnold Schölzel, damals ein in Westdeutschland Suchender, seinen Text. Ihm und seinesgleichen sollte mit dem »Marxisten« Havemann in den 60er Jahren der Marxismus ausgetrieben werden. Es gelang nicht in jedem Falle. Schölzel, 1947 in Bremen geboren, kam mit 20 wie Biermann in die DDR, und studierte an der Universität, an der Havemann einst lehrte, Philosophie. Danach war er an der Humboldt-Universität im Bereich Geschichte der Philosophie tätig, forschte und lehrte vor allem über die Philosophie des 19./20. Jahrhunderts, schrieb eine Dissertation über Karl Korschs »undogmatischen Marxismus«. Dr. Arnold Schölzel war drei Jahre arbeitslos, ehe er 1997 als Redakteur bei der jungen Welt *begann, die er seit 2000 leitet.*

Es bedurfte nicht erst des Jahres 1990 und des DDR-Anschlusses, um zu wissen: Die Bundesrepublik ist eine Zumutung. Sie ist es in besonderem Maß. Obwohl gilt: Wo auf der Welt Imperialismus herrscht, ist es generell unangenehm und langweilig. Die Mehrheit der Bevölkerung wird mit unsicheren Lebensverhältnissen, unsicheren Arbeitsplätzen, schlechten Bildungseinrichtungen, verfallenden medizinischen und juristischen Standards, schlechtem Essen und dem Problem behelligt, daß Leute wie George W. Bush oder Angela Merkel an die Spitze von Regierungen treten können. Das erhöht die Kriegsgefahr, die generell zur Existenzweise des Imperialismus gehört, akut und kostet im schlimmsten Fall sehr rasch einige Zehntausend Menschen oder mehr das Leben.

Langweilig ist notwendigerweise auf solcher Basis das geistige Leben: Statt der Kunst gibt es Medien, statt Philosophie Kaufen und Verkaufen, also Betriebswirtschaft und Postmoderne, statt Bildung Aberglaube, statt Staat freiheitlich-demokratische Grundordnung, also Beamtenwillkür und Rechtsmittelverwesung. Das alles charakterisiert auch die Bundesrepublik, aber sie übertrifft ihre Nachbarstaaten bei weitem. Das hat mit ihrer Geschichte und ihrer Zukunft zu tun. Ihre Gründung war ein Resultat des Krieges, den die USA gewonnen hatten und bis zur endgültigen Besiegung der Sowjetunion fortführen wollten. Das gelang nach 45 Jahren, obwohl die Sowjetunion bereits 1945 stark geschwächt war. Die Bundesrepublik hatte die DDR zu übernehmen und muß seitdem mit einem Landesteil und einer Bevölkerung auskommen, die ihr nicht behagt.

Für diese Behauptung spricht, daß noch im Jahr 2006, 16 Jahre nach der »Wiedervereinigung«, ein Film über die DDR, in dem ein geschäftstüchtiger Regisseur seine Phantasien über die ostdeutschen Sicherheitsbehörden ausbreitet, Schulklassen zur »politischen Bildung« anempfohlen wird.

Seit der Einführung von Massenarbeitslosigkeit in die DDR, verbunden mit der Bemerkung, jetzt könne deren Bevölkerung endlich *frei* arbeiten, herrscht in der Bundesrepublik eine Art Phantomschmerz: Ihre Medien und die etablierte Politik können ohne die DDR nicht sein, erklären aber täglich neu, daß sie sich mit ihr nicht abgeben. Sie blicken ja nicht rückwärts.

Der »berufsmäßige Verleumder« (Peter Hacks) Henryk M. Broder vom *Spiegel* verkörpert diese Haltung. Ihn, so erklärte er im September 2006, interessiere z. B. die Waffen-SS-Mitgliedschaft von Günter Grass wenig, aber schwer übel nehme er ihm, daß er die DDR als »kommode Diktatur« bezeichnet habe.

Broder hat völlig recht: Leute, die einige Jahrzehnte von Landesverteidigung am Hindukusch oder auf allen Weltmeeren verschont blieben, kommen eventuell früher als andere auf die Idee, daß die Bundesrepublik in ihrem gegenwärtigen Zustand unbrauchbar ist und durch eine brauchbare Republik abgelöst werden sollte. Wenn Grass solche Überlegungen durch leichtfertige Äußerungen fördert, verläßt er den Konsens der Demokraten. Der besteht nämlich vor allem in der Behauptung: Die Bundesrepublik sei friedlich und zivilisiert. Sie hat sich stets nur gewehrt. Gegen Stalin und Walter Ulbricht, gegen Asylbewerber, Serben, Afghanen, Iraker. Sie wurde zum Wehren gegründet und um die Ostzone und ganz Osteuropa zu befreien. Die Sowjetunion und die DDR störten bei dieser Mission ungemein, weswegen erstere 1945 Atombomben vor die Nase gehalten bekam.

Man kann sagen, die Bundesrepublik ist durch den schußfreien Untergang der DDR um ihren Daseinszweck gebracht worden: Die Soldaten der Bundeswehr konnten 40 Jahre lang keine Auslandseinsätze absolvieren. Das wird seit 1990 in raschem Tempo nachgeholt.

Geblieben ist aber die Wirkung der DDR. Deutsche Kriege sind so unpopulär, daß sie nur als »humanitäre Einsätze«, zur Verhinderung eines neuerlichen Auschwitz, zur Einführung von Demokratie und Menschenrechten durchgehen. Angesichts der zahlreichen Kriege, die demnächst zu bestreiten sind, wird die längst untergegangene DDR daher noch für geraume Zeit der Hauptfeind bleiben, ist zuviel Erinnerung an Verhinderung von Krieg noch vorhanden, haben Marianne Birthler, Joachim Gauck, Hubertus Knabe, Hildigund Neubert oder Karin Göring-Eckart ausgesorgt.

Um zum Anfang zurückzukehren: Man konnte, wenn man wollte, das alles 1990 wissen. Nicht in allen Einzelheiten und allen Namen, aber im Großen und Ganzen. Seit wann? Ich schlage vor, die Jahre um 1960 als Ausgangspunkt zu nehmen. Bis dahin ist die DDR für die Bundesrepublik eine nebensächliche Angelegenheit gewesen. Die KPD war kurzerhand verboten worden und zugleich alles, was irgendwie mit Osten zu tun hatte, etwa die Forderung nach deutscher Einheit oder atomwaffenfreier Zone in Mitteleuropa. Den Separatisten Adenauer interessierte die DDR ohnehin nicht, es sei denn als Schlachtfeld, auf dem er mit kleinen Atomwaffen zu hantieren wünschte, der »Weiterentwicklung der Artillerie«, wie er sich ausdrückte. Am Koreakrieg hatte Westdeutschland glänzend verdient, die Rüstungskonjunktur brummte, fehlende Arbeitskräfte holte man sich »von drüben«, das Problem war nicht »Pankoff«, wie es auf rheinisch hieß, sondern waren »die Soffjets«. Die gestatteten der DDR, am 13. August 1961 die Grenzen zu schließen, und damit begann der wirkliche Ärger mit der Zone.

Denn die brach nicht einfach zusammen, sondern entwickelte sich auf zum Teil erstaunliche Weise. Das wurde selbst im Westen registriert. Unvorsichtigerweise hatte die Bundesrepublik das Verbot von DEFA-Filmen und Bücherimporten aus der DDR noch vor dem Mauerbau gelockert, so daß einiges an Originaltexten durchdrang. Es erschienen Bücher westdeutscher Journalisten, in denen eine Art Wirtschaftswunder in der Zone beschrieben wurde. Die Propaganda für einen heißen Krieg gegen den Osten hatte einen schweren Stand. Zumal sozusagen im Wochentakt Kriegsverbrecher und Massenmörder in allen einschlägigen bundesdeutschen Institutionen aufflogen, was nicht hieß, daß sie ihre Stellung verloren – vom *Spiegel* bis zum Bundeskanzleramt.

Nur Bundeswehr und Geheimdienste blieben ein sicheres staatliches Refugium für Alt-Nazis, sofern sie nicht in Industrie und Banken untergekommen waren.

Alles in allem eine verheerende Entwicklung, zumal die DDR bald auch noch mit Vorschlägen kam, die einfach unanständig waren: Zeitungsaustausch, Redneraustausch, Föderation, Konföderation beider deutscher Staaten usw. Was war da los?

Vor allem in der bundesdeutschen Jugend, soweit sie politisch interessiert war, bahnten sich üble Entwicklungen an: Kein Bock auf Krieg. Im Gegenteil, das Interesse an den Gründen, warum z. B. Frankreich, das sich nach seinem algerischen Folter- und Kolonialkrieg gerade aus Algerien zurückzog, in Vietnam seinen anderen Krieg direkt an die USA weitergab, wuchs permanent.

Die Ermordung Patrice Lumumbas im Kongo, John F. Kennedys CIA-Operation in der kubanischen Schweinebucht, die grausigen Marionetten der USA, die in Südamerika und der Karibik das Foltergeschäft im »Kampf gegen den Terrorismus« noch selbst besorgten, die Seelenverwandtschaft der tonangebenden deutschen Alt-Nazis mit den Apartheidmördern in Südafrika, die sich in vorteilhaften Wirtschaftsverträgen auszahlte – es kam allerhand zusammen, was das Bild von Freiheit, Demokratie und Frieden hier, blutrünstige Bolschewisten dort, störte.

Selbst in Adenauer-Deutschland wurde bekannt, daß Länder wie Indien unter Nehru, Ägypten unter Nasser, Jugoslawien unter Tito oder Befreiungsbewegungen wie der ANC zur DDR normale, manchmal freundschaftliche Beziehungen unterhielten. Aus der DDR kamen – auf Umwegen oder direkt durch Rundfunk und Fernsehen – Nachrichten und Fakten aus Weltgegenden, deren Existenz in der Bundesrepublik unbekannt war.

Am Ende des Jahrzehnts kam es zur einer gesellschaftlichen Revolte an Schulen und Universitäten, die sich gegen die Meinungsinstitutionen und den Staat richtete. So dämlich gelogen wurde in keinem anderen Land wie in dem, in dem ein Bundeskanzler, der gut 20 Jahre zuvor eine leitende Position im Reichspropagandaministerium innehatte, von der DDR als »Phänomen« sprach.

Es war ein Desaster, das durch das Geschick von Willy Brandt – die DDR zur Kenntnis nehmen, aber nicht anerkennen, und gleichzeitig die Kommunistenverfolgung verschärfen – gemildert, aber nicht beseitigt wurde. Aber das ist ein anderes Kapitel, das hier nicht erörtert werden soll. Es genüge der Hinweis, daß sich die offizielle Bundesrepublik von dem Schock bis heute nicht erholt hat, weswegen DDR- und Kommunistenverfolgung nach 1990 von vorn begannen und sich steigern, je weiter der Untergang der DDR entfernt ist.

Wo begann dieses Desaster?

Ein Datum dafür gibt es nicht. Das Poröswerden des Propagandapanzers gegen den Osten geschah nicht über Nacht, es betraf auch nicht die Mehrheit der Westdeutschen, vor allem aber: In den wichtigsten Institutionen – den Aufsichtsräten, Bank- und Konzernvorständen, den Ministerien, Hochschulen, Redaktionen, in der Justiz, der Armee und den Geheimdiensten der Bundesrepublik – brannte nichts oder nur wenig an. Dort ist die Kontinuität von Personal und Institutionen seit dem Entstehen des deutschen Imperialismus vor über 100 Jahren im wesentlichen gesichert. 1918/19 überstand man dort mit Hilfe der SPD problemlos, 1945 konnte selbst die nicht mehr helfen, Amerikaner und Briten mußten einspringen – eine Situation, in die man nicht mehr kommen möchte.

Um so nervöser wurde man dort, als vor allem die intellektuelle Jugend in den 60ern faktisch davonlief und nur mit großer Mühe wieder eingefangen werden konnte.

Begonnen hatte das Problem mit einem strategischen Fehler, der allerdings mit einer gewissen Zwangsläufigkeit aufgetreten war. Es handelt sich um einen Wechsel in der Auseinandersetzung mit dem Marxismus. Der springende Punkt: Man ließ die Lektüre von Marx und Marxisten zu, ohne sofort zu verhaften. Das hatte Folgen.

Das oben beschriebene Desaster unter der eigenen Jugend bahnte sich an, obwohl die »Kontamination« zunächst gering blieb. Bis um 1960 glaubte man jedenfalls, Marxismus als Polizeiangelegenheit behandeln zu können. Marx' Werke und marxistische Literatur wurden konfisziert, an bundesdeutschen Schulen kamen sie nicht vor. Es gab nur wenige zeitgenössischen Bücher über Marx und den Marxismus. Eines von ihnen hatte der Jesuitenpater I. M. Bochenski geschrieben: »Der sowjetrussische dialektische Materialismus (Diamat)«. Es erschien immerhin als Taschenbuch.

In der zweiten Auflage von 1956 hieß es: »Alles Wesentliche im heutigen russischen dialektischen Materialismus ist in den Werken von Lenin enthalten, und zwar in der Form und Auslegung, in welcher seine Lehren durch Stalin [...] und in zweiter Linie durch Judin und Rozental in ihrem Wörterbuch zusammengefaßt sind [...] Freilich hat sich in den letzten Zeiten die Haltung der russischen Philosophen in manchem gewandelt, aber die Lehren sind, wenn man von einigen Schwankungen in gewissen Grenzgebieten der Philosophie absieht, genau dieselben geblieben.«

Bochenski faßte den Marxismus knapp so zusammen: »Diese Philosophie ist eine Synthese aus den Hauptelementen der Philosophie des 19. Jahrhunderts: sie stellt eine allgemeine Schlußfolgerung des gesamten modernen Denkens um 1850 dar. Darum trägt sie auch die wesentliche Gegensätzlichkeit dieses Denkens in sich, eines Denkens, das sich zwischen der Behauptung des Menschen und seiner Unterdrückung zugunsten des Kosmos bewegt, zwischen einem extremen Spiritualismus und einem nicht minder radikalen Materialismus. So betrachtet ist der Marxismus heute eine zweifellos reaktionäre Doktrin.«

Sätze dieser Art bildeten die theoretische Ergänzung zur polizeilichen Verfolgung von marxistischer Lektüre in den 50er Jahren.

Die Darstellung einer mißliebigen Theorie als überholt und konservativ ist taktisches Mittel natürlich in jeder größeren Auseinandersetzung, man denke an die »Vordenker« der PDS-Programme, die *per definitionem* Marxismus als unmodern abtun. Seinerzeit schien die Auseinandersetzung mit ihm ebenso beendet wie in der 90ern.

Das änderte sich in beiden Fällen ziemlich rasch. Die Entwicklung nach dem XX. Parteitag der KPdSU in den sozialistischen Ländern und in Afrika, wo zahlreiche Staaten formell ihre Unabhängigkeit erhielten, das Bekenntnis zahlreicher Befreiungsbewegungen in Lateinamerika und Asien zu marxistischen Anschauungen und die brutale Reaktion des Westens darauf, schienen es erforderlich zu machen, sich neu mit dem Marxismus zu befassen. Das betraf vor allem die Bundesrepublik an der Nahtstelle zum Osten. Anfang der 60er Jahre tauchte in ihren Schulen das Buch eines anderen Jesuitenpaters auf: Ab 1962 erschien im Fischer Taschenbuchverlag in Massenauflagen Gustav A. Wetters »Dialektischer und historischer Materialismus« in der Reihe »Sowjetideologie heute«. Ähnlich wie Bochenski untersuchte er grundlegende Kategorien der marxistischen Philosophie, gab ihre Darstellung in den sowjetischen Lehrbüchern »Grundlagen der marxistischen Philosophie« von 1958 und »Grundlagen des Marxismus-Leninismus« von 1959 ausführlich wieder und unterzog sie – Kapitel für Kapitel – einer ebenso ausführlichen Kritik.

Es handelte sich um eine relativ solide, im Vergleich zu der nachfolgenden marxkritischen Literatur von »links« geradezu um eine musterhafte Arbeit. Die Lektüre von Wetters Werk, die z. T. zwangsmäßig in Schulen erfolgte, hatte aber nicht selten das Gegenteil des angestrebten Ergebnisses zum Resultat: Statt gegen das Böse zu immunisieren, machte es nicht wenigen Lust auf mehr. Die ausführlichen Zitate aus Marx, Engels, Lenin und den genannten sowjetischen Lehrbüchern, machten Wetters Arbeit zu einer Art literarischer Konterbande.

So erfuhr der Leser gleich auf den ersten Seiten, daß der dialektische Materialismus »mit aller Entschiedenheit gegen den Positivismus (auftritt), der die Einzelwissenschaften als einzige Möglichkeit für die Erkenntnis der Wirklichkeit ansieht und die Rolle der Philosophie auf die Logik und allenfalls noch auf die Erkenntnistheorie beschränken will«.

Wetter machte kein Hehl daraus, daß er als katholischer Philosoph auch nichts vom Positivismus hielt, aber aus anderen Gründen als die Marxisten. Die jedenfalls verstanden den dialektischen Materialismus, so Wetter, »als Lehre von den allgemeinen Bewegungs- und Entwicklungsgesetzen der Natur, der Gesellschaft und des menschlichen Denkens«. Sie hielten sich wegen ihres Verhältnisses zu den Einzelwissenschaften für fortschrittlich und stellten sich, meinte er, als solche der »reaktionären«, »vor allem der religiösen Weltanschauung gegenüber«.

Das wurde durch das folgende Zitat nicht ganz gedeckt: »Der Marxismus-Leninismus unterscheidet sich grundlegend von allen anderen weltanschaulichen Systemen. Die Existenz irgendwelcher übernatürlicher Kräfte oder eines Schöpfers erkennt er nicht an. Er steht fest auf dem Boden der Realität, der irdischen Welt. Der Marxismus-Leninismus befreit die Menschheit endgültig von Aberglauben und jahrhundertealter geistiger Knechtschaft. Er fordert vom Menschen ein selbständiges, freies und folgerichtiges Denken. Der Marxismus-Leninismus nimmt die Welt so, wie sie ist, und erfindet keine Hölle und kein Paradies. Er geht davon aus, daß die gesamte Natur einschließlich des Menschen aus Materie besteht, die verschiedene Eigenschaften besitzt.«

Nun, wer 1962 in der Bundesrepublik von den christlichen Kirchen und ihrer penetranten Begeisterung für Wiederaufrüstung, für den gerade fälligen Kreuzzug gegen den Osten, wer von ihrem vehementen Einsatz für die Herrschaft von CDU und CSU die Nase voll hatte, fand die Sätze aus dem sowjetischen Lehrbuch vielleicht etwas vollmundig mit ihrem Anspruch auf die bereits erfolgte Menschheitserlösung, konnte aber Wetters Klage, daß der liebe Gott hier sträflich vernachlässigt werde, wenig abgewinnen. Außerdem, wie gesagt: Wetter war solide und gründlich, legte sachlich dar, warum z. B. die Marxisten der Auffassung waren, daß ihre Philosophie eine Revolution in deren Geschichte darstellte. Die 11. Feuerbach-These – »Die Philosophen haben die Welt nur verschieden interpretiert; es kommt aber darauf an, sie zu verändern« – enthalte diese Revolution: Der Marxismus stelle sich auf den Standpunkt der Praxis, worunter er nicht nur die materielle Produktionstätigkeit, sondern auch, »und vor allem, den revolutionären Befreiungskampf der Arbeiterklasse« verstand. Das wiederum befreie die Philosophie von ihrem elitären Charakter.

Wer solch ein Buch aufmerksam las, konnte meinen, Gustav A. Wetter habe geistigen Schmuggel betrieben. Sicher, seine Kritik etwa am Prinzip der Parteilichkeit in der Philosophie schien triftig, es klang nach: »Funktionärsmeinung geht vor Argument«, aber ansonsten? Der Jesuitenpater feierte die Überwindung des mechanischen Materialismus durch den dialektischen als historische Errungenschaft.

Was sollte jemand, dem der liebe Gott vor allem als Verbündeter von Adenauer, Franz-Josef Strauß und US-Atombomben vorgeführt worden war, gegen den Marxismus haben? Zumal er in Wetters Buch auch ausführlich darüber informiert wurde, daß und warum Lenin den Imperialismus als letztes Stadium des Kapitalismus bezeichnet hatte. Dagegen verfing Wetters tödlichstes Argument wenig.

Er meinte, die »Sowjetideologie«, der er »imposante Geschlossenheit« zubilligte, komme nicht damit zurecht, daß die Dialektik nach ihrem eigenen Ansatz im Sozialismus und Kommunismus nicht zum Stillstand komme, es also über das sowjetische Gesellschaftssystem hinausgehen müsse. Das, so schien es, konnte getrost der Zukunft und der »Praxis« überlassen werden.

Die Bücher von Bochenski und Wetter erscheinen aus heutiger Sicht wie Leitfossilien eines erdgeschichtlichen Zeitalters. Sie markieren eine Epoche, in der die Sache selbst, der Sozialismus, zwar unangenehm präsent war, aber geistig als toter Hund behandelt wurde. Eine Ausstrahlung in die westlichen Länder schien unvorstellbar. Das änderte sich um 1960: Alles, was mit Marxismus zu tun hatte, fiel plötzlich auf fruchtbaren Boden. In der Bundesrepublik bildeten sich vielerorts unabhängig von der illegalen KPD Zirkel, in denen marxistische Literatur diskutiert wurde. Volkshochschulen veranstalteten unverfängliche Seminare zu Brecht, Bloch und DDR-Kultur. In den dritten Programmen der Rundfunksender kamen auf einmal Menschen zu Wort, die als Gegner des Faschismus ins Exil gegangen waren. Ihnen war der Umgang mit Marx und dem Marxismus als geistiger Waffe selbstverständlich, insbesondere bei der Aufdeckung des Zusammenhangs von Kapitalismus und Faschismus.

Marxismus, stellte sich heraus, war für Hans Mayer, Max Horkheimer, Theodor W. Adorno, Axel Eggebrecht, Erich Fromm, Herbert Marcuse oder Ernst Bloch ein selbstverständlicher Teil ihres antifaschistischen Credo, während er an Schulen und Hochschulen als nicht-existent oder längst überholt behandelt wurde. Für die fromm gewordenen Alt-Nazis in der Lehrerschaft und die jüngere Generation der Flakhelfer waren das böhmische Dörfer. Sie waren nicht auskunftsfähig, selbst wenn sie gewollt hätten, aber sie waren in der weit überwiegenden Mehrheit. Die meisten Emigranten und die namhaftesten, stellte sich heraus, waren in die DDR, diesen unmöglichen Landstrich, dem Konstrukt aus russischer Besatzungsmacht und kommunistischer Teufelei, gegangen. Das Interesse an ihnen stieg sprunghaft. Der Brecht-Boykott war nicht zu halten, Anna Seghers wurde neu gelesen, Arnold Zweig entdeckt und Bloch berichtete ebenso wie Hans Mayer nach dem Weggang aus der DDR von der bleibenden Hoffnung auf den Sozialismus.

Der Name Georg Lukacs tauchte auf, die Rede war von einem Buch, in dem die geistige Vorgeschichte des deutschen Faschismus abgehandelt wurde, der »Zerstörung der Vernunft«. Die Revolte von 1967 und 1968 war noch fern. Aber atmosphärisch wiederholte sich, was Marx wenige Jahre vor der Revolution von 1848 im Vormärz notierte: »Krieg den deutschen Zuständen! Allerdings! Sie stehn unter dem Niveau der Geschichte, sie sind unter aller Kritik […] Denn der Geist jener Zustände ist widerlegt […] Es gilt die Schilderung eines wechselseitigen dumpfen Drucks aller sozialen Sphären aufeinander, einer allgemeinen, tatlosen Verstimmung, einer sich ebensosehr anerkennenden als verkennenden Beschränktheit, eingefaßt in den Rahmen eines Regierungssystems, welches, von der Konservation aller Erbärmlichkeiten lebend, selbst nichts ist als die Erbärmlichkeit an der Regierung.«

Die »Erbärmlichkeit an der Regierung«: Was fiel den Schranzen des Dritten Reiches ein, auch 1960 noch so zu tun, als sei vor 1945 nichts gewesen – vom KZ-Baumeister als Bundespräsident über den höchsten deutschen Beamten und Kommentator der Rassegesetze von 1935, Staatssekretär Globke, bis zum Finanzstaatssekretär, der in Riga das Vermögen ermordeter Juden verwaltet hatte? Wer verhinderte eigentlich, daß Antifaschisten in der Bundesrepublik führende Positionen einnehmen konnten? Wieso entstand aus der »ersten deutschen Demokratie« von Weimar auf legalem Weg das »Dritte Reich«? Wieso ging es in der DDR auch ohne Nazis in führenden Positionen? Und wie wäre es mit einer echten Diskussion über Marxismus – nämlich mit Marxisten? Der letzten Forderung wird in der Bundesrepublik bis heute mit drei Kreuzen begegnet.

Die Ahnung, daß das nicht ausreichen könnte, flog damals diesen und jenen, nicht zuletzt in der SPD an. Die Partei kam in die Pflicht, ihrer historischen Rolle gerecht zu werden, d. h. von Sozialismus und Frieden zu sprechen, aber das Gegenteil vorzubereiten. Die neue Situation brachte ihr die Aufnahme in die Regierung ein unter dem Kanzler aus dem Goebbels-Ministerium.

Vorausgegangen war der Entwurf einer neuen Strategie im Umgang mit dem Osten überhaupt und mit dem Marxismus im besonderen: Es galt, Marxisten zu finden, die den Aufbau des Sozialismus nicht von den sozialistischen, sondern von den imperialistischen Ländern erwarteten, und Politiker, die das mit Krediten der Weltbank befördern wollten.

Beides gelang innerhalb relativ kurzer Zeit. Im Juni 1964 erschien im Rowohlt Verlag Hamburg das Buch des DDR-Wissenschaftlers Robert Havemann »Dialektik ohne Dogma? Naturwissenschaft und Weltanschauung«. Es hatte ungefähr die selbe Startauflage wie das Buch von Gustav A. Wetter zwei Jahre zuvor, nämlich 40.000, und wurde rasch schulische Lektüre. Allerdings mit weniger Erfolg als Gustav A. Wetter. Der hatte als katholischer Philosoph für den zeitgenössischen Marxismus interessiert, Havemann wollte als Marxist genau das Gegenteil, nämlich die zeitgenössische marxistische Philosophie für überflüssig erklären, zumindest ihre »offiziellen« Vertreter.

Auf dem Weg dahin gab es ein Hindernis: Havemanns philosophische Thesen waren dünn und größtenteils wirr. Sie drehten sich um die seltsame Frage, ob die Philosophie des dialektischen Materialismus den Naturwissenschaften geholfen habe oder nicht. Havemann verneinte die Frage im wesentlichen und hielt das offenbar für eine Widerlegung des dialektischen Materialismus. Folgte man ihm, dann hatten »»offizielle« Vertreter des dialektischen Materialismus« daran Schuld. Viel mehr als diese negativ gemeinte Bezeichnung erfuhr kein Leser.

Heute ist bekannt, daß der tschechische Philosoph Arnost Kolman, auf den sich der DDR-Wissenschaftler in seinem Buch u. a. berief, ihn in einem Brief gerade wegen dieses Ansatzes scharf kritisiert hatte. Kolman, der unter Stalin im ZK der KPdSU gearbeitet hatte und am Ende seines Lebens selbst noch einmal in die westliche Emigration ging, hatte Havemann 1962 geschrieben: »Wie gesagt, ist das Bild der historischen Entwicklung der Sowjetphilosophie in puncto Naturwissenschaften, so wie Sie es darlegen, ganz verzerrt.«

Die Kritik Kolmans verschwieg Havemann. Daß sein Buch in der Bundesrepublik aber außer bei linken Gegnern der DDR und des Marxismus auf wenig Resonanz stieß, lag wohl daran, daß auch andere Leser ähnliche Eindrücke wie Kolman hatten. Havemanns Buch enthielt so ziemlich genau die eine Idee – nämlich die wissenschaftliche Insuffizienz des zeitgenössischen dialektischen Materialismus, den er in die Nähe des mechanischen Materialismus und diesen wiederum in die Nähe des objektiven Idealismus rückte. Das war nicht nur verworren und falsch, wie Kolman in seinem Brief angemerkt hatte, es war auch kontrafaktisch, wie selbst bei Wetter nachzulesen war. Auf jüngere Arbeiten marxistischer Philosophen ging Havemann erst gar nicht ein.

Er begleitete zudem die Publikation in der Bundesrepublik mit verschiedenen Statements, in denen er nicht als Wissenschaftler, sondern als Politiker auftrat. Er war der erste Intellektuelle aus der DDR und den sozialistischen Ländern, der sich gern westlicher Medien bediente, um den Sozialismus in Bausch und Bogen zu kritisieren und anschließend zu erklären, ihm dadurch zu nützen.

Sein Insistieren auf bestimmten Interpretationen der theoretischen Physik, etwa die der Kopenhagener Schule, las sich, als ob in den sozialistischen Ländern Physik auf Klippschulniveau stattfand. Das war ein Eindruck, der durch die nuklearen Explosionen im Megatonnenbereich, die Chruschtschow wenige Jahre zuvor veranstaltet hatte, nicht gerade gestützt wurde.

Schien dies schon alles nicht recht zusammenzupassen, so fiel als besonders enervierend jene Attitüde auf, die in den 80er Jahren allgemeine Mode in der DDR-Opposition und nach 1990 eine Rechtfertigung des Verfolgungswahns wurde, dem sich deren Adepten nach 1990 hingaben: Es gab nur ein Übel auf der Welt – und das hieß DDR bzw. Sozialismus. Der ostdeutsche Staat rückte so in eine Art religiöse Sphäre, in der die Erbsünde regierte und in der nichts Gutes entstehen konnte.

Das eint die Vertreter dieser Ansicht, mit deren Vorzeigen in der Bundesrepublik sich ein durchschnittlicher Lebensunterhalt gewinnen läßt, etwa mit Rudolf Augstein, Marcel Reich-Ranicki oder Henryk M. Broder: Die DDR war das Böse. Diese negative Adaption des Satzes von der »größten DDR aller Zeiten« war in Havemanns Buch vorgezeichnet. Wer ihm in die Untiefen der Quantenmechanik und die Teufeleien, die irgendwelche marxistischen Philosophen vor Jahren dazu geäußert hatten, folgte, wußte: Größere Probleme haben er und seine Hörer im Jahr 1963 und 1964 nicht. Es konnte ihnen nicht besonders schlecht gehen.

Der Punkt allerdings: Sie hielten offenbar das Auftreten marxistischer Philosophen für ein Weltproblem, das größer war als z. B. die sich anbahnende Ausdehnung des Vietnam-Krieges.

Bei dieser Betrachtungsweise ist es bei Havemanns Schülern und ihren Nachfolgern bis heute geblieben. Ihr ewiges Beleidigtsein resultiert vor allem daraus, daß außer westdeutschen Filmregisseuren, *mdr*-Oberen und *Spiegel*-Redakteuren nur wenige ihre Anschauung der Welt teilen.

Havemanns Ansatz wirkte auf Interessenten an Marxismus und politischer Gegenwart 1964 jedenfalls wenig. Warum war die Sowjetunion in der Lage, Hitlers Truppen zu zerschlagen? Was war die Ursache ihres Aufstiegs zur Weltmacht, und warum waren die Kolonialreiche zerfallen? Wieso hatte sich die DDR konsolidiert? Wie ist der gegenwärtige Kapitalismus zu fassen?

Von all dem stand bei Havemann nichts, manches aber ließ erkennen, daß er schon die Fragen für überflüssig hielt. Ihm ging es mehr um Unschärfe als um Antworten.

Umso mehr fanden die sich bei den schon erwähnten Autoren, vor allem aber bei Georg Lukacs. Er lebte in Budapest, wurde in den sozialistischen Ländern nicht mehr verlegt, ließ sich aber auch nicht auf Kompromisse mit den westlichen Ländern ein. Er ließ sich schlecht antikommunistisch eingemeinden, befaßte sich aber vorrangig mit der Kritik der bürgerlichen Gesellschaft. 1961 waren bereits seine »Schriften zur Literatursoziologie« in der Bundesrepublik erschienen, denen rasch andere Arbeiten folgten. In ihnen erschloß sich ein geistiger Kosmos, der tatsächlich die Bildungsbemühungen der wackeren antimarxistischen Kämpen in westdeutschen Schulen und Hochschulen durchkreuzte. Mit seinen literaturhistorischen Aufsätzen, den Arbeiten über kritischen und sozialistischen Realismus etwa, erfuhren jüngere Bundesbürger, daß es in der deutschen Geschichte eine Tradition des demokratischen und sozialistischen Denkens gegeben hatte, die in der Bundesrepublik völlig verschüttet war, in der DDR zur Begründung des eigenen historischen Herkommens aber ins Feld geführt wurde – nicht selten auf kurzschlüssige und groteske Weise.

Wo es aus bundesdeutscher Sicht vor allem eine Abfolge verschiedener Bibelauslegungen in der Geistesgeschichte gegeben hatte, stellte Lukacs Zusammenhänge her, die die bundesdeutsche Gegenwart in ein neues Licht stellten. Seine »Zerstörung der Vernunft« wirkte wie eine Befreiung aus dem, was »bleierne Zeit« genannt worden ist. Der ungarische Philosoph zeigte, daß es deutsche Intellektuelle gewesen sind, die im 19. Jahrhundert eine Tradition in Gang setzten, deren Nutznießer Hitler, Rosenberg und Goebbels waren, eine Tradition, die in der Bundesrepublik nicht beendet war. Es war schlichte Vertauschung von Ursache und Wirkung, wenn dort der deutsche Faschismus als Anfang, als Zu- oder Unfall betrachtet wurde, und nicht als Resultat einer von den Herrschenden bewußt verbreiteten barbarischen Ideologie.

Lukacs machte ein Epochenproblem zum Thema, nämlich das Verhältnis der bürgerlichen Intelligenz zu Demokratie und Fortschritt, zu Krieg und Frieden. Und seine Beschreibung der Ideenformationen in Zeiten der Krise, des Untergangs und der Revolution gab keinen Anlaß zu Optimismus. Es war eine breit angelegte Abrechnung nicht nur mit dem eigenen Werdegang, sondern auch mit der Frage, warum Deutschland zum Zentrum der faschistischen Ideologie werden konnte.

Lukacs vermittelte, eben aus der Unversöhnlichkeit mit allen geistigen Tendenzen, die dem Faschismus den Boden bereiteten und die er unter dem Begriff des »Irrationalismus« zusammenfaßte, einen Blick auf die Gegenwart, von dem z. B. bei Havemann nicht einmal eine Ahnung zu spüren war: Eine Demokratie, die sich nicht antifaschistisch begründet und wappnet, so lautete eine Konsequenz, die Lukacs selbst noch in seiner Demokratieschrift von 1968 ausführte, ist keine wirkliche Demokratie.

So einseitig und manchmal ungerecht übers Ziel hinausschießend die Zuordnungen einzelner Philosophen oder Schriftsteller bei Lukacs waren, so grundsätzlich überzeugend war sein Ansatz, bis hin zu der Feststellung, daß mit dem deutschen Faschismus auch der Irrationalismus des 19. Jahrhunderts seine entscheidende Niederlage erlitten habe. Was blieb, waren nach seiner Ansicht Epigonen, ein Irrationalismus, der als Positivismus daherkomme und »machistisch-pragmatischer« Art sei. Lukacs zeigte, daß sich die Auflösung und Zerstörung der Vernunft nicht in irrationalistischer Form nach dem Muster Schopenhauers, Nietzsches oder Spenglers vollziehen muß, Vernunft wird auch dort zerstört, wo der Anspruch auf vernünftige Gestaltung der Welt verloren gegangen ist.

Auch wenn Havemann diesen Anspruch verbal nie aufgab, seinem Buch von 1964 war er kaum zu entnehmen. Es war nur folgerichtig, daß seine Schriften heute dazu dienen, den Anspruch auf Vernunft mindestens als illusionär, wenn nicht als gefährlich zu denunzieren. Er hat diese Konsequenz selbst dort angelegt.

Wer Lukacs entdeckte, konnte Havemann nicht folgen.

Wem nützte es?

Von Wolfgang Schmidt

Diplomkriminalist Wolfgang Schmidt, Jahrgang 1939, war von 1957 bis 1990 Mitarbeiter des MfS/AfNS. Zuletzt leitete er die Auswertungs- und Kontrollgruppe der Hauptabteilung XX im Range eines Oberstleutnants. Die HA XX beschäftigte sich mit der Abwehr von Angriffen auf den Staatsapparat, den Kulturbereich, mit der Kirche und dem sogenannten Untergrund. Und eine spezielle Arbeitsgruppe beschäftigte sich nur mit Havemann und Biermann, was die eigentliche Crux offenbarte: Die DDR-Führung wollte ein politisches Problem nicht mit Mitteln der Politik, sondern mit polizeilichen Mitteln lösen.

> *Der Kommunist Havemann hat einen neuen Sinn für die Rangordnung der Werte gewonnen. Nach schrecklichen Erfahrungen leuchtet ihm ein, was die Antikommunisten aus gutem Grund seit Jahrzehnten predigen. Havemann ahnt, was wir seit 1948 wissen: Die Segnungen der bürgerlichen Demokratie dürfen nicht leichtfertig zu Gunsten irgendeines vagen Sozialismus aufgegeben werden.*
> Herbert Hausen
> im SFB am 22. Mai 1968

Havemann und Biermann erinnern mich an übermäßige, am Ende aber erfolglose Versuche des MfS, eine dem Wesen nach politische und geistige Auseinandersetzung durch Anwendung geheimdienstlicher Mittel zu entscheiden. Noch immer ist folglich alles, was hierzu veröffentlicht wurde, fokussiert auf die Rolle des MfS. Und wenn man das Problem schon derart selektiv wahrnimmt und auf diese Ebene verlagert, wird der Blick noch zusätzlich verengt: Die Rolle der westlichen Geheimdienste im Kalten Krieg – damit auch deren Konzeptionen, Aktivitäten und Einschätzungen im Zusammenhang mit Havemann und Biermann – wird dabei ausgeblendet. Eine objektive Bewertung und Untersuchung ist kaum möglich, da deren Akten weiterhin unter Verschluß sind.

Kaum reflektiert wird auch die Tatsache, daß praktisch jede Maßnahme gegen die von den westlichen Medien, Politikern und Subversions-Zentralen als bedeutendste Dissidenten der DDR aufgebauten Personen der Vorgabe bzw. Bestätigung durch die politische Führung der DDR bedurfte.

Soweit die Vorbemerkung.

Robert Havemann und Wolf Biermann war gemeinsam, daß sie – eigenen Bekundungen zufolge – die DDR ursprünglich als ihre politische und geistige Heimat akzeptierten. Havemann war Akademie-Mitglied, Hochschullehrer, Nationalpreisträger und Volkskammer-Abgeordneter, er gehörte zur Elite der DDR. Es war für ihn kein Problem, mit dem sowjetischen Geheimdienst, dem MfS und dem militärischen Nachrichtendienst der DDR zusammenzuarbeiten, was im Jahre 2005 durch die Birthler-Behörde noch einmal bestätigt wurde.

Wolf Biermann, dessen Vater im KZ Auschwitz ermordet wurde, verbinden Kindheitserlebnisse mit Margot Feist[1], deren Vater ebenfalls im KZ inhaftiert war. Margot Feist, die später den Brandenburg-Häftling Honecker heiratete, half 1953 Biermann, in die DDR überzusiedeln, das Abitur zu machen und ab 1957 an der Humboldt-Universität Berlin zunächst Politische Ökonomie und danach Philosophie zu studieren. 1957 bis 1959 war Biermann als Regieassistent am Berliner Ensemble tätig, lernte Hanns Eisler kennen und begann ab 1960 Lieder und Gedichte zu schreiben. 1961 gehörte er zu den Gründern des Berliner »Arbeiter- und Studententheater« (b.a.t.).

Sowohl Havemann als auch Biermann gerieten 1963 in Konflikt mit der Politik der SED. Die DDR hatte mit der Sicherung ihrer Staatsgrenze am 13. August 1961 ihre Existenz behauptet und rang nach dieser bei vielen DDR-Bürgern unpopulären Maßnahme noch um ihre innenpolitische Konsolidierung. Sowohl von Havemann als auch von Biermann wurde in dieser für die DDR kritischen Situation die Machtfrage gestellt.

Dabei erhielten sie massive Schützenhilfe von der Gegenseite.

Aus sicherheitspolitischen Erwägungen besonders beunruhigend war die Tatsache, daß ihre Zielgruppe Studenten und Intellektuelle waren. Der Aufmarsch von Kampfgruppen an der Berliner Humboldt-Universität im Jahre 1956, mit dem eine Eskalation solcher antisozialistischen Forderungen wie der nach Abschaffung des marxistisch-leninistischen Grundstudiums, verhindert wurde, lag noch nicht lange zurück. Nun strömten bis zu 2.000 Studenten in die im Wintersemester 1963/64 von Prof. Havemann an der Berliner Humboldt-Universität gehaltenen Vorlesungen über »Naturwissenschaftliche Aspekte philosophischer Probleme«.

Wolf Biermann inszenierte am »Berliner Arbeiter- und Studententheater« das Mauer-kritische Stück »Berliner Brautgang«. Sein Hauptpublikum bestand aus Studenten.

Die SED-Führung reagierte hart und konsequent. Das b.a.t. wurde 1963 geschlossen, Biermann erhielt ein zunächst befristetes Auftrittsverbot. Prof. Havemann wurde 1964 die Lehrerlaubnis entzogen. Das MfS eröffnete *Operative Vorgänge* mit dem Ziel zur Sammlung von Beweisen für den Nachweis staatsfeindlicher Tätigkeit, speziell der staatsfeindlichen Hetze gemäß § 106 des Strafrechtsergänzungsgesetzes der DDR.

Aus heutiger Sicht stellt sich die Frage, ob es andere Möglichkeiten zur Beherrschung der aufgebrochenen Konflikte gegeben hätte. Die Antwort: Wenn überhaupt, dann nur zu Beginn der Konfrontation. Zur Logik des Kalten Krieges gehörte, daß die Blößen der einen Seite von der jeweils anderen Seite erbarmungslos genutzt wurden. Was sich gegen den anderen verwenden ließ, wurde auch instrumentalisiert. Wer sich von der anderen Seite vereinnahmen ließ, vollzog automatisch einen Seitenwechsel im Kampf der sich feindlich gegenüberstehenden Systeme.

Die Erklärung, man wollte das eigene System mit Hilfe des anderen reformieren, war wenig überzeugend. Das unterstellte nämlich die Absicht der Bundesrepublik, den Sozialismus in der DDR verbessern zu wollen. Daran konnte kein politisch denkender Kopf ernsthaft glauben.[2] Ob sie es wollten oder nicht: Havemann und Biermann wurden objektiv zu Erfüllungsgehilfen der erklärten Feinde der DDR. Bemühungen, sie für die DDR zurückzugewinnen, so z. B. in einem Gespräch des Stellvertretenden Ministers für Kultur der DDR Bruno Haid mit Biermann[3], wiesen sie zurück. Und es dauerte nicht lange, bis sie sich von den Feinden der DDR praktisch vollständig alimentieren ließen.

Das ganze Ausmaß ihrer über die Veröffentlichung von Büchern in der BRD hinausgehenden materiellen und finanziellen Unterstützung liegt noch im Dunkel. Ebenso ist noch nicht vollständig aufgeklärt, welche Fonds bemüht wurden, die betreffenden Publikationen zu fördern, diese gezielt in die DDR einzuschleusen und hier zu verbreiten.

Die Biermann-Werke »Drahtharfe«, »Mit Marx- und Engelszungen« oder »Der Dra-Dra« retteten möglicherweise den an sich linken Verlag von Klaus Wagenbach[4] vor dem Ruin. Ob und von wem und in welcher Höhe diese oder die Veröffentlichung der Havemann-Schriften »Dialektik ohne Dogma«, »Fragen, Antworten, Fragen«, »Rückantworten an die ›Hauptverwaltung Ewige Wahrheiten‹« oder »Morgen – Die Industriegesellschaft am Scheideweg« in renommierten westdeutsche Verlagen angeregt oder bezuschußt wurden, ist ebenfalls nicht bekannt.

Welche Auskünfte würde wohl eine Recherche in den Akten der westlichen Geheimdienste oder anderen Geheim-Akten der BRD ergeben, wenn die maßgeblich an der Herausgabe von Schriften Robert Havemanns beteiligten Personen – Prof. Hartmut Jäckel (vormals FU), Dr. Manfred Wilke (heute Professor und Leiter der Stiftung SED-Diktatur sowie Stellvertretender Landesvorsitzender der Berliner CDU) und Andreas W. Mytze (ehemals Herausgeber der vermutlich geheimdienstlich finanzierten Zeitschrift *europäische ideen*) – nach dem Muster der Birthler-Behörde überprüft werden würden?

Man kann wohl kaum annehmen, daß Personen wie diese oder etwa das Nachrichtenmagazin *Der Spiegel* die Ideen des zum »wahren Kommunisten« erhobenen Havemann mit der Absicht verbreitet haben, den Kommunismus in der antikommunistischen Bundesrepublik salonfähig zu machen und ihn in der DDR zu stärken. Nein, sie wollten, daß dessen »Ideen« eine zersetzende Wirkung in der DDR entfalteten.

Gleiches galt für die Lieder und Gedichte des Revoluzzers Biermann. Dabei wurden die mitunter tatsächlichen sozialistischen Parolen billigend in Kauf genommen.

Nur vor einem solch politisch aufgeladenen Hintergrund sind die eskalierenden repressiven Maßnahmen der Organe der DDR und speziell auch des MfS zu verstehen.

Wolf Biermann erhielt ein ständiges Auftrittsverbot.

Prof. Robert Havemann mußte 1965 zusätzlich zu seinem Lehrverbot seine Tätigkeit an der Akademie der Wissenschaften aufgeben.⁵ 1976 bis 1979 stand er nach einem Gerichtsurteil (»Aufenthaltsbeschränkung«) unter Hausarrest, danach wurde er in einem Verfahren wegen Zoll- und Devisenvergehen zu 10.000 Mark Geldstrafe verurteilt, die er vermutlich nie bezahlt hat. Jedenfalls erreichten die DDR-Behörden nicht einmal annähernd die Perfektion des heutigen Staates beim Eintreiben von Schulden.

Daneben standen auch »humanitäre Gesten« – etwa die Gestattung der Teilnahme an einem Treffen ehemaliger Gefangener des Zuchthauses Brandenburg-Görden, die Erlaubnis zur ständigen Ausreise aus der DDR für die Ehefrau Biermanns (1975 heiratete er die Ärztin Christine Barg, mit der er drei Kinder haben sollte), für Sybille Havemann (der Tochter des Professors, mit der Biermann ebenfalls ein Kind hatte – insgesamt waren es neun), für seine Freundinnen Eva-Maria und Nina Hagen und andere im Jahre 1977, oder die Erlaubnis, daß Biermann im April 1982 den todkranken Robert Havemann besuchen durfte.

Zu jedem einzelnen Punkt gab es ausführliche Vorschläge, Einschätzungen und Berichte, die in den Akten des MfS nachzulesen sind. Sie belegen, daß das MfS und andere DDR-Organe im Auftrag der Führung der SED und insbesondere ihres Generalsekretärs handelten. Die operative Bearbeitung des Vorganges »Lyriker« gegen Biermann lag von Beginn an in den Händen der Hauptabteilung XX. Der Vorgang »Leitz« zu Robert Havemann wurde Anfang der 70er Jahre durch die Hauptabteilung XX von der für die Akademie der Wissenschaften zuständigen Hauptabteilung XVIII einschließlich des vorgangsführenden Mitarbeiters übernommen, nachdem Robert Havemann bereits 1965 aus der DAW entlassen worden war. Für die Bearbeitung Biermanns war zunächst ein Mitarbeiter im Referat Kultur/Massenmedien der Abteilung 1 der Hauptabteilung XX zuständig.

Mit dem sogenannten Prager Frühling⁶ und insbesondere in Auswertung der Rolle von Intellektuellen, Journalisten und Kulturschaffenden bei diesen als konterrevolutionär eingeschätzten Ereignissen im Jahr 1968 in der CSSR erhielt die Abwehrarbeit unter solchen Personenkreisen innerhalb des MfS einen höheren Stellenwert. Das Referat Kultur/Massenmedien wurde 1969 zur Abteilung 7 der HA XX umgebildet. Das war verbunden mit einer personellen Verstärkung.

Da in die Bearbeitung der Vorgänge gegen Havemann und Biermann zunehmend auch der umfangreiche Verbindungskreis, die Teilnehmer an diversen privaten Zusammenkünften und alle relevant erscheinenden sonstigen Kontakte – schwerpunktmäßig Kontakte nach Westberlin und in die BRD – einbezogen wurden, nahm die Zahl der eingesetzten Mitarbeiter kontinuierlich zu. Anfang der 70er Jahre wurde schließlich eine eigenständige Operativgruppe ausschließlich für die Bearbeitung der beiden Operativvorgänge (OV) gebildet. Ihr gehörten maximal etwa zehn Mitarbeiter an.

Ende der 70er Jahre wurde aus dieser Operativ-Gruppe die Abteilung 9 der Hauptabteilung XX gebildet. Sie zählte zuletzt 35 Mitarbeiter. Deren Aufgabenstellung war jedoch bedeutend erweitert worden und lautete nun »Bekämpfung politischer Untergrundtätigkeit«. Insofern war sie nicht mehr mit der ursprünglichen Operativ-Gruppe vergleichbar. Die Anzahl der mit Biermann und Havemann befaßten Mitarbeiter wurde nach der Ausbürgerung Biermanns 1976 und dem Tod Havemanns 1982 kontinuierlich reduziert.

Alle operativen Maßnahmen stützten sich auf den Einsatz vorhandener und neu angeworbener inoffizieller Mitarbeiter, darunter eine Reihe mit bestehenden oder neu angebahnten persönlichen Beziehungen zu Biermann und Havemann oder mit ständiger Präsenz in deren Umfeld. Die Mehrzahl der eingesetzten IM berichtete jedoch nur von Zufallsbegegnungen oder wurde lediglich für einzelne Auskünfte herangezogen.

Daneben wurden zumeist zeitlich begrenzt operativ-technische Maßnahmen des MfS zum Einsatz gebracht wie Post- und Telefonkontrolle, Ermittlungs- und Beobachtungsmaßnahmen, anlaßbezogen und kurzzeitig auch Raumüberwachungsmaßnahmen.

Die inoffiziell und auf operativ-technischem Weg gewonnenen Informationen füllten am Ende Wäschekörbe mit Papier. »Die Stasi ist mein Eckermann«, hatte Biermann gedichtet – und damit hatte er wohl recht.

Unabdingbarer Bestandteil der Arbeit des MfS war in diesem Zusammenhang das ständige Zusammenwirken, die laufende Abstimmung und Konsultation mit jeweils zuständigen Partei- und Staatsfunktionären auf der zentralen und örtlichen Ebene und natürlich auch mit der Deutschen Volkspolizei.

Über die Ergebnisse der Bearbeitung der Operativen Vorgänge gegen Havemann und Biermann wurde aus jeweils gegebenen

Anlässen, ansonsten kontinuierlich, mindestens einmal monatlich, an den Leiter der Hauptabteilung XX berichtet. Ein Teil dieser Berichte bzw. wesentliche Inhalte wurden auch an den zuständigen Stellvertretenden Minister und an Minister Mielke weitergeleitet und nach deren Bestätigung der SED-Führung, vor allem direkt an den Generalsekretär des ZK der SED übermittelt.

Selbstverständlich wurden auch die Archive des MfS durchforstet. Im Nazi-Archiv des MfS – Dieter Skiba sagt dazu etwas in seinem Beitrag im Buch – fanden sich Hinweise auf eine mögliche Zusammenarbeit Havemanns mit Dienststellen des Dritten Reiches. Das provozierte die Hypothese, Havemann könnte als Überlebensträger der faschistischen Geheimdienste aufgebaut worden sein, der seine Aufgabe in der DDR gefunden habe. Aber: Unwiderlegbar beweisen ließ sich das alles nicht, und das MfS hat seine Erkenntnisse deshalb seinerzeit nicht öffentlich gemacht. Havemann war und ist ein anerkanntes Opfer des Nazi-Regimes. In dubio pro reo. Mediale Vorverurteilungen und Hinrichtungen, wie sie heute üblich sind, kannte die DDR nicht. Und die meisten ehemaligen Mitarbeiter des MfS verhalten sich so, wie es etwa Herbert Wehner oder Robert Havemann hielten: Sie werden wie diese manches Geheimnis mit ins Grab nehmen.

Die wichtigste Zäsur in der operativen Bearbeitung der Operativen Vorgänge gegen Biermann und Havemann stellt die Ausbürgerung Biermanns am 16. November 1976 dar. Die Untersuchungsabteilung des MfS (Hauptabteilung IX) hatte 1973 im Auftrag der SED-Führung eine mögliche Ausbürgerung Biermanns schon einmal staatsrechtlich geprüft und war zu dem Ergebnis gekommen, daß eine Ausweisung aus der DDR rechtlich nicht zu begründen ist. Im Zusammenhang mit der zur Entscheidung stehenden Genehmigung eines Auftrittes Biermanns in der BRD bei einem von der IG Metall in Köln organisierten Konzert wurde durch die SED-Führung eine erneute Prüfung einer möglichen Ausbürgerung gefordert. Hinzu kam, daß Anfang 1976 nach Veröffentlichungen in der Satire-Zeitschrift *pardon* Biermann selbst die Möglichkeit der Übersiedelung in die BRD in Erwägung gezogen hatte. Und außerdem machte er mit einem Auftritt in der Prenzlauer Kirche im September 1976 deutlich, daß er nunmehr in die Öffentlichkeit drängte. Diesmal ergab sich eine andere rechtliche Konstellation. Die HA IX bejahte eine rechtliche Möglichkeit, Biermann, der einst aus der BRD in die DDR gekommen war, nach dessen Ausreise in die BRD bei vorliegenden Gründen eine Wiedereinreise in die DDR zu verweigern.

Flankiert wurde dieser Vorschlag zur Ausbürgerung durch einen von der HA XX Anfang November 1976 eingereichten Zersetzungsplan gegen Biermann. Das Beste an diesem Plan war, daß keine seiner bisweilen absolut unrealistischen Maßnahmen jemals in Angriff genommen wurde. Sinn dieses Planes war es, dem Generalsekretär eine solche »Alternative« zur Ausbürgerung anzubieten, die wegen Margot Honeckers früherer Verbindung zu Biermann nicht annehmbar schien.

Etwa eine Woche vor der Ausbürgerung Biermanns erfuhr ich vom entsprechenden Vorhaben über den innerbetrieblichen »Buschfunk«. Der Auswerter der Operativgruppe informierte mich, daß das »Problem Biermann« nunmehr gelöst werde. Biermann solle die Ausreise zu einem Konzert in der BRD gestattet und sein Auftreten zum Anlaß genommen werden, ihm die Wiedereinreise zu verweigern. Die letzte Entscheidung würde zwar erst fallen, wenn Biermann sich DDR-feindlich äußere, aber es sei so gut wie sicher, daß er es tue: Wenn er erst einmal auf einer Bühne stehe, werde er sich kaum zurückhalten. Außerdem wolle sich seine Frau ohnehin von ihm scheiden lassen, was die Sache gewiß erleichtere. (Dieser Teil der Vorhersage erwies sich als Irrtum.)

»Und was habt ihr damit gekonnt?«, fragte ich zurück. In den zurückliegenden Jahren habe niemand Biermann einsperren wollen, um ihn nicht zum Märtyrer zu machen und damit zusätzliche Öffentlichkeitswirkung zu verschaffen. Jetzt werde das Gleiche durch die Ausbürgerung erreicht. Der Genosse, der mir eine freudige Nachricht zu überbringen meinte, zeigte sich von meiner ablehnenden Reaktion sichtlich enttäuscht.

Doch meine Befürchtungen wurden noch übertroffen, die Wirkung war verheerend. Was ich im ersten Moment noch nicht einmal bedacht hatte, formulierte Stefan Heym sehr pointiert: »Das Ausbürgern darf sich nicht einbürgern!« Heym war – wie viele andere Deutsche auch – von den Nazis ausgebürgert worden. Ein Rückgriff auf diese Praxis durch die DDR war nicht zu billigen.

Gleichwohl sah ich das selbstkritisch: Das MfS hatte den Generalsekretär der SED zu einer folgenschweren Fehlentscheidung veranlaßt.

Es dauerte mehrere Monate, bis sich die Proteste gegen die Ausbürgerung Biermanns, an deren Spitze sich namhafte Kulturschaffende gestellt hatten, beruhigen ließen. Hauptanteil daran hatte Werner Lamberz, der durch Gespräche mit Manfred Krug und anderen einer Eskalation von Unterschriftensammlungen und anderen Solidaritätsbekundungen für Biermann politisch die Spitze nahm. Das MfS verzichtete klugerweise weitgehend auf repressive Maßnahmen gegen das Sammeln von Unterschriften.

Nachdem das *Neue Deutschland* mehrere Tage sehr umfangreich Schreiben von Befürwortern der Ausbürgerung publiziert hatte, telefonierte mein Hauptabteilungsleiter, General Paul Kienberg, mit dem Leiter der Abteilung Agitation des ZK der SED. Er fragte diesen, ob er sich bewußt sei, daß mit solchen Stellungnahmen die Protestaktionen immer wieder neu angefacht würden. Am nächsten Tag hörte das *ND* damit auf.

An einen Text im *ND* erinnere ich mich noch genau, und nicht nur, weil er überlegter war als andere. Hermann Kant, der als Präsident des Schriftstellerverbandes nicht gefragt worden war, schrieb, daß er Biermann hätte ertragen können. Es hätte der DDR gut getan, wenn man ihn vor der Entscheidung über die Ausbürgerung angehört hätte.

Zu jenen, die energischen Protest gegen die Ausbürgerung Biermanns anmeldeten, gehörten auch Robert Havemann und ihm nahestehende Personen. Jürgen Fuchs, der sich 1975 mit seiner Ehefrau bei Havemann einquartiert hatte, versuchte gemeinsam mit Gerulf Pannach und Christian Kunert die 1975 wegen ihrer DDR-feindlichen DDR-Texte aufgelöste Klaus Renft-Combo zu reaktivieren. Fuchs, Pannach und Kunert wurden inhaftiert und nach neunmonatiger Untersuchungshaft ohne vorherige Gerichtsverhandlung auf eigenen Wunsch aus der Staatsbürgerschaft der DDR entlassen. Sie siedelten nach Westberlin über. Anderen Mitgliedern der Klaus Renft-Combo, einer DDR-weit bekannten Rock-Gruppe, war bereits vor der Ausbürgerung Biermanns die ständige Ausreise nach Westberlin erlaubt worden.

Ansonsten trat ein, was vorhersehbar war. Biermanns Bekanntheit wuchs inflationär. Was anfangs offenbar anders war. In meine Diensteinheit, die AKG der HA XX, wurde damals ein Mitarbeiter aus einer kleinen Thüringer Kreisdienststelle versetzt. Seine erste Frage lautete, wer Biermann eigentlich sei.

Auch wenn die Proteste abflauten, wurde deutlich: Es war eine Kluft zwischen der Führung der SED und Teilen der Kultur- und Geistesschaffenden aufgebrochen. In der Folge führte das zu einem Exodus insbesondere von Schriftstellern, Schauspielern und Regisseuren. Bis 1989 verließen etwa 200 meist namhafte Künstler die DDR auf eigenen Wunsch. Das war ein unwiederbringlicher Verlust. 1979 wurden Kurt Bartsch, Adolf Endler, Stefan Heym, Karl-Heinz Jakobs, Klaus Poche, Klaus Schlesinger, Rolf Schneider, Dieter Schubert und Joachim Seyppel aus dem Schriftstellerverband ausgeschlossen, weil sie sich nicht von ihrer kritischen Haltung zum Umgang mit Biermann abbringen ließen.

Gegen Robert Havemann wurde im Zusammenhang mit seinen Protesten gegen die Ausbürgerung seines Freundes Biermann gerichtlich eine Aufenthaltsbeschränkung angeordnet, mit der seine Kontakte zu den westlichen Medien unterbunden werden sollten. Der vom MfS betriebene Aufwand zur Durchsetzung des gerichtlich angeordneten Hausarrestes – der fast drei Jahre dauern sollte – war immens, aber wirkungslos. Im Zentrum aller Maßnahmen stand die durchgängige Observation Havemanns. Allein dazu mußte bei der zuständigen Hauptabteilung VIII eine gesonderte Abteilung mit etwa 40 Mitarbeitern gebildet werden. Havemann wurde bei seinen Fahrten zwischen der Berliner Stadtwohnung und seinem zweiten Wohnsitz in Grünheide eskortiert wie ein Staatsoberhaupt, das Grundstück in Grünheide wurde durchgängig bewacht. Doch selbst die Sperrung seines Telefons konnte Havemann nicht daran hindern, westlichen Medien immer wieder Informationen, Meinungsäußerungen und Manuskripte zu übermitteln. Es halfen ihm Nachbarn, Freunde und der Gemeindepfarrer.

Die erklärte Absicht, Havemann zu isolieren, wurde trotz riesigen Aufwandes nicht verwirklicht. Unser Scheitern bestätigte nur, daß es sich bei Havemann wohl doch um einen bedeutenden, »professionellen« Dissidenten handeln mußte mit einem gewissen Hinterland, wenn die SED-Führung offenkundig nicht in der Lage war, ihn politisch auszuschalten.

Biermann hatte in einer großen bürgerlichen Zeitung verkündet: »Robert, jetzt bringen sie Dich um!«. Die Panikmache verfolgte natürlich ein Ziel, und in dem Maße, wie sich Biermann in der BRD zum Sprachrohr machte, wurde er auch Teil des hiesigen Problems. Wir mußten versuchen, ihn und seine Verbindungen im

Westen und in die DDR unter Kontrolle zu halten. Das war aber nicht vorrangig Aufgabe der HA XX, sondern jener Diensteinheiten, die über eine Basis im »Operationsgebiet« verfügten, vorrangig die Hauptverwaltung Aufklärung (HVA) und die funkelektronische Aufklärung der HA III. Alle Maßnahmen beschränkten sich auf die Informationsgewinnung über Auftreten und Verhalten von Biermann und seine Rückwirkung in die DDR. Die gewonnenen Informationen wurden weiter bei der HA XX zusammengefaßt und ausgewertet.

Im Januar 1982 machte Robert Havemann noch einmal auf sich aufmerksam, als er gemeinsam mit Pfarrer Rainer Eppelmann den sogenannten »Berliner Appell« veröffentlichte, der als eine Art Gründungsdokument einer »unabhängigen Friedensbewegung« der DDR galt.[7] In diesem Appell wurden die einseitige Abrüstung der DDR und der Verzicht auf militärische Rituale gefordert.

Obwohl in jener Zeit eine zunächst pazifistisch orientierte oppositionelle Bewegung unter dem Dach der evangelischen Kirchen der DDR entstand, wurde diese aber weder von Havemann noch durch Eppelmann nachhaltig geprägt. Der schwerkranke Havemann verstarb am 9. April 1982, eine nennenswerte Anhängerschaft konnte er der »unabhängigen Friedensbewegung« nicht zuführen, da eine solche nicht existierte. Es verhielt sich vermutlich so wie seinerzeit bei der »Europäischen Union«. Alles stand nur auf dem Papier.

Rainer Eppelmann war jederzeit für spektakuläre Aktionen zu haben, aber wegen seiner auf die CDU der BRD orientierten Auffassungen befand er sich innerhalb der oppositionellen Gruppen in einer Minderheitsposition. Als er am Grabe von Robert Havemann theatralisch seine Faust zum kommunistischen Gruß emporreckte, nahm ihm das niemand ernsthaft ab.

Ende 1989/Anfang 1990 galt die DDR zeitweilig als eines der freiesten und demokratischsten Länder der Welt. Es hätte sich angeboten, die Sicht von Havemann und Biermann auf ihre Tauglichkeit für die Gestaltung eines besseren Sozialismus, einer besseren, freieren und demokratischeren DDR kritisch zu prüfen. Das geschah nicht. Stattdessen wurden sie unkritisch auf Denkmalsockel gehievt. Auch durch die SED-PDS, die Havemann umgehend rehabilitierte und Biermann in der DDR durch den Stellvertretenden Kulturminister Dietmar Keller begrüßen ließ. Mancher hoffte, daß nach der dabei vorgetragenen Entschuldigung Biermann die Größe hätte, sich (als vermeintlicher Kommunist) »Für unser Land« einzusetzen. Das erwies sich als Illusion. Biermann produzierte sich wie üblich als Selbstdarsteller und hatte niemandem wirklich etwas zu sagen.

Kein Hahn krähte nach Biermann und Havemann, der einzige, der krähte, war Biermann selbst.

Es zeigte sich: Beide hatten im Kalten Krieg ihre Schuldigkeit getan und konnten nun gehn.

Prof. Hubert Rottleuthner von der FU Berlin konstatierte: »Theoretisch ist Havemann heute ein ›toter Hund‹. Nicht einmal von den theoretischen West-Kolonisatoren wird er beachtet.«[8]

Havemann und Biermann hatten die »Allmacht des Politbüros« angeprangert, Havemann in seinen Schriften, Biermann eher unflätig in Liedern und Gedichten (»Sindermann, blinder Mann, Verner, Paul mit Spatzenhirn und Löwenmaul« usw.) Beide spielten ihre Rolle, die DDR infrage zu stellen, sie mehr oder weniger zutreffend zu kritisieren. Brauchbare Rezepte zur Verbesserung des Sozialismus konnten und wollten sie nicht präsentieren, ihre Wirkung war eher destruktiv. In die heutige Zeit passen ihre damaligen Ansichten schon gar nicht.

Biermann ist als »roter Adler« gestartet, hatte zwischenzeitlich seinen Wechsel von der DDR in die BRD als einen Wechsel vom »Regen in die Jauche« bezeichnet und ist heute als Bettvorleger der CSU und ihres *Rheinischen Merkur* gelandet. Er hat allem abgeschworen, was er einst vertrat, und war sich auch nicht zu schade, in einem Artikel im *Spiegel* 1992 zu bedauern, daß kein Funktionsträger der DDR an einer Laterne aufgehängt worden war. Er denunzierte Mitarbeiter des MfS mit abenteuerlichen Unterstellungen, daß sie an seinem Auto manipuliert hätten, um ihn zu ermorden. Ermittlungsverfahren und damit verbundene staatsanwaltliche Untersuchungen nach 1990 haben solche Anschuldigungen eindeutig widerlegt.

Eine deutliche Mehrheit der Ostdeutschen und eine knappe Mehrheit der Westdeutschen halten den Sozialismus auch heute noch für eine gute Idee, die allerdings schlecht ausgeführt wurde. Die Beschäftigung mit der Geschichte bekommt ihren eigentlichen Sinn aus dem Bestreben, die Fehler früherer Generationen zu erkennen und nicht zu wiederholen, Schlußfolgerungen für künftiges Handeln abzuleiten. Unter diesem Aspekt wirft der Umgang der DDR mit Biermann und Havemann Fragen auf, die weit über deren konkrete Behandlung hinausgehen, Fragen des Umgangs mit Intellektuellen und Kulturschaffenden überhaupt, aber auch Fragen der Kultur geistiger Auseinandersetzungen.

Unstrittig waren es Intellektuelle – allen voran Marx, Engels und Lenin – die die Theorie des Marxismus-Leninismus entwickelt hatten. Ebenso unstrittig ist, daß diese Theorie erst durch die Verbindung mit der Arbeiterbewegung zur materiellen Gewalt, zur die Gesellschaft verändernden Kraft werden konnte. Die Theorie mußte also in die Arbeiterklasse hineingetragen werden, was wiederum eine Leistung linker Intellektueller und vielfach auch autodidaktisch gebildeter Arbeiter war.

Die Mehrheit der Intelligenz stand nach der Oktoberrevolution in Rußland den Bolschewiki als bürgerlicher Intelligenz gegenüber, als eine Gesellschaftsschicht, die dem vormals herrschenden System gedient und dafür Privilegien genossen hatte. Ohne die Gewinnung und Einbeziehung der bürgerlichen Intelligenz oder wenigstens wesentlicher Teile von ihr, war – bei allem begründeten Mißtrauen und gebotener Wachsamkeit – ein sozialistischer Aufbau nicht möglich. Diese Situation wiederholte sich beim Aufbau der Volksdemokratien und der DDR. Gleichzeitig galt es den vormals unterprivilegierten Klassen Kultur und Bildung zu vermitteln (»Lernen, lernen und nochmals lernen«) und die bürgerliche Intelligenz nach und nach durch eine den Ideen des Sozialismus verbundene Intelligenz zu ersetzen.

Vulgärmarxistische Auffassungen verhinderten, daß der auf diese Weise ausgelöste Wandel der geistigen Eliten ausreichend reflektiert wurde. Ein latentes Mißtrauen gegen alles Intellektuelle wurde auch in der SED niemals überwunden. Die Förderung von Arbeiter- und Bauernkindern stand auch dann noch auf dem Programm, als die fähigsten Arbeiter und Bauern sich längst eine höhere Bildung angeeignet hatten und deren Kinder dafür nun benachteiligt wurden.

Der »gesunde Klassenstandpunkt«, vielfach lediglich ausgewiesen durch formale Zugehörigkeit zur Arbeiterklasse oder Herkunft galt stets mehr als »intellektuelle Spinnerei«. Völlig indiskutabel war, wenn sich jemand »klüger dünkte als das Politbüro«. Damit ist natürlich nicht gesagt, daß es keine Spinner gab und Parteifunktionäre bis in das Politbüro hinein ausnahmslos kluge und gebildete Leute waren. Akademische Titel schützten so wenig vor Borniertheit wie die »klassenmäßige Herkunft«. Und Weisheit stellt sich nicht automatisch mit dem Alter ein.

Da Kritikfähigkeit ein Wesensmerkmal der Intelligenz ist, waren Intellektuelle oftmals weniger »pflegeleicht«, sie waren unbequemer als einfach gestrickte Menschen. Disziplinierung statt argumentativer Auseinandersetzungen erschien manchmal als der einfachere, effektivere, in Zeiten zugespitzter Auseinandersetzung mitunter auch als der einzig gangbare Weg.

Wir traten an, aus der Einsicht in die Gesetzmäßigkeiten der gesellschaftlichen Entwicklung eine Politik zum Wohle der Völker, zur Überwindung der kapitalistischen Ausbeutung und zur Herstellung internationaler Beziehungen dauerhaften Friedens und der Solidarität der Nationen zu gestalten.

Eine Wissenschaft bleibt aber nur Wissenschaft, wenn sie ihre Ergebnisse immer wieder infrage stellt und anhand der Praxis, des real Erreichten überprüft – anderenfalls wird sie zum Dogma oder zur Religion. Das ist nur über eine ständige, schöpferische und wenn nötig auch kontroverse Diskussion kompetenter Wissenschaftler möglich, in deren Verlauf Theorien entwickelt und abgelehnt, vor allem aber weiterentwickelt und vervollkommnet werden. Wie in anderen realsozialistischen Ländern fehlten dafür auch in der DDR der Raum und die Gelegenheit. Hätte eine solche Atmosphäre bestanden, wären die Auffassungen von Robert Havemann völlig unspektakulär geblieben. Ihre Instrumentalisierung im Kalten Krieg verhinderte eine sachliche und unvoreingenommene wissenschaftliche Auseinandersetzung.

Es ist schlechthin unmöglich, andere Meinungen zu verbieten, wenn man von allgemein geächteten, menschenverachtenden Thesen einmal absieht (»Faschismus ist keine Meinung, sondern ein Verbrechen«). Man kann andere Meinungen nur durch die besseren, überzeugenderen Argumente überwinden. Der Einsatz der politischen und Medien-Macht kann Meinungen zeitweilig unterdrücken, diffamieren, ihre Verbreitung einschränken, aber niemals ausschalten, vor allem, wenn diese durch die praktischen Erfahrungen der Menschen gestützt sind. Im geteilten Deutschland und angesichts der gewaltigen ideologischen Einwirkungsmöglichkeiten des Westens war das ohnehin illusorisch.

Die Verfolgung anderer Meinungen macht diese nicht selten erst interessant, wertet sie auf, weckt Neugier und manchmal auch emotional begründete Solidarisierung. Die jeweils politisch Mächtigen müssen Widerspruch ertragen und ihn – wenn sie klug sind – produktiv machen.

Zu den Prämissen der Dialektik gehört, daß Widersprüche die Triebkraft jeder Entwicklung sind. Sie wirken objektiv, auch wenn sich jemand weigert sie zur Kenntnis zu nehmen. Auch Kunst und Kultur leben von Konflikten und Angeboten zu ihrer Lösung.

Große Werke von Schriftstellern, Filme oder Werke der Bildenden Kunst haben ihre Spuren im Bewußtsein der Menschen hinterlassen, weil sie – zumeist im Widerspruch zum Zeitgeist – in Gegenwart oder Geschichte angesiedelte Menschheits-Probleme und den Kampf um deren Bewältigung Ausdruck verliehen haben.

Ich kann nicht beurteilen, ob oder inwieweit Wolf Biermann seinem Vorbild Heinrich Heine nahe kam. Eine deftige Sprache, Schmähungen und provozierende Inhalte können dafür kein Kriterium sein. Gerade das und der Beifall von der falschen Seite machten es tatsächlich schwer, Biermann zu ertragen. Natürlich hat er auch Nachdenkenswertes in der ihm eigenen unangenehmen Art in Gedichte und Lieder gefaßt oder öffentlich geäußert. In seinen ersten Jahren als Dichter und Liedermacher deutlich mehr als später. Wenn er z. B. feststellte: »Die Idee des Sozialismus ist entjungfert«, so hatte diese Feststellung einen rationellen Kern. Der reale Sozialismus wurde von den real existierenden Menschen am real Erreichten gemessen und noch dazu im Vergleich mit dem Wirtschaftswunderland BRD. Eine schonungslose und keine geschönte Bilanz wäre erforderlich gewesen, um der um sich greifenden Stagnation und Erstarrung entgegenzuwirken, die 1989 schließlich maßgeblich mit zum Untergang der DDR geführt hatte.

Dabei steht die Person Biermanns nur symptomatisch für andere kritische Kulturschaffende, die aus ihrer unabhängigen Sicht, nicht selten in zugespitzter und überhöhter Form, auch nicht immer zutreffend, objektiv und gerecht auf Veränderungswürdiges in der DDR hingewiesen haben. Darunter auch solche, die ihre Themen in Randerscheinungen der Gesellschaft angesiedelt haben. Ich spreche hier allerdings nicht von jenen Schreiberlingen, die sich mit gezielter Herabwürdigung der DDR eine schnelle Westmark verdient haben und stets damit rechnen konnten, von der westdeutschen Literaturkritik hofiert zu werden.

Die mit dem 11. Plenum des ZK der SED 1965 eingeschlagene

Linie, Kultur nur an ihrer Tauglichkeit zur Vermittlung von Ideologie zu messen, ausschließlich als bewußtseinsbildenden Faktor zu bewerten, griff zu kurz. Kultur ist auch ein wichtiges und notwendiges Korrektiv zur Ideologie und völlig unabhängig hiervon eine eigenständige Bereicherung des geistigen Lebens.

Die SED hat mit ihrer engstirnigen Haltung zu den Kulturschaffenden und den Versuchen zu ihrer Gängelung wertvolles Kapital der DDR verschenkt. War doch nach 1945 fast die gesamte vor den Nazis geflüchtete geistige Elite nach Ostdeutschland gekommen mit der festen Absicht, am Aufbau des neuen Staates mitzuwirken. Der Niedergang der DDR war dagegen von der Frage begleitet, welcher der prominenten Kulturschaffenden als Nächster einen Ausreiseantrag stellt.

Das MfS war nicht Urheber, aber eines der ausführenden Organe dieser verfehlten Politik.

Biermann und Havemann hatten uns unsere Grenzen gezeigt. Und das wird wohl auch ihr Auftrag gewesen sein. Egal, ob er von einem imaginären Gremium ihnen ins Stammbuch diktiert worden war oder ob sie aus eigenem Antrieb so handelten, wie sie es schließlich taten. Die klassische Frage »cui bono – wem nützt es?« ist auch in diesem Falle bereits Teil der Antwort.

Fußnoten

1 Biermann schrieb in dem 1996 erschienenen Bildband »Ausgebürgert« über dieses Verhältnis: »Margot Honecker und ich waren familiär miteinander verbunden, insofern, als ihr Vater, der Feist hieß, vor 1933 ein führender Genosse im Rotfrontkämpferbund in Halle an der Saale gewesen war. Der Vater meiner Mutter Emma, Karl Dietrich, also der Mann meiner Oma Meume, der hatte dieselbe Funktion in Hamburg. Wenn die Rotfrontkämpfer sich in Hamburg trafen, dann kamen die Hallenser Genossen immer zur Oma Meume. Warum? Weil sie und ihr Mann auch aus Halle weggemacht waren als junge Menschen. Die waren sozusagen die Hallenser Hochburg in Hamburg. In der Nazi-Zeit, als diese Menschen verfolgt wurden, hielten die Familien noch Kontakt in der Illegalität. Meine Oma Meume muß irgendwann in dieser finsteren Zeit der kleinen Margot, die ein junges Mädchen war, sehr geholfen haben. Ich weiß nicht was. Ich habe leider versäumt, sie danach zu fragen, meine Großmutter. [...] Ich habe in der Zeit, als ich anfing, Gedichte zu schreiben und öffentlich zu werden, diesen Kontakt wieder aufgenommen. Ich weiß nicht einmal, ob sie es getan hat oder ich. Auf jeden Fall besuchte ich sie Anfang der sechziger Jahre manchmal in ihrem Büro Unter den Linden nahe dem Brandenburger Tor und unterhielt mich mit ihr. So hatte sie auch ein freundschaftliches Interesse an mir und wollte auch aus diesen Gründen nicht, daß ich kaputtgehe. Aus ihrer Sicht ging ich ja kaputt. Aus meiner Sicht wäre ich kaputtgegangen, wenn ich auf sie gehört hätte.«
2 . Am 29. August 2006 veröffentlichte *junge Welt* zum dritten Todestag des Dichters einen bislang unveröffentlichten Brief von Peter Hacks an Ebernard Esche. Darin heißt es: »Der Verräter macht (aus Hochmut und Hang zur Alleingängerei) die eigene Sache zum Hauptfeind. Er verbündet sich gegen die Sache mit dem eigenen Feind (wie Trotzki mit den Nazis, Mao mit den Amerikanern und Biermann mit der SPD). Er meint, er könne seinen neuen widerwärtigen Verbündeten gebrauchen und dann immer noch zurück. Er will mit dem eigenen Feind spielen, der in Wahrheit mit ihm spielt.«
3 Zitiert nach Simone Hannemann: Robert Havemann und die Widerstandsgruppe »Europäische Union«. Eine Darstellung der Ereignisse und deren Interpretation nach 1945. Berlin 2001.

Bruno Haid (1912-1993), erst SPD, ab 1931 KPD, Mitarbeiter der KPD-Auslandsleitung in Paris 1935-38, 1942-44 in der Résistance, 1945/46 Mitarbeiter der Kaderabteilung des ZK der KPD, ab 1955 Stellv. Generalstaatsanwalt der DDR. 1958 im Zusammenhang mit den Prozessen gegen Harich und Janka Parteistrafe und abgesetzt. Von 1965 bis 1973 stellvertretender Minister für Kultur und in dieser Eigenschaft auch mit Biermann befaßt. Der machte ihn in einem Interview mit der *Berliner Zeitung* am 7. September 1996 madig. Und dabei offenbarte er nicht nur bezüglich der Schreibweise des Namens erhebliche Bildungslücken, die er wie gewohnt denunziatorisch einsetzte: »Haidt war stellvertretender Minister für Kultur, verantwortlich für das Verlagswesen […] Der hat im spanischen Bürgerkrieg gekämpft *[? – D. S.]*, aber fragen Sie mich nicht, was er dort gemacht hat. Es gab ja sehr verschiedene Kämpfer in diesem Krieg gegen den General Franco. Mielke war auch dort, um eine eigenen Genossen zu liquidieren. Dieser Bruno Haidt war ein alter Haudegen des Bolschewismus, ein Knochen, aber einer mit intelligentem Fleisch drauf. Und der zitierte mich in sein Büro. […] Und redete mit dem jungen Mann, der ich damals war, väterlich und sagte: Na, nun müssen wir doch mal raus aus dieser Konfrontation, das ist doch kein Zustand. Ein junger Dichter in unserer DDR. Wir haben für alle Platz und brauchen jeden. Aber ich kann keinen DDR-Verlag zwingen, Ihre frechen Lieder zu drucken. Wir haben schließlich eine Demokratie. So machte er das mit mir. Und sagte: Möchten Sie nicht doch wieder öffentlich singen und sich gedruckt sehen? Ich sagte: Ja, natürlich möchte ich. Es ist nicht schön, wenn man mit dem Maulkorb singt. Natürlich wollte er mich spreizen auf 'ner Bühne. Lächerlich. Ich war gewiß kein Fisch, dem man Vorträge darüber halten muß, daß es im Wasser besser ist. Ich wollte wieder ins Offene, ins deutsche demokratische Wasser … Da hat der Minister gesagt: Sie müssen nur eine Erklärung formulieren, daß Sie mit der Kulturpolitik der Partei voll übereinstimmen. Daß Sie sich korrigiert haben, daß Sie gelernt haben aus Ihren Fehlern. Er forderte ein realsozialistisches Glaubensbekenntnis. Ein Ritus, wie in der katholischen Kirche.

Das kam für mich nicht mehr in die Tüte. Gewiß hatte ich Angst wie andere auch. Aber zum Glück hatte die Angst nicht mich. Und das verdanke ich im Grunde einem Menschen: Robert Havemann.«

Was Biermann allerdings verschweigt: Er hatte im April '65 legal am Ostermarsch in Frankfurt am Main teilgenommen und war dort gemeinsam mit dem Kabarettisten Wolfgang Neuss aufgetreten. Was er am Main zum besten gab, u. a. sein »Wintermärchen« aus »Cousin Heinrich Heines«, verärgerte nicht nur die Mitarbeiter der Abteilung Kultur im ZK der SED, die am 30. April per Hausmitteilung die Abteilung Agitation informierten: »[…] Wolf Biermann hat mit seinem ›Wintermärchen‹ das dem Genossen Bentzien gegebene Versprechen gebrochen. […] Die vielfältigen Bemühungen um Biermann, die langen Diskussionen von verantwortlichen Genossen, die ihm ins Gewissen geredet haben, fruchteten nicht. Wir schlagen vor, die ganze Angelegenheit noch einmal ruhig zu überdenken – den Einfluß, der auf ihn ausgeübt wird und den er selber ausübt. […]« Sodann zitierte man aus seinem dortigen Programm:

»›Die DDR, mein Vaterland

ist sauber immerhin.

Die Wiederkehr der Nazi-Zeit

ist absolut nicht drin‹

Aber das wird sofort mit den abschließenden Versen aufgehoben, wonach der einstmals braune Hintern nach der Behandlung mit Stalins hartem Besen nunmehr ›rot verschrammt‹ ist.[…]«

Die Schlüsse aus dem Auftritt in Frankfurt am Main wurden abschließend in acht Punkten zusammengefaßt. Punkt 1: Kulturstadtrat Ernst Hoffmann solle mit Biermann reden und ihm für seinen Auftritt eine Mißbilligung aussprechen; Punkt 2: keine weiteren öffentlichen Veranstaltungen in der DDR; Punkt 3: keine weiteren Reisen in die BRD; Punkt 4: Adlershof solle die Vorbereitungen für eine geplante Biermann-Sendung einstellen; Punkt 5: Informationen an die einschlägigen Veranstalter; Punkt 6: Biermann ist eine neue Arbeit anzubieten; Punkt 7: Auswertung mit dem Deutschen Schriftstellerverband; Punkt 8: Neuss erhält Einreiseverbot in die DDR. (SAPMO-BArch DY 30/IV A2/902/26)

4 Klaus Wagenbach gründete den nach ihm benannten Verlag 1964. Um, wie er sagte, der Spaltung der Literatur in eine west- und eine ostdeutsche entgegenzuwirken, verlegte er im Westen den dort boykottierten DDR-Schriftsteller Stephan Hermlin und den in der DDR nicht gedruckten Biermann. Als er Biermanns Balladen-Band »Die Drahtharfe« herausbrachte, verlor er alle aus der DDR zugesagten Lizenzen. Er erhielt ein Einreise-, später sogar ein Transit-Verbot. Biermann »bedankte« sich dergestalt, daß er nach seiner Ausbürgerung zum Verlag von Neven DuMont, Köln, wechselte (»Nachlaß I«, der auch die »Drahtharfe« enthielt) und dem Vernehmen nach nie den in Westberlin ansässigen Wagenbach-Verlag betrat.

5 Havemann wurden allerdings wiederholt Tätigkeiten angeboten, wie u. a. aus dem Schreiben an Walter Ulbricht vom 27. April 1967 hervorgeht: » Sehr geehrter Herr Vorsitzender des Staatsrates, Genosse Walter Ulbricht! Dreimal in meinem Leben hatte ich Gelegenheit, mit Ihnen persönlich in Kontakt zu kommen. Das erste Mal im Mai 1945, als Sie uns, eine Gruppe von über 200 ehemaligen Häftlingen des Zuchthauses Brandenburg-Görden, in Spandau besuchten. Das zweite Mal bei einer Aktiv-Tagung der Parteiorganisation der Humboldt-Universität im Jahre 1956. Es war kurz nach dem XX. Parteitag der KPdSU. Meine Diskussionsbemerkungen waren auf den heftigen Widerstand vieler Genossen gestoßen. In Ihrem Schlußwort unterstützten Sie aber meine Ausführungen in den wesentlichen Punkten. […] Das dritte Mal kam ich auf einer Konferenz der Redak-

109

tion der *Einheit* in eine ähnliche Lage wie bei der Aktivtagung der HUB. Auch diesmal haben Sie mich verteidigt.

Ich bin seit Januar 1966 ohne Arbeit [...]«

Im weiteren bat er um die neuerliche Übernahme jener Gruppe von Photochemikern im VEB Fotochemische Werke Köpenick, »die seit meiner Entlassung unter der Leitung meines befähigsten Mitarbeiters, des Genossen H. Pietsch, steht«. Das er damit, käme man seinem Ansinnen nach, für dessen Absetzung sorgte, schien ihn so wenig zu interessieren wie eine Tätigkeit unterhalb einer Leitungsfunktion.

Heinz Eichler, der Sekretär, bekam per Hausmitteilung Order zu antworten: »Genosse Walter bittet, Du möchtest Havemann in dem Sinne antworten, daß Du den Empfang seines Briefes vom 27.4. bestätigst und ihm mitteilst, daß Herrn Havemann verschiedene Arbeiten angeboten wurden, die er nicht annahm. Er muß sich an die zuständigen Stellen wenden, die bereits früher mit ihm in dieser Sache gesprochen haben. Für eine Einstellung im VEB Fotochemische Werke Köpenick besteht nach Angabe der zuständigen Organe keine Notwendigkeit.« (SAPMO-BArch DY 30/IV 2/11/v. 4920, Bl. 8 und 9)

6 Robert Havemann, um den es seit 1966 ruhig geworden war (wie *dpa* am 8. April 1968 meldete, lebte er »seit Anfang 1967 von einer ›Ehrenpension‹ als Verfolgter des Nazi-Regimes in Höhe von 950 Mark monatlich«), sah den »Prager Frühling« als eine Gelegenheit, sich wieder ins Gespräch zu bringen. Eine dänische und eine tschechoslowakische Zeitung druckten einen Aufsatz von ihm, in welchem er für die Veränderungen in der CSSR warb. Herbert Hausen kommentierte den Vorgang am 22. Mai 1968 im SFB: »In der Öffentlichkeit spielte er keine Rolle mehr. Jetzt auf einmal läßt Havemann sich wieder vernehmen.« Der Kommentator stellt heraus: »Sein knapper Satz: ›Im Stalinismus hat der Staat die Bürger, in der Demokratie haben die Bürger den Staat‹ deutet an, daß der Kommunist Havemann einen neuen Sinn für die Rangordnung der Werte gewonnen hat, daß ihm heute nach schrecklichen Erfahrungen etwas einleuchtet, was die Antikommunisten aus gutem Grund seit Jahrzehnten predigen. Havemann ahnt, was wir seit 1948 wissen: Die Segnungen der bürgerlichen Demokratie dürfen nicht leichtfertig zu Gunsten irgendeines vagen Sozialismus aufgegeben werden. [...] Vielleicht wächst aus dieser Nachdenklichkeit dann auch eines späten Tages der Impuls, die Verhältnisse zu ändern. Sie sind, nicht hier bei uns, sondern drüben überreif dazu.« (SAPMO-BArch DY 30/IV A2/902/82)

7 Vgl. Rainer Eppelmann: Fremd im eigenen Haus. Mein Leben im anderen Deutschland, Köln 1993. »Nachdem ich im Frühjahr 1982 gemeinsam mit Robert Havemann den ›Berliner Appell‹ veröffentlicht hatte und die SED uns deshalb schikanierte, zeigte sich die Solidarität mit uns auch darin, daß mancher Handwerker und mancher Angestellter in volkseigenen Betrieben unsere Gemeinde bei Arbeiten und Materiallieferungen bevorzugten. ›Ist das nicht der Pfarrer Eppelmann vom ›Berliner Appell‹? So oder ähnlich fragten einige ...« Nun, da war wohl der Wunsch der Vater des Gedankens. Die Wirkung war gering. Havemann, so plauderte Eppelmann in seinen Erinnerungen aus, brachte ihn mit dem akkreditierten Korrespondenten des *stern*, Dieter Bub, zusammen. Dieser beförderte »für uns Briefe, Zeitungen oder Bücher von Ost nach West und andersherum«. Auch Videokassetten. »Der Westberliner Politologieprofessor Manfred Wilke leitete sie dann weiter an ARD und ZDF.«

8 In: Recht und Justiz der DDR, Baden 1999

Fucik und Havemann

Von Kurt Gossweiler

Der Berliner Historiker Kurt Gossweiler, 1917 in Stuttgart geboren, gehört zu den international anerkannten Faschismusforschern. In den 60er Jahren fanden seine Arbeiten besonders in der Studentenbewegung Verbreitung. Es erschienen Nachdrucke, Raubdrucke und Raubdrucke von Raubdrucken, die im Westen kursierten. Zu seinen wichtigen Arbeiten gehören »Großbanken, Industriemonopole, Staat, Ökonomie und Politik in Deutschland 1914 bis 1932«, »Kapital, Reichswehr und NSDAP«, »Die Röhm-Affäre«, »Aufsätze zum Faschismus« und »Die Strasser-Legende« (edition ost, 1994), für die Gregor Gysi das Vorwort schrieb.
Als Schüler der Karl-Marx-Schule in Berlin-Neukölln schloß er sich dem »Sozialistischen Schülerbund« an, als Student wurde er Mitglied des Kommunistischen Jugendverbandes, er leistete antifaschistischen Widerstand und desertierte 1943 zur Roten Armee. Gossweiler lehrte an Antifaschulen in der Sowjetunion und war seit 1955 als Historiker an der Humboldt-Universität und der Akademie der Wissenschaften bis zu seiner Emeritierung tätig. Gossweiler erlebte dort Havemann unmittelbar. Sie waren nie Freunde.
Am 11. Oktober 2003 erschien im Neuen Deutschland *ein langes Interview mit Florian Havemann, das naturgemäß um den prominenten Vater kreiste. Das Gespräch veranlaßte G. zu einem Leserbrief und zur Zusammenstellung etlicher Unterlagen. Einen Satz der Kopien stellte er am 12. April 2006 auch dem Mitglied der Havemann-Gesellschaft Bernd Florath zur Verfügung. (»Ich nehme an, daß Sie an allem interessiert sind, was die Vita Havemanns betrifft. Möglicherweise sind Ihnen die in den Anlagen verzeichneten Fakten noch nicht bekannt. Für diesen Fall sende ich sie Ihnen zur Komplettierung des Archivs der Havemann-Gesellschaft.«)*
Der Leserbrief wurde weder veröffentlicht noch beantwortet. Allerdings erschien am 22./23. April 2006 im Neuen Deutschland *ein fast ganzseitiger Beitrag von Bernd Florath: »Aufklärung oder Zersetzung? Anmerkungen zu einem ND-Interview – Robert Havemann betreffend.« Hier jedoch Gossweilers Briefe:*

Betr.: »Der Mann ist viel interessanter«, ND vom 11./12. X. 2003

Eure Überschrift zum Interview mit Robert Havemanns Sohn Florian ist zutreffender, als es anscheinend Havemann-Sohn Florian ahnt. Er sagt im Interview über seinen Vater: »Er hat auch nicht erzählt, daß er als Chemiker in der Nazizeit an der Giftgasforschung beteiligt war, daß er gute Kontakte zum Heereswaffenamt hatte.«[1]

Er hat ihm offenbar viel mehr *nicht* erzählt, so z. B. daß er auch IM sowohl der militärischen Abwehr als auch der Gestapo war. In den Akten seines Prozesses vor dem Volksgerichtshof – die Sohn Florian nach eigenem Bezeugen auch gelesen hat – ist festgehalten, was Robert Havemann dazu in seiner Vernehmung am 5. September 1943 ausgesagt hat, nämlich dies: »Zu Beginn des jetzigen Krieges – es kann Ende 1939 gewesen sein – wurde ich auf Vorschlag meines Chefs, des Prof. Heubner, Leiter des Pharmakologischen Instituts, zum stellvertretenden militärischen Abwehrbeauftragten ernannt. Es kann im Jahre 1941 gewesen sein, als ich zum militärischen Abwehrbeauftragten ernannt wurde, und Prof. H. stellvertretender Abwehrbeauftragter wurde. Diese Regelung erfolgte allgemein in den Fällen, wo die Chefs oder Betriebsführer Abwb. waren. Später – es kann im Mai 1942 gewesen sein – wurde ich zum politisch-polizeilichen Abwehrbeauftragten ernannt.« (Die politische Polizei war bekanntlich die Gestapo.)

Sohn Florian bemerkt nach der Feststellung der guten Beziehungen seines Vaters zum Heereswaffenamt: »Deshalb wurde ja letztlich das Todesurteil gegen ihn nicht vollstreckt.« Alle anderen in diesem Prozeß Mitangeklagten wurden hingerichtet. Vielleicht erklärt sich die Ausnahmebehandlung Havemanns nicht nur mit seinen guten Beziehungen zum Heereswaffenamt?

Übrigens: Angesichts der gnadenlosen Verfolgung aller, die auch nur zum Waffendienst ins Wachregiment »Felix Dzierzynski« einberufen waren, verdient es nachdrückliche Erwähnung, daß die DDR-Führung trotz ihres Wissens um Havemanns V-Mann-Tätigkeit für die Gestapo und den militärischen Abwehrdienst – die entsprechenden Akten lagen im Archiv des Ministeriums für Staatssicherheit und wurden dort ausgewertet – in ihrer Auseinandersetzung mit Havemann von diesem Wissen keinen Gebrauch gemacht hat.

Auf diesen Leserbrief kam Gossweiler nach zweieinhalb Jahren, am 11. April 2006, noch einmal zurück, nachdem das *Neue Deutschland* in seiner Ausgabe vom 8./9. April 2006 ein Gespräch mit Dieter Skiba und Wolfgang Schmidt veröffentlicht hatte.

»Am Schluß des Interviews kommt die Rede auch auf Havemann. Skiba teilt da mit, sie *[d. h. die Mitarbeiter der HA IX/11 des MfS – d. Hrsg.]* seien in seinen Akten auf einen Berufungsbescheid zum ›Abwehrbeauftragten des Chefs der Sicherheitspolizei und des Sicherheitsdienstes‹ von Havemanns Arbeitsstelle gestoßen, also auf ein Dokument, das bezeugt, daß Havemann V-Mann der Gestapo war.

Ich möchte in diesem Zusammenhang darüber informieren (oder daran erinnern), daß ich das – und zusätzlich noch, daß er auch V-Mann des militärischen Abwehrdienstes war – bereits in einer Leserzuschrift zum Interview mit Havemanns Sohn Florian im *ND* vom 11./12. Oktober 2003 mitgeteilt habe – natürlich in der Erwartung, daß das *ND* solche bislang unbekannten, aber für die Beurteilung Havemanns ganz sicher nicht unwichtige Fakten den Lesern des *ND* zur Kenntnis geben würde.

Das *ND* hat damals diese Zuschrift, aus welchen Gründen auch immer, nicht veröffentlicht. Durch das Interview mit Skiba und Schmidt ist die Gelegenheit gegeben, das damals Versäumte nachzuholen. Ich sende deshalb eine Kopie meines damaligen Schreibens und eine Kopie aus den Nazi-Akten zu Havemann, nämlich den ›Auszug aus dem Karteiblatt‹, das die Gestapo über Havemann angelegt hatte und das in seiner Gerichtsakte, die im Ministerium für Staatssicherheit bis zu ihrer Übernahme durch das Bundesarchiv unter dem Aktenzeichen NJ (Nazi-Justiz) 1720, Bd. 2 lagerte, enthalten ist.

Ich hoffe, Ihr freut Euch und wißt es zu schätzen, dies als Erste veröffentlichen zu können.«

Nun, das taten sie. Mit dem »Auszug aus dem Karteiblatt« wurde der bereits erwähnte Beitrag von Florath am 22./23. April 2006 illustriert, ohne allerdings die Herkunft zu nennen. Da stand nur: »Fotos: ND-Archiv«. Gossweilers Brief, auch dieser also, blieb unerwähnt und ungedruckt.

Damit setzte sich eine Tradition fort. Schon einmal, vor fast vier Jahrzehnten, hatte Kurt Gossweiler in Sachen Havemann einen Leserbrief an das *Neue Deutschland*[2] gerichtet, der ebenfalls unge-

druckt geblieben war. Anlaß für die Zuschrift war die während des
»Prager Fühlings« von einer Prager Zeitschrift verbreitete Behauptung, der von den Nazis ermordete Kommunist Julius Fucik[3] habe
mit den deutschen Faschisten paktiert, und die Haltung Havemanns zu den Prager »Reformern«. Gosswellers Text ging so:

»Wer über den Sinn der in der CSSR seit Januar 1968 vor sich
gehenden Prozesse und über die Gesinnung derer, die diese Prozesse
als ›Humanisierung des Sozialismus‹ etikettieren, im Juli 1968 noch
Illusionen hegen mochte, dem mußten diese spätestens vergehen,
als diese ›Humanisierer‹ in der *Mlady svet* die ungeheuerliche, aber
auch selbstentlarvende Lüge verbreiteten, der tschechoslowakische
Nationalheld Julius Fucik sei ein Verräter und Lockspitzel der
Gestapo gewesen.

Wer mit der Geschichte der Arbeiterbewegung vertraut ist und
mit den Infamien ihrer Feinde Erfahrungen gesammelt hat, der
erkannte in dieser Infamie die Machart trotzkistisch-revisionistischer Provokationen wieder, zu deren Spezialität es gehört, standhafte Kommunisten und zuverlässige Freunde der Sowjetunion als
Feinde und Verräter des Kommunismus und wirkliche Verräter und
Spitzel – wie beispielsweise einen Imre Nagy[4] – als echteste und
edelste Kommunisten hinzustellen.

Warum denke ich gerade heute an diese abscheuliche Verleumdung eines der leuchtendsten Gestalten der kommunistischen Weltbewegung durch Menschen ohne Gewissen und Scham? Deshalb,
weil mir der Zufall erst jetzt einige Blätter aus dem Lande zuwehte,
dessen Präsident ein ehemaliger KZ-Baumeister und dessen Kanzler ein ehemaliger Goebbels-Propagandist ist[5], einem Land, das dennoch von den Verleumdern Fuciks als geeigneter Partner bei der
›Humanisierung‹ des Sozialismus in der CSSR betrachtet wurde
und wird.

Und weil in diesen Blättern Äußerungen eines DDR-Bürgers zu
den Ereignissen in der CSSR wiedergegeben werden, der im Jahre
1943 wie Julius Fucik zum Tode verurteilt wurde, aber im Gegensatz zu Fucik nicht hingerichtet wurde, weil er auf Betreiben des
faschistischen Heereswaffenamtes den Auftrag bekam, in der Zelle
kriegswichtige Forschungen zu betreiben.

Dieser Mann mußte erleben, wie seine verurteilten Mitstreiter –
Georg Großcurth, Herbert Richter und Paul Rentsch – am 8. Mai
1944 hingerichtet wurden. Er selbst wurde genau ein Jahr später

durch die Rote Armee befreit. Der Name dieses Mannes ist Robert Havemann.

Nach alledem war zu erwarten, daß dieser Mann, der sich ohnehin in den letzten Jahren den Ruf eines ›Berufs-Protestlers‹ erworben hatte, seiner flammenden Empörung Ausdruck verleihen würde über den unsagbar niederträchtigenn Versuch, einem Fucik – und damit auch ihm und seinen von den Faschisten ermordeten Genossen! – die Ehre als Revolutionär und Kommunist abzuschneiden.

Aber nein, nicht dazu erhob Havemann seine Stimme. Was da in der CSSR vor sich ging, erfüllte ihn nicht mit Empörung, sondern mit tiefster Genugtuung. Und zusammen mit den Verleumdern Fuciks und Lobsängern der westlichen ›Demokratie‹ aus der *Mlady svet* rühmte er all dies als den bisher erstmaligen, die ganze Zukunft des Sozialismus entscheidenden Versuch, Demokratie und Sozialismus zu vereinen.

Ist das nicht seltsam? Ja, seltsam und ungeheuerlich.

Herr Havemann glaubte damals, vor dem 21. August 1968, als unfehlbarer Kenner der geheimsten Absichten der Weltgeschichte voraussagen zu können, daß das tschechoslowakische Beispiel in allen sozialistischen Ländern, vor allem aber in der DDR, Schule machen werde.[6]

Nun, nachdem die Weltgeschichte Herrn Havemann – zum wievielten Male eigentlich schon? – erneut die kalte Schulter zeigte und es vorzog, sich weiterhin auf den von Marx gewiesenen Bahnen zu bewegen, stimmt er in den Wut- und Klagechor der Enttäuschten und Mißvergnügten ein und verflucht die ›inhumanen Dogmatiker und Stalinisten‹. Sollte es Herrn Havemann nicht zum Troste gereichen, daß hier bei uns zulande die Kampfmethoden der ›humanen‹ Sozialisten verschmäht und verachtet werden, daß z. B. bei uns noch niemand auf die Idee kam, ihm aus der Tatsache, daß die Faschisten ihn, Havemann, als einzigen am Leben ließen, seine Genossen aber alle ermordeten, einen Vorwurf zu machen oder gar den Verdacht abzuleiten, er sei ein Verräter und Lockspitzel der Gestapo gewesen? Und dies selbst dann nicht, als er sich dazu hergab, der Bonner Regierung Munition für ihren Kampf gegen die sozialistische DDR zu liefern, also tatsächlich Verrat an seinem Staat, an seiner Partei und an seiner eigenen Vergangenheit übte?

Nein, mit den giftigen Waffen der Diffamierung und Verleumdung zu kämpfen, überlassen wir denen, die die Wahrheit nicht zu ihrer Waffe machen können, weil sie in ihren Händen immer nach hinten losgeht.

Havemann widerfuhr einstmals die Ehre, von den Faschisten als ihr Feind behandelt und verurteilt zu werden. Heute ist er zu einer traurigen Randfigur der Zeitgeschichte zusammengeschrumpft, deren krankhafter Ehrgeiz sich davon nährt, ab und an in der Presse der wütendsten Sozialistenfresser Schlagzeilen zu machen als Vertreter eines »Kommunismus«, den auch Herr Strauß akzeptabel findet.

Wir haben uns bereits zu lange mit ihm beschäftigt, gehen wir wieder zur Tagesordnung über: Vollendung des Aufbaus der einzig humanen, einzig demokratischen Ordnung, des Sozialismus [...]«

Fußnoten

1 *Neues Deutschland*, 11./12. Oktober 2003. Auf die Frage: »Was wußten Sie als junger Mann über die antifaschistische Vergangenheit Ihres Vaters, über seine Zeit im Zuchthaus?« antwortete Florian Havemann: »Er hat viel vom Widerstandskampf und seiner Gefängniszeit erzählt. Das waren Räuber- und Gendarmgeschichten. Wenn seine Kumpels von früher zu Besuch kamen, wurde die alte Zeit zu einem einzigen Gaudi. Aber er hat, wie ich heute weiß, sehr viel nicht erzählt. Die meiste Zeit im Dritten Reich hat er sich offenbar politisch gar nicht betätigt. Irgendwann hat er sich mit Freunden, die mit der KPD nichts zu tun hatten, überlegt, was man gegen Hitler tun könnte. Aber als sie nach jahrelanger Diskussion anfingen, unter dem Namen ›Europäische Union‹ illegal zu arbeiten, flogen sie ganz schnell auf. Sie waren einfach auch zu unvorsichtig. Früher hatte ich mir das immer als elfjährigen illegalen Kampf vorgestellt, doch das war ein Vierteljahr. Das hat er uns so nicht erzählt. Er hat auch nie darüber gesprochen, daß er als Zeuge der Anklage bei den Nürnberger Kriegsverbrecherprozessen war. Dort tat er wie bei den Gestapo-Verhören so, als sei die ›Europäische Union‹ eine Massenorganisation gewesen. Dabei waren es nicht mehr als fünf wirklich aktive Leute. Als ich das alles später in den Gestapo-Akten gelesen habe, veränderte sich mein Bild von ihm stark. Frage: Inwiefern?
Antwort: Das paßte einfach nicht zusammen. Er hat auch nicht erzählt, daß er als Chemiker in der Nazizeit an der Giftgasforschung beteiligt war, daß er gute Kontakte zum Heereswaffenamt hatte. Deshalb wurde ja letztlich das Todesurteil gegen ihn nicht vollstreckt.«
2 »Randbemerkungen zu einer Randfigur der Zeitgeschichte«, unveröffentlichter Leserbrief an das *ND* vom 15. Oktober 1968
3 Julius Fucik (1903-1943), tschechischer Kommunist und Journalist. Seine 1945 publizierte »Reportage unter dem Strang geschrieben« trug ihm Weltruhm ein; Pablo Neruda nannte sie ein »Denkmal zum Ruhme des Lebens, geschrieben an der Schwelle des Todes«. Als Fucik am 8. September 1943 in Berlin-Plötzensee ermordet wurde (Freisler hatte am 25. August das Todesurteil gefällt), wurde Havemann in der Berliner Prinz-Albrecht-Straße nach seiner Verhaftung vor drei Tagen bereits zum vierten Mal vernommen.
Fuciks »Reportage«, im Prager Gestapo-Gefängnis Pankrac von April bis Juni 1943 geschrieben und von einem Wärter hinausgeschmuggelt, wurde in über 80 Sprachen übersetzt und damit zum meistgelesenen und -übersetzten Buch des 20. Jahrhunderts aus der Tschechoslowakei. In Prag erschienen zwischen 1945 und 1989 allein 38 Auflagen. Es fehlte jedoch insbesondere nach 1990 nicht an Versuchen, den kommunisten Autor zu diskreditieren. So warf man ihm vor, er habe mit den Nazis kollaboriert. Andere Unterstellungen liefen darauf hinaus, daß er diese 167 Seiten nicht selbst geschrieben habe. 1995 erschien die erste »unzensierte« Ausgabe, die auch selbstkritische Passagen enthielten, in denen Fucik gestand, daß er unter der Folter »geredet« habe. Womit man ihn des Verrates zieh.
Allerdings: Die Kriminal-Abteilung des Prager Innenministeriums, die die Handschriften analysierte und chemisch überprüfte, kam zu dem Schluß, daß alle 167 Blätter wirklich von Julius Fucik allein verfaßt wor-

den waren. Und: Auch wenn die relevanten Gestapo-Akten verschollen sind, gehen die Historiker davon aus, daß Fucik weder mit der Gestapo zusammengearbeitet noch wichtige Informationen, die zur Verhaftung anderer geführt hätten, verraten hat. (*Radio Prag* am 1. März 2003 in einer Sendung zum 100. Geburtstag von Julius Fucik)

4 Imre Nagy (1896-1958), ungarischer Ministerpräsident von 1953 bis 1955 und dann aller Ämter enthoben und aus der Partei ausgeschlossen, weil er angeblich einen »nationalen und menschlichen Sozialismus« durchsetzen wollte. Im Oktober 1956, während der Konterrevolution, wurde der »Reformer« vom Zentralkomitee der KP erneut zum Ministerpräsidenten berufen, um offenbar den Druck aus dem Kessel zu nehmen. Als Nagy jedoch Ungarns Neutralität und den Austritt aus dem Warschauer Pakt erklärte und damit die Auslieferung Ungarns an den Westen ankündigte, was das strategische Gleichgewicht in Europa nachhaltig verändert hätte, rückte am 4. November die Sowjetarmee ein. In den nachfolgenden Auseinandersetzungen, die Bürgerkriegscharakter besaßen, starben bis zum 14. November etwa 20.000 Menschen. Nagy suchte in der jugoslawischen Vertretung Asyl, wurde am 22. November 1956 verhaftet und nach einem Gerichtsverfahren, in welchem er wegen »konterrevolutionären Verhaltens« zum Tode verurteilt wurde, am 16. Juni 1958 in Budapest gehenkt. 1989 wurde er politisch rehabilitiert und am 16. Juni 1989 in der ungarischen Hauptstadt als Märtyrer feierlich beigesetzt. Bei seiner Verklärung wird allerdings verschwiegen, daß Nagy während des 1. Weltkrieges sich in Rußland den Bolschewiki anschloß und als Rotarmist dem Kommando angehörte, das am 17. Juli 1918 die Zarenfamilie in Jekaterinenburg erschoß. Ab 1929 war er Mitglied der ungarischen Sektion der Komintern und vermutlich Agent des sowjetischen Sicherheitsdienstes; er überstand – im Unterschied zu Bela Kun und anderen ungarischen Kommunisten – alle »Parteisäuberungen«. 1945 wurde er ungarischer Landwirtschaftsminister und nach dem Tode Stalins am 5. März 1953 – im Rahmen der sogenannten Entstalinisierung – Ministerpräsident. Vermutlich auf Betreiben Berijas, des sowjetischen Geheimdienstchefs und Innenminister, der Stalin zu beerben hoffte. Nagy löste Rákosi ab, der jedoch Parteivorsitzender blieb.

5 Gemeint sind Bundespräsident Heinrich Lübke und der Kanzler der Großen Koalition Kurt Georg Kiesinger (CDU)

6 dpa-Meldung vom 8. April 1968: »Der von der SED mehrfach gemaßregelte Ostberliner Wissenschaftler und Philosoph, Prof. Robert Havemann, hat unter Hinweis auf die Vorgänge in der CSSR betont, auch im Sozialismus müsse es Freiheit für Andersdenkende geben. In einem Gespräch mit dem dpa-Korrespondenten sagte der Wissenschaftler, er verfolge die Prager Entwicklung mit größter Sympathie und mit der Hoffnung auf einen Erfolg der neuen Bestrebungen. Er sei nicht der Meinung, daß der Sozialismus mit zwangsläufiger Unterdrückung der freien Meinungsäußerung einhergehen müsse. In diesem Zusammenhang kritisierte Havemann Äußerungen des Zonenrundfunk-Kommentators Karl-Eduard von Schnitzler, wonach man sich in der DDR mit der politischen Opposition nur vor Gerichten, nicht aber im Parlament auseinandersetzen könne.

Auf die Frage, wie weit er analog der Veränderungen in der CSSR eine gleiche Entwicklung in der DDR für möglich halte, verwies er darauf, daß schon vorher einige andere Länder auf diesem Wege Fortschritte gemacht hätten. Derartige Änderungen ›können und müssen in allen Staaten des Sozialismus eintreten, wenn der Sozialismus sich behaupten will‹.« (SAPMO-BArch DY 30/IV A2/902/82)

Die Falten von Margot Honecker

Von Jakob Moneta

Jakob Moneta, geboren am 11. November 1914 im österreichisch-ungarischen Ostgalizien, erlebte als Kind nicht nur den Zusammenbruch dreier Monarchien (Rußland, Deutschland und Österreich-Ungarn), sondern in seiner nunmehr polnischen Heimatstadt Blasow auch das erste Judenpogrom. Sozialismus oder Barbarei – diese beiden Pole des 20. Jahrhunderts prägten sein Leben. Die Familie flüchtete nach Köln, Moneta schloß sich Anfang der 30er Jahre dem Sozialistischen Jugendverband an und verließ Deutschland, keineswegs freiwillig. Er arbeitete von 1933 bis 1947 auch politisch in Palästina. Weil er mit nichtjüdischen Arabern zusammenwirkte und einen Streik organisierte, wurde er 1939 aus seinem Kibbuz ausgeschlossen und für 27 Monate von den Briten interniert. 1948 kehrte er als überzeugter Internationalist nach Köln zurück und arbeitete als Journalist. Zunächst bei der Rheinischen Zeitung *als Mitglied der SPD. 1953 ging er für zehn Jahre als Sozialreferent an die Pariser Botschaft der BRD, wo er sich u. a. für die algerische Befreiungsfront engagierte. Wieder in Deutschland rückte er in den Vorstand der IG Metall und leitete deren einflußreiche Zeitungen* Metall *und* Der Gewerkschafter.
In dieser Funktion war er maßgeblich an der Kampagne beteiligt, die Biermann zu einem Konzert nach Köln holte. Doch schon bald mußte er enttäuscht bemerken, daß er ihn falsch beurteilt hatte.

Wolf Biermann fragte einmal, wer in der IG Metall auf die tolle Idee kam, ihn einzuladen, oder wer sie listenreich aufgegriffen hat. Ich bekenne mich als der Schuldige.

Bereits zum Protestkongreß in Offenbach gegen die beabsichtigte Hinrichtung von fünf Kommunisten in Spanien mit der Garotte, einem Halseisen, hatte ich zusammen mit Daniel Cohn-Bendit vorgeschlagen, Biermann einzuladen. Wußte ich doch, daß dessen Vater zusammen mit einem anderen Genossen versucht hatte, ein mit Waffen beladenes Schiff an die Spanische Republik, die sich gegen den Faschismus zur Wehr setzte, zu entsenden. Die Gestapo hat dies verhindert. Beide wurden zu hohen Haftstrafen verurteilt, und Biermanns Vater, der nicht nur Kommunist, sondern auch Jude war, wurde von den Nazis ermordet.

Ich wußte allerdings nicht, daß Margot, die Tochter jenes zweiten Genossen, von Biermanns mutiger, kommunistischer Mutter Emma in Obhut genommen wurde. Sie zog Margot zusammen mit ihrem Sohn auf.

Als Biermann die Ausreise nach Offenbach von der DDR-Bürokratie verboten wurde, gelang es, Tonbänder mit seinen Spanien-Liedern herauszuschmuggeln und vor etwa 3.000 begeisterten Zuhörern abzuspielen.

Da mir bekannt war, daß die SED versuchte, ein gutes Verhältnis zu den Gewerkschaften im Westen herzustellen, schlug ich dem IG Metall-Vorstandsmitglied Georg Benz, einem der mutigsten und klügsten Köpfe dort, vor, Biermann zu dem jährlich zu Werbungszwecken veranstalteten Jugendmonat einzuladen.

Die Rechnung ging auf, Biermann durfte ausreisen.

Als Chefredakteur von *Metall* stellte ich auf drei Seiten Biermanns Biografie und seine Lieder den 1,7 Millionen Lesern vor, von denen die meisten noch nie etwas von Wolfgang Biermann aus Ostberlin gehört hatten.

Das trug mir allerdings herbe Kritik ein. Betriebsräte beschwerten sich beim Vorstand, einen Kommunisten für den Jugendmonat empfohlen zu haben. Im Beirat der IG Metall gelang es mir jedoch, überzeugend zu erläutern, wie wichtig es sei, oppositionelle Kommunisten in ihrem Kampf für die Demokratisierung von SED und DDR zu unterstützen.

Meine Lebenspartnerin Sigi und ich nahmen Biermann und seine Mutter Emma in unserem Haus in Frankfurt auf. Wir erlebten seine tiefe Bestürzung, als er nach der Massenveranstaltung in Köln von seiner Ausbürgerung erfuhr.

Als er jedoch eines Abends erzählte, wie sehr er sich vor den Falten am Hals von Margot Honecker ekelte, die inzwischen die Ehefrau des Staatsratsvorsitzenden Honecker war, wollte ihn Sigi, angewidert von seinem *machismo*, hinausschmeißen. Nur ihre tiefe Sympathie für seine aufrechte und tapfere Mutter, die als Kommunistin der DKP angehörte und ihren Sohn vergötterte, hinderte Sigi daran, ihr Vorhaben auszuführen.

Allerdings war sie während seines wochenlangen Aufenthaltes bei uns in einem ständigen Kleinkrieg mit ihm verwickelt. Mir jedoch ging langsam ein Licht auf, wieso sich Wolf Biermann unter der schützenden Hand von Margot Honecker soviel in der DDR herausnehmen konnte, ohne von Haft bedroht worden zu sein.

Neues von Biermann

Von Peter Hacks

Der Dramatiker, Lyriker, Erzähler und Essayist Peter Hacks (1928-2003) kam 1955 aus der Bundesrepublik in die DDR. In den 60er und 70er Jahren war er der erfolgreichste Dramatiker der DDR, der im gesamten deutschsprachigen Raum reüssierte. Der Zuspruch im Westen, der sich zum Teil aus dem Widerspruch speiste, den Hacks mit der DDR-Obrigkeit austrug, verlor sich jedoch in dem Moment, als er sich in der Weltbühne *positiv zu Biermanns Rauswurf äußerte. Der nachfolgende Text, im November 1976 entstanden, führte dazu, daß er bald von den meisten Regisseuren, Intendanten, Künstlern und Kritikern mit Ignoranz und Bokyott »bestraft« wurde. Das Verdikt wird konsequent und gesamtdeutsch bis heute praktiziert.*

Am 20. 11. 1976 gewährte des deutschen Bourgeois' Bildzeitung, welche unter dem Namen *Der Spiegel* erscheint, dem singenden Schriftsteller Wolf Biermann ein Gespräch.

Ich muß Biermann nicht vorstellen, er hat sich vorgestellt. Er war in Köln und hat dort, mit wissenschaftlichen Begriffen, gereimten Liedern und vielem Augenrollen und -zwinkern, den Vorschlag gemacht, das Ziel des Kommunismus doch lieber mit bürgerlichen Mitteln zu erreichen. Solche Leute sind, seit es eine Arbeiterbewegung gibt, mit dem Beifall der Geschichte aus der Partei geschlossen worden, und da Biermann beim Vortrag seiner Lehre zum einen sehr häßliche Dinge über die DDR sagte, zum andern das Bestehen einer Art von Bund zur Durchsetzung derselben andeutete, dessen Mitglieder einander mit *Genosse* anzureden scheinen, eines aber mit Sicherheit nicht sind: Angehörige einer bisher bekannt gewordenen sozialistischen Partei, ist er inzwischen auch aus der DDR geschlossen. Er befindet sich nun in Westdeutschland.

Ich kann nicht erkennen, daß er sich dort verhalten hat wie einer, dem es dort nicht gefällt. Er ließ sich ganz gehen. Er gab locker und unbefangen den Schatz seines innersten Hirns und

Herzens preis – alles Dinge, die keiner in einer Umgebung tut, die ihn trüb stimmt. Wenn er zugleich beteuerte, ihm sei am Aufbau des Sozialismus in der DDR gelegen, ist er, nach dem, was er uns alle hören ließ, so glaubwürdig, wie es der *Spiegel* wäre, wenn er seinen Titel änderte und das, was er bislang immer geschrieben hat, fortführe unter dem Titel *Die Rote Fahne* zu schreiben.

Für diejenigen Bürger meines Landes, welche wissen wollen, wie es Biermann seither so ergangen ist, erzähle ich also von dem Interview. Es zerfällt, wie man hier richtig sagen muß, in drei Teile. Im ersten Teil erklärt Biermann, was er in Köln schon erklärte. Ihm schmeckt die BRD nicht, er liebt sein Vaterland, mit Absichtserklärungen spart er nicht; freilich sind die ja auch billig. »Die Parteiführung«, meint er, »müßte nach dem Kölner Abend eigentlich erleichtert sein«.

Der zweite Teil prüft die taktischen Möglichkeiten der Rückkehr Biermanns an seinen alten politischen Arbeitsplatz. Der dritte Teil endlich besteht aus sehr gewöhnlicher DDR-Hetze. Er ist nicht im Ton der Untersuchung gehalten; Biermann benutzt schlechte Gründe und abstoßende Worte. Die Leitung der SED nennt er »stalinistische Bonzen«, was – die Meinung, die man über Stalin hat oder haben sollte, beiseite gelassen – doch offenbar keine zutreffende Bezeichnung ist.

Ich will mich, als dem inhaltlich einzig ergiebigen, dem zweiten Teil widmen. Biermann bespricht mit dem *Spiegel* die Erfolgsaussichten eines Antrags auf Erlangung der DDR-Staatsbürgerschaft, wobei beide keinen Zweifel hegen, daß das ein unzüchtiger Antrag ist. »Von wem erwarten Sie Hilfe?«, fragt die Illustrierte. Biermann weiß viererlei Antwort.

1. Er empfiehlt der SED, sich nach dem Beispiel der IKP oder FKP zu richten. Ich habe der SED keine Ratschläge zu erteilen, aber ich bitte sie herzlich, das nicht zu tun. Sie müßte, wollte sie Biermann folgen, in der DDR eine imperialistische Wirtschaft und Herrschaft einsetzen und zu der in ein aufständisches Verhältnis treten. Ehrlich zu sein, ich bin recht froh, daß wir das alles schon hinter uns haben, und ich wünsche im Gegenteil diesen mächtigen und erfindungsreichen Bruderparteien, daß sie bald so weit sein mögen wie wir. Aber eben dies und kein anderes ist das Rezept, das die Denker des wahren Sozialismus uns im Ernst anbieten.

2. Er hat die Zustimmung von Heinrich Böll. Böll, man kennt ihn, ist drüben der Herbergsvater für dissidierende Wandergesellen. Biermann hat in seinem Bett übernachtet, und ich hoffe, er hat nicht noch Solshenizyns Läuse darin gefunden. Ich habe Herrn Böll im Fernsehen gesehen. Er machte Augen wie ein Hund von Thurber und zeigte wieder einmal sein geübtes Staunen darüber, daß Konterrevolution in sozialistischen Ländern verboten ist.

3. Er hat – wie der *Spiegel* es ausdrückt – »seine Leute in der DDR«; er hat sie übrigens, natürlich, wo immer er hinkommt. Könnte die Einigung der westdeutschen Linken, erkundigt sich der *Spiegel*, »eine neue Aufgabe für Sie sein?« – Che Biermann (bescheiden): »Zumindest eine erfreuliche Nebenwirkung«.

Manchmal kann er einem schon leidtun.

Beide, Biermann wie seine Befrager, vermeiden sorgfältig die Erwähnung der DDR-Schriftsteller, die auf einer Liste erklärt haben, daß sie ihn wiederhaben wollen. Die Sorgfalt fällt auf; noch auf der Pressekonferenz vom Vortag setzt Biermann alle Hoffnung in sie. Ich will bei dem Punkt noch verweilen. Unterrichtet durch die sozialistische Presse, wie ich gewöhnlich bin, kenne ich die erwähnte Liste nicht vollständig. Überhaupt ärgere ich mich über das *Neue Deutschland* mehr als über den *Spiegel*: weil ich öfter darin lese. Aber notfalls läßt sich auch bei wenig Nachricht viel denken, und ungefähr hätte jeder vom Fach die Liste niederschreiben können, bevor sie noch verfaßt worden.

Wir Schriftsteller reden hier viel und seit langem gegeneinander. Der Streitgegenstand ist immer derselbe: das Recht der Dichter auf Unbildung. Viele meinen, der Künstler müsse sich immer mitteilen, wie es ihm ums Gemüt sei. Die anderen wieder leugnen das gar nicht, mögen indessen nicht einsehen, wieso dieser richtige Satz den Künstler hindere, gelegentlich einen Blick in die ersten Abschnitte von »Was tun?« zu werfen.

Gewiß ist die Vorstellung, man könne die Vorzüge des Sozialismus mit den paar noch übrigen Vorzügen des Imperialismus verbinden, angenehm. Aber sie ist, zur gegenwärtigen Zeit, eine ungebildete Vorstellung. Es ist der Wunsch nach einem schokoladenen Leninismus, und ein Lenin, der aus Schokolade wäre, würde schnell schmelzen.

Dichter, die das Recht auf Unbildung beanspruchen, sind verpflichtet, sich mit ihren Stoffen vorzusehen. Als vor Jahren der Knabe Biermann auf seinem Wunderhorn daherschwatzte, was ihm so an Kleinigkeiten durch den Kopf ging, war das ganz allerliebst. Die Reime waren schon damals schlecht, die Verse holprig, die Gedanken kraus; die Worte waren schon damals nicht wichtig genug, um nicht des Beistands der Musik zu bedürfen, und die Melodien nicht stark genug, um ohne Worte standzuhalten, aber Biermanns Lieder waren bildhaft und wunderlich wie die, welche die Schäfer auf der Heide und die Dienstmädchen in den großen Städten singen. Erst als ein fehlerhafter Ehrgeiz ihn trieb, sich an Heines Philosophie und Villons Weltgefühl zu messen, als er sich von den Alltagssachen weg und den Weltsachen zuwandte, verstieß er gegen die seiner Begabung angemessene Gattung und sank vom Volksliedsänger zum Kabarettisten. Er wurde, was er ist: der Eduard Bernstein des Tingeltangel.

Wolf Biermann ist nicht so gut, wie man annimmt. Ich erwähne das nicht zum erstenmal, und ich würde es hier nicht wiederholen, wenn es ihn nicht erklärte. Biermann übernahm sich. Und in je höherem Maße er sich übernahm, desto mehr bedurfte seine Kunst, neben dem Gedicht und der Gitarre, des Skandals.

Biermann (so wenig wie andere Künstler, die es betrifft) wird sich von mir nicht widerlegt fühlen. Diese Uneinsichtigkeit billige ich. Alle Künstler haben ein Auge für Kunst, keiner ein Ohr für Vorhaltungen. Keine Sorte von Urteilen beeinflussen Künstler, nicht kritische und nicht politische. Auf Kunst wirkt nur Kunst. Schlechte Kunst ist ausschließlich durch bessere Kunst zu widerlegen.

Genug also davon und zurück zu den Gelegenheiten für Biermanns Rekonquista.

4. nämlich und zum Schluß rechnet Biermann mit der Furcht unseres Staates vor ihm. Er bedeutet dem *Spiegel*, daß die Regierung der DDR, solange sie ihn duldete, stark war, nun aber, da sie ihn los ist, zittert. Diese Behauptung ist als ihr eigener Beweis gemeint; Biermann schließt das aus dem.

Ich finde ihn nicht so schlüssig, wie er sich findet.

Mir tut seit dem Frühjahr ein Zahn weh. Ich habe den Zahn geduldet, weil mein Zahnarzt es an der Leber hatte oder ich verreist war, aus solchen Gründen. Jetzt habe ich vor, ihn wirklich ziehen zu lassen, und ich versichere, er schmerzt mich heute nicht schlimmer, als er es im Frühjahr tat. Ich will gar nicht, wie ich ja könnte, vorbringen, daß ich bisher zitterte und nun stark bin. Es paßt mir einfach, es jetzt zu tun. Von dieser Fachfrage des richtigen Folgerns einmal abgesehen: Wolf Biermann, denke ich, setzt die Furchtschwelle der sozialistischen Gesellschaft vielleicht ein wenig zu niedrig an, wenn er seinen Fall in dem Zusammenhang erörtert.

Man soll mich nicht ungerecht schelten. Meine Gespräche mit Biermann sind, wenn es sie gab, stets unerfrischend verlaufen, ohne Verständnisinnigkeit. Ich rede leichter von als mit ihm. Aus Billigkeit will ich ihm das letzte Wort abtreten, und ich wähle unter vielen schönen sein goldenstes: »Es ist in Köln nichts passiert, was mich im Nachhinein gequält hätte.«

Biermann, Hacks und die Morphologie des Unzureichenden

Von Felix Bartels

Der Berliner Felix Bartels, Jahrgang 1978, studiert Gräzistik und Philosophie. Mit Peter Hacks und dessen Werk beschäftigt er sich bereits geraume Zeit intensiv, was sich u. a. in der Mitwirkung an der Peter-Hacks-Seite (www.peter-hacks.de) niederschlägt. Zudem arbeitet er an einer Hacks-Enzyklopädie.

> *»Bei aller Hochachtung«, sagte die Fee. »Das nenne ich Zwang«.*
> *»Ich nenne es Ordnung«, sagte der Gartengott.*
> *»Und wo bleibt die Freiheit?« fragte die Fee.*
> *»Bei Ihnen, geschätzte Fee«, sagte der Gartengott bereitwillig.*
> Peter Hacks,
> in: Liebkind im Vogelnest

> *Wenn man Wolf Biermann in allem, was er je sang und sagte, die redlichsten Absichten unterstellt, kann man doch nicht übersehen, daß Solidarität nicht bloß eine Sache des guten Willens ist; ihre objektiven Wirkungen müssen mit in Rechnung gezogen werden. Man kann einen Stein ins Wasser werfen und dabei die feste Absicht erklären, der Stein soll trocken bleiben – er wird vermutlich naß.*
> Dieter Süverkrüp, 1976

I

Peter Hacks gehörte nicht zu jenen, die es für nötig hielten, der Entscheidung der Regierung im *Neuen Deutschland* beizufallen. Auch wird er wohl kaum die Ausbürgerung Biermanns für einen Fall von Staatskunst gehalten haben. Als sich in ihm aber der Verdacht regte, die Biermann-Affäre könne der Auftakt eines politischen Umsturzes sein, verfaßte er noch im November 1976 den vorstehend veröffentlichten Artikel, der im Dezember in der *Weltbühne* erschien und den simplen Namen »Neues von Biermann« trug.

In diesem Artikel ergriff Hacks, wie nachzulesen, Partei für die SED, konstatierte die mangelhafte Haltbarkeit der politischen Auffassungen Biermanns und seiner »Genossen« und legte en passant ein paar Gedanken zum Phänomen Wolf Biermann vor, die bis heute zum Griffigsten und Tiefsten gehören, was über diesen Sänger geschrieben worden ist.

Dem Artikel folgte zunächst ein Aufschrei und schließlich ein eisiges Schweigen, das bis zum Tod des Verfassers anhielt. Es versteht sich von selbst, daß in den wütenden Repliken der Medienmenschen die mediengerechten Passagen (Solshenizyns Läuse und Herbergsvater Böll nämlich) zitiert wurden, während man diejenigen, die sich untersuchend mit dem Phänomen Biermann befaßten, gern überging. Wir wollen es umgekehrt machen, lassen also die Läuse draußen, und stellen die Frage, was man bei Hacks über Biermann lernen kann.

Hierzu freilich muß etwas Anlauf genommen werden. Jeder Künstler ist ein Spiegel, und es schadet also nicht zu untersuchen, *was* er spiegelt. Selbst ein Biermann muß sich gefallen lassen, daß man seine Gedanken an der Zeit mißt, in der er sie ausgesprochen hat.

II

Am Abend des 13. November 1976 gab Wolf Biermann in Köln ein Konzert, das, wenn nicht als gezielte Provokation gegen die Regierung der DDR, als ungehemmte Entladung einer jahrelang aufgestauten Frustration gesehen werden muß. Kein Sänger mag es, wenn man ihn nicht singen läßt. Biermann durfte singen, aber seit 1965 nur in Privatwohnungen; und an dieser Einschränkung war er selbst nun wahrlich nicht unschuldig. Nicht selten, berichtet etwa Wolfgang Harich, hatte Biermann, wenn ihm etwas in der DDR nicht paßte, sich »voller Ressentiments dazu hinreißen lassen, die übelsten antikommunistischen Klischees [...] derart suggestiv mit Anspielungen auf den DDR-Alltag zu verknüpfen, daß die westliche Hetze gegen unsere Gesellschaft, unseren Staat plötzlich den Anschein einer vermeintlich aus dem Leben geschöpften Authentizität erhielt.«[1]

Biermann jedenfalls rüpelte, und die Regierung entzog ihm die Staatsbürgerschaft. Man mag nun die Maßnahmen der DDR-Regierung gegen Biermann für recht halten oder für unrecht, für geschickt oder für ungeschickt[2], doch daß Biermanns Kölner Performance nicht folgenlos bleiben konnte, wird der nur abstreiten können, der jenes Konzert nie gesehen hat.

Das ganze Konzert dauerte etwas über zwei Stunden, war aber im Grunde nach 15 Minuten schon rum. In denen allein hatte Biermann bereits alle Register gezogen, die ihm zur Verfügung standen. Er trug eine umgearbeitete Version seines Liedes »So soll es sein« vor, worin er, flankiert von allerlei politischen Albernheiten, der kommunistischen Bewegung in der BRD empfahl, den Leninismus über Bord zu werden, und die DDR aufforderte, eine Verfassungsreform durchzuführen. Was unter letztem zu verstehen war, machte er klar, indem er Rosa Luxemburg zitierte: »Ohne allgemeine Wahlen, ungehemmte Presse- und Versammlungsfreiheit, freien Meinungskampf erstirbt das Leben in jeder öffentlichen Institution, wird zum Scheinleben, in der die Bürokratie allein das tätige Element bleibt.«[3]

Lassen wir die endlose Kritik Biermanns am DDR-Alltag – etwa an der geistigen Beschränktheit von Bürokraten, an der spießbürgerlichen Lebensweise gewisser Bewohner Buckows oder an der Tatsache, daß auch in der DDR die Regierungsmitglieder zur eigenen Sicherheit unter bewaffnetem Schutz standen – als durchaus kindisch links liegen, denn sie hätte sich ja kürzer und treffender in der Klage zusammenfassen lassen, daß auch die DDR ein Staat von dieser Welt mit den allergewöhnlichsten Unvollkommenheiten sei; das also beiseite gelassen, finden wir in dem Luxemburg-Satz die zwei Schwerpunkte, auf die Biermanns DDR-Kritik in der Hauptsache hinauswollte: keine freie Presse und kein freies Wahlrecht.

Das war im Kern die Forderung nach Abschaffung der Zensur und der Schaffung einer Medienöffentlichkeit, was Gorbatschow in den 80er Jahren dann Glasnost nennen sollte, sowie die Einführung eines (unter dem Reizwort Demokratie laufenden) Parlamentarismus westdeutscher Bauart. Die Sozialstruktur oder die Produktionsverhältnisse der DDR waren nie Gegenstand Biermannscher Kritik. Er beschäftigte sich durchaus mit Nebenfragen, und mehr: Er löste dieselben aus dem gesamtgesellschaftlichen Zusammenhang und erklärte sie zu Zielen, die um ihrer selbst willen erreicht werden müßten, ohne deren Aktualität der Sozialismus eben kein Sozialismus sei. Wie realistisch waren diese beiden Forderungen in den 60er und 70er Jahren der DDR?

Gar nicht. Das Land, in dem wir heute leben, war bekanntlich zu jener Zeit in zwei Teile gespalten, die sich wenig wohlwollend gegenüberstanden, in einen imperialistischen und einen sozialistischen. Es herrschte Krieg, Kalter Krieg. Das heißt, man schoß nicht mit Waffen aufeinander, sondern zeigte sie sich. Man führte nicht Millionen in den gemeinsamen Tod, sondern suchte deren Denken und Trachten zu beeinflussen. Wer in diesem Kampf um die Köpfe den Sieg davontragen würde, der hatte auch den ganzen Krieg gewonnen. Möglich gemacht hatten diese merkwürdige Art von Krieg die Erfindungen des Hör- und Fernsehfunks. Erst diese erlaubten ja eine breite Einflußnahme auf das Denken der Bevölkerung.

Mittel zur Einflußnahme auf den Geist der Bevölkerung hatte es auch früher schon gegeben, aber einmal waren sie, was Intensität und Reichweite ihrer Wirkung angeht, viel bescheidener, und zum anderen war an den Funkmedien das neu, daß ihre Botschaften über Mauern fliegen konnten. Die Bevölkerung der DDR stand von Beginn ihrer Existenz bis zum Ende unter ständiger Bestrahlung. Wer immer vom Willen des Volkes redet, muß sich darüber klar sein, daß Fälle, in denen ein Volk wirklich der Träger seines eigenen und unbeeinflußten Willens war, in der Weltgeschichte zu den Ausnahmen zählen. Den Einfluß, den die westdeutschen Funkmedien auf das Denken der ostdeutschen Bevölkerung ausübten, sollte ernst nehmen, wer je den Einfluß, den dieselben Medien noch heute haben, gewahr geworden ist. Hieraus erhellt die simple, aber mächtige Wahrheit, daß die DDR dauernd unter ideologischer Spannung stand, da es immer einen Teil der Bevölkerung gab, der die Informationen der Westmedien zu glauben geneigt war. Ganz folgerichtig wurden also seitens der DDR-Regierung Maßnahmen gegen die dauernde Ausstrahlung feindlicher Propaganda getroffen, deren Quelle man zwar kannte, die man jedoch nicht trockenlegen konnte.

Es ist aber nicht nur der Einfluß der westlichen Medien, in

denen Biermann übrigens seit Mitte der 60er Jahre zu Hause war, in Rechnung zu ziehen. Auch der Umgang mit den eigenen Medien und mit der eigenen Öffentlichkeit hatte beträchtliche Tücken. Die Funkmedien waren erfunden, doch es brauchte eine Zeit, bis die diesem Feld angemessenen Methoden gefunden waren. Der Imperialismus war dabei methodisch versierter. Während man auf seiten des Sozialismus fortfuhr, mit den herkömmlichen Mitteln – Überzeugen der Menschen durch Wahrheiten und Halbwahrheiten – zu operieren, machte man sich auf seiten des Imperialismus daran, den Menschen gleich das Denken abzugewöhnen. »Es ist gewiß schlau«, schreibt Peter Hacks, »die Leute mit großem Aufwand zu beschwindeln. Aber die hohe Schule der Schlauheit ist, wenn man ihnen den Einfall aus dem Kopf schlägt, sich nach der Wahrheit zu erkundigen.«[4] Und folgerichtig fügt er hinzu: »Ein Land, das Medien hat, braucht keine Zensur.«

Für die BRD paßt Hacksens Satz aufs Haar; sie wurde durch die Zerstörung der Vernunft, die die Bevölkerung in einen leicht regierbaren Zustand versetzt, gestärkt. Aber für die DDR?

Den Grund[5] dieser Differenz hat Hacks selbst – und er ist ja nicht der erste, der das erkannt hat – oft genug benannt: Der Sozialismus unterscheidet sich vom Imperialismus dadurch, daß er *gemacht* werden muß. Während der Imperialismus sich naturläufig aus der Konkurrenz der Konzerne ergibt, fällt dieses Moment im Sozialismus weg, und an seine Stelle tritt die Planung und Leitung einer als Einheit begriffenen Volkswirtschaft. Bereits sein Anfang ist danach, denn die Entstehung der sozialistischen Gesellschaft war das Resultat einer bewußten Willensentscheidung. Es hatte sich nicht eine Entwicklung der Produktionsverhältnisse ergeben, die die Schaffung bestimmter politischer Einrichtungen nötig macht, um der vorausgegangenen Entwicklung Herr zu werden, sondern umgekehrt: Man schuf politischen Einrichtungen, um neue Produktionsverhältnisse ins Leben zu rufen. Planung setzt nun einmal sowohl einen Gestaltungswillen als auch ein gebildetes Bewußtsein voraus. Greift dann aber die Zerstörung der Vernunft um sich, so werden diese immer mehr getilgt – das muß früher oder später zum Ende des Sozialismus führen.

Solange die DDR es mit der Vernunft hielt, konnte sie nicht zugrundegehen[6], und sie war demnach gut beraten, Biermanns Ratschlag, die Pressefreiheit einzuführen, nicht zu beherzigen.

Die Tatsache, daß der Sozialismus gemacht werden muß, mag in mancher Hinsicht seine Schwäche sein, sie ist aber auch seine Stärke. Die Mehrzahl der Probleme, die an dieser Gesellschaft hängen, können, sofern sie erkannt sind, auch *in ihr* gelöst werden. Die Politik besitzt einen viel größeren Spielraum zur Entfaltung ihrer Möglichkeiten. Die Gesellschaft ist ständig im Fluß, ihre Gegenwart ist die Zukunft, ihre Aktualität ist das Potentiale. Das liegt, so simpel es klingt, daran, daß eine Regierung im Sozialismus auch tatsächlich die Regierung ist. In ihm herrscht keine Klasse, kein Stand oder sonst eine partikuläre Größe. Die Tatsache, daß keine soziale Gruppe allein die Macht hat, ermöglicht der Regierung jenen großen Spielraum. Und sie birgt in der Tat die Tücke, daß das Schicksal der ganzen Gesellschaft davon abhängt, ob die Regierung in der Lage ist, diesen Spielraum zu nutzen.

Dabei war das, was konkret zu tun war, zu verschiedenen Zeiten durchaus unterschiedlich. In den wirklich harten Jahren ihres Beginns führte die DDR einen wirtschaftlichen und politischen Überlebenskampf. Das geistige und politische Klima war dann auch dementsprechend. Zu Beginn der 60er Jahre aber war die extensive Wachstumsphase der Volkswirtschaft abgeschlossen und durch die Schließung der Grenze die Voraussetzung für eine ruhige und gezielte Weiterentwicklung geschaffen. Für Walter Ulbricht bestand kein Zweifel, daß der Sozialismus im Kampf der Systeme sich nur würde behaupten können, wenn er sich wirtschaftlich als überlebensfähig erweist.

Diese allgemeine Überzeugung mußte sich zu Beginn der 60er in dem Vorhaben konkretisieren, die unmittelbar bevorstehende wissenschaftlich-technische Revolution zu bewältigen. Zu diesem Zweck konzipierte man das Neue Ökonomische System (NÖS), das diesen Anforderungen gewachsen sein sollte. Einer der Charakterzüge der neuen Politik bestand darin, die Methode der Planung dahingehend zu verfeinern, daß den einzelnen Betrieben, im Rahmen allgemeiner Planvorgaben, größere Handlungsspielräume eingeräumt wurden. Die Energie und der Erfindungsgeist der Produzenten sollte freigesetzt werden. In den Betrieben wurde eine selbständige Rechnungsführung installiert, so daß es nunmehr auch im Interesse der Betriebsleiter lag, effektiv zu wirtschaften. Zugleich wurde die Produktion mit eigens eingerichteten wissenschaftlich-technischen Forschungszentren sowie den Universitäten verknüpft.

Diese Wirtschaftsreform hatte soziale und somit auch politische Folgen für die gesamte Gesellschaft.[7] Neben der nicht zu unterschätzenden Auswirkung, die der wachsende Wohlstand auf die politischen Verhältnisse der DDR hatte, bildete sich durch das NÖS die Sozialstruktur des Landes um. Das Klassenverhältnis[8] blieb zwar unbeeinträchtigt, doch entfaltete sich durch das NÖS ein soziales Phänomen, das zuvor eine eher geringe Rolle gespielt hatte. Die Rede ist von der Wirtschaftsintelligenz, die sich als ein Stand der »Forscher, Planer, Leiter« beschreiben läßt.[9]

Für die Entwicklung und den Ablauf der Wirtschaft war es von ungeheurer Wichtigkeit, die administrative Regentschaft der Parteikader, deren einzige Qualifikation häufig genug in dem Besitz eines Parteibuches bestanden hatte, durch Fachleute zu ersetzen. Diese Fachleute brachten nun zwar den wirtschaftlichen Erfolg, gleichwohl wurde der Freiraum, den sie bekamen, nicht durchweg zum Besseren des Landes genutzt. Die DDR mußte ein politisches Gegengewicht setzen. Die Politik Ulbrichts war eine Politik des geschickten Gleichgewichts, und bereits geringe Abweichungen vom Kurs konnten zum Fall in eine schlechte Einseitigkeit führen. Der Parteiapparat mußte bestehen bleiben und hatte – ohne daß er sich dessen bewußt war – dafür Sorge zu tragen, das Gleichgewicht im Staate zu erhalten. Der Einfluß der Partei wurde also in anderen Bereichen der Gesellschaft gestärkt.

Die Freiheit in den Naturwissenschaften und technischen Einrichtungen wurde begleitet von einer ideologischen Offensive gegen unliebsame Erscheinungen in den Gesellschaftswissenschaften, den Künsten und überhaupt dem kulturellen Alltag. Markiert wird dieser Weg vom 11. ZK-Plenum, das eine neue Phase in der Kulturpolitik einleitete; man führte einen verstärkten Kampf gegen den Revisionismus bzw. das, was man dafür hielt.[10] Es ist später oft behauptet worden, Ulbricht habe verabsäumt, seine Wirtschaftsreform mit politischen Reformen zu kombinieren. Auch diese Ansicht kann nur teilen, wem das Fortbestehen der DDR gleichgültig ist. Richtig ist, daß diese Verschärfung der Kulturpolitik und Propaganda zur Konzeption des NÖS in einem Widerspruch steht, aber eben das war ja ihre Aufgabe. Sie war die andere Seite einer ganzheitlichen Konzeption von Politik in einem sozialistischen Staat.

Die Forderung nach Demokratie ist natürlich nicht unbillig. Es muß nur, wie bei jeder politischen Forderung, ihre Beziehung zur konkreten historischen Situation, in der sie verwirklicht werden soll, untersucht werden.

Von allen besonderen Bedingungen aber abgesehen, können von der Entfaltung demokratischer Elemente im Sozialismus zwei Sorten von Fragen unter keinen Umständen betroffen sein: Fragen, deren richtige Beantwortung fachliches Wissen erfordert – denn was die Wissenschaft zu forschen hat, welche Wirtschaftsektoren verstärkt gefördert oder was produziert werden muß, das haben solche Leute zu entscheiden, die etwas davon verstehen; und Fragen, die den Charakter der Gesellschaft selber betreffen, denn es besteht, wie gesagt, im Sozialismus unterhalb der politischen Sphäre kein festes sozialökonomisches Machtgefüge, d. h. eine herrschende Klasse, die gegebenenfalls bestimmte Entwicklungen blockieren könnte.

Daß man den Sozialismus *abwählen* kann, würde man im Westen gern gehört haben, und deswegen hat man Biermann ja auch so gern gehört.

Die Nichtbeachtung all jener hier aufgezählten Umstände und die Einführung der von Biermann vorgeschlagenen Veränderungen war für den Staat nur bei Strafe eigenen Untergangs möglich. Aber der Sänger hatte seinem Land geraten, allen damit verbundenen Gefahren zuwider eine Verfassungsform einzurichten, die der der BRD gleicht.

Es war dies nichts als die Forderung, die Zukunft des Landes gewissermaßen dem Zufall zu überlassen, wobei – wie erwähnt – die Göttin Tyche dem Sozialismus stets schlechter die Karten mischt als dem Imperialismus. Man hätte also Biermanns Forderungen nur dann als ungefährlich bezeichnen können, wenn man den Untergang der DDR für keine Gefahr hielt, und es liegt eine gewisse Ironie in dem Umstand, daß man Biermann, der 1976 den Vorwurf, er gefährde die DDR, entrüstet von sich gewiesen hat, diesen Vorwurf heute, da er eben dieses ja eingestehen müßte, nicht mehr machen kann, denn heute hält Wolf Biermann den Untergang der DDR keinesfalls für ein Unglück.

All das erklärt bei aller Unerfreulichkeit aber noch nicht, *warum* Biermann ausgebürgert wurde. Es gab eine Zeit, in der man Biermann recht ruhig ertragen konnte. Er muckte auf, man belegte ihn mit Auftrittverbot, und der Sänger sang fortan nur noch im privaten Kreis. Nicht, daß man sich in Parteikreisen nie über ihn geärgert hätte, aber das war nicht die Art von Ärger, die einem den Schlaf raubt. Biermann, er mochte singen und plaudern, was er wollte, fehlte in der Bevölkerung die Resonanz. »In der Zeit«, berichtet er 1976, »wo die Ideen, die meine Genossen und ich in der DDR vertreten, in der Bevölkerung noch schwach waren, war es möglich, uns einfach am Rande der Gesellschaft dahinleben zu lassen.«[11] Wie kam es, daß sich das änderte?

Die Wurzeln des Konflikts, der sich 1976 entlud, liegen in den 60er Jahren. Hierin begann der Biermann, den wir kennen, das Denken. Er geriet 1963 – ausgerechnet im Jahr des VI. Parteitags und wohlgemerkt nachdem sein Antrag auf Mitgliedschaft der SED abgelehnt worden war – in den Kreis Robert Havemanns. Von dem erhielt er die Begriffe und Redensarten, die er benötigte, um auszudrücken, was er zuvor nur gefühlt hatte. Havemann trat seit 1964 als Dissident auf. Er interpretierte das NÖS als den ersten Schritt einer umfassenden gesellschaftlichen Reform, deren letzte Konsequenz die Abschaffung all jener Zwänge und Maßnahmen sein sollte, die die DDR vor dem Ab- bzw. Aussterben bewahrten.

Natürlich drückte Havemann das anders aus. Das Ganze lief – wie könnte es anders sein? – unter dem Schlagwort *Demokratisierung*. Was folgte war eine Oper mit dem Titel »Der König und sein Chemiker«. Havemann unterließ nicht, die Regierenden in Dingen zu beraten, von denen er nichts verstand. Und die Regierenden unterließen nicht, ihre Politik fortzusetzen, von der sie einiges mehr verstanden. Havemanns Verhalten nahm weniger haltbare Züge an, als er merkte, daß Ulbricht nicht daran dachte, die Anweisungen seines Chemikers zu befolgen. Die Regierung reagierte, wie es zu erwarten stand, und Havemann wurde Privatier. War er zuvor weitgehend wirkungslos geblieben, so war er nun praktisch ungehört. Er scharte in den folgenden Jahren einen überschaubaren Kreis von Leuten um sich, die wie er dachten oder vielmehr empfanden und fühlten, und hätte es nicht das Westfernsehen gegeben, er wäre wohl vollends vergessen worden. Havemanns Partei blieb eine gesellschaftliche Randerscheinung, bis das Ereignis eintrat, das als der größte Einschnitt der DDR-Geschichte zu gelten hat: die Machtübernahme Erich Honeckers.

In der festen Überzeugung, daß das, was das Land nötig hat, gerade seine Regentschaft sei, hatte Honecker mit Hilfe Moskaus an Ulbrichts Thron gesägt. Als der Sturz vollzogen war, drückte er der Politik seinen Stempel auf. Unter dem Leitgedanken der »Einheit von Wirtschafts- und Sozialpolitik« beschenkten er und seine Truppe das Volk mit nicht finanzierbaren (und oft genug hypertrophen) Sozialleistungen. Hierzu nahm man größere Kredite auf und häufte so ziemlich schnell und ohne Hemmung eine beträchtliche Auslandsverschuldung an, wovon die Öffentlichkeit natürlich zunächst nichts erfuhr. Zudem senkte man sukzessive die Akkumulationsrate, was sich nicht nur auf die Produktion von Produktionsmitteln sondern auch auf die Forschungseinrichtungen negativ auswirkte. Dies alles geschah zugunsten der Konsumtion, die zunächst auch beträchtlich stieg.

Die Auswirkungen dieser Politik waren erst nach ein paar Jahren spürbar. Wer sie sofort erkennen wollte, mußte von den Phänomenen absehen und seinen Verstand benutzen. Das Volk also nahm in den ersten Jahren nichts davon wahr. Auf der Habenseite der Honecker-Mannschaft standen in der öffentlichen Meinung drei dicke Kreuze: die Anerkennungswelle, die Steigerung der Konsumtion und Sozialleistungen sowie eine liberale Kulturpolitik.

Aber die Anerkennungswelle zu Beginn der 70er Jahre war vor allem Ulbrichts Politik in den 60er Jahren zu danken. Auf den Bildschirmen und in der Zeitung sah man neben den ausländischen Staatsmännern jedoch nie den Staatsratsvorsitzenden Ulbricht (bis 1973), sondern Honecker.

Die Steigerung der Konsumtion und Sozialleistungen wiederum führte bald zu Mangelerscheinungen, denn die Ökonomie des Sozialismus lebt von der geschickten Vermittlung zwischen Konsumtion und Akkumulation. Erhöhte man die Konsumtionsrate zu Lasten der Akkumulationsrate über einen kritischen Punkt hinaus, so würde die Produktion nicht in dem Maße steigen, daß auch künftig das Angebot an Produkten für die vorhandene Kaufkraft groß genug ist. Man tat aber eben das und somit sank – als Resultat ihrer Erhöhung – die Konsumtion. Das machte sich an vielen Stellen der Wirtschaft bemerkbar, und der Mangel wurde zur strukturellen Erscheinung. Auf das Bewußtsein der Bevölkerung schlug sich das, als es einmal sichtbar geworden war, entsprechend nieder.

In jeder Bevölkerung jedes Landes zu jeder Zeit gibt es einen Teil, der grundsätzlich mit den gesellschaftlichen Umständen unzufrieden ist, aber dieser Teil steigt beträchtlich, wenn die Qualität der Politik im eigenen Land sinkt. Wer täglich das Nichtfunktionieren der Gesellschaft spürt, ist eher bereit, diese in Frage zu stellen.[12] Die

Enttäuschung darüber schlägt bei vielen um in ein irrationales Wünschen, da die Menschen, wenn sie sehen, daß das Mögliche unmöglich geworden ist, sich gerne einbilden, das Unmögliche müsse darum nun möglich werden.

Das allein kann jedoch nicht ausschlaggebend dafür gewesen sein, daß Bier- und Havemann in der Mitte der 70er Jahre eine so große Resonanz in der Bevölkerung finden konnten. Wirklich heruntergekommen zeigte sich die Wirtschaft erst in den 80er Jahren. Und hier kommt jener dritte Punkt ins Spiel, den man Honecker zugutehielt: die liberale Kulturpolitik.

Sie war – sei sie das ehrliche Denkergebnis eines schlichten saarländischen Gemüts oder absichtsvoll installiert aus rattenfängerischen Gründen – just der Beginn der kulturellen Konvergenz von BRD und DDR. Mithin die passende Software für die Bewußtseinsindustrie der Funkmedien. Die vermittelte Ausgewogenheit, das Denkeinerlei und schließlich die immer geringere Bereitschaft, den Menschen die wirklichen Sachverhalte zu erklären, machte das Denken der Menschen anfällig für Havemannsche Ideen; kurz: Bier- und Havemann wurden mehrheitsfähig, und das war nicht mal ihre Schuld.

Zugleich besorgte die ständig steigende Auslandsverschuldung eine zunehmende Abhängigkeit der DDR vom westlichen Ausland. Neue Kredite und Abkommen wurden westlicherseits oft an politische Bedingungen geknüpft. Immer öfter stand die DDR in dem Zwang, ihre Kreditwürdigkeit zu beweisen. In diesem Zusammenhang darf vielleicht auch der Fall Biermann gesehen werden. Er ist ja auch zu merkwürdig: Ein Sänger, dem die Regierung mehr als ein Jahrzehnt keinen öffentlichen Auftritt im eigenen Land gestattete, erhielt von eben dieser Regierung plötzlich die Erlaubnis, im (feindlichen) Ausland zu singen.

Wahrlich kein Fall von Staatskunst.

III

Biermann also wurde ausgebürgert, und Peter Hacks trat seiner Regierung darin zur Seite. Nun ist allgemein bekannt, daß auch Hacks zu jener Zeit mit der Politik seines Landes keineswegs zufrieden war. Aus Gründen, deren oben zur Genüge Erwähnung getan wurde, hielt er die Politik Honeckers für falsch, in letzter Instanz für vernichtend.

Der Sozialismus von 1976 war mies, ohne Frage, aber die Alternative war der Imperialismus. Dessen mußte man sich bei jeder politischen Handlung bewußt sein; und weil Hacks das war, ging er seinen Weg, so wie Biermann auf den seinen geriet, weil er gerade diese Lektion nicht gelernt hatte. Während Hacks nun in bezug auf seine Regierung äußerst vorsichtig verfuhr – jede kritische Bemerkung konnte ja zu Zwecken mißbraucht werden, die er gerade vermeiden wollte –, fand er in seiner Kritik gegen Biermann deutliche Worte.

Überblickt man die Menge der beifälligen Kommentare, die die Regierung sich von den Künstlern in den Novemberwochen besorgte, so fällt auf, wie rar darin Überlegungen sind, die die Motive Biermanns betreffen. Daß er unrecht habe und sich falsch verhalte, wird oft betont. *Woher* seine Irrtümer kommen und *woraus* sein falsches Verhalten resultiert, wird kaum angesprochen. Sieht man von einigen knappen Bemerkungen Wolfgang Harichs ab, ist Peter Hacks der einzige, der sich dieser Frage 1976 ernsthaft annahm. Und wie bereits erwähnt, wollen wir zusehen, was wir von Hacks in der Sache lernen können und wo wir Anstöße zum Weiterdenken finden.

Daß Peter Hacks 1976 in einem Artikel die Ausbürgerung des Gitarristen Biermann begrüßte, ist allgemein bekannt; vermutlich bekannter als irgendein Drama des Dichters. Weniger bekannt ist, daß bereits 1966 ein kleiner Aufsatz von Hacks erschienen ist, der sich mit Biermann beschäftigt: »Ein Plan«. Darin wird die Idee entwickelt, Wolf Biermann und Günter Grass in eins zu fassen, als zwei Teile einer Person, die bei der Teilung Deutschlands versehentlich mit geteilt wurde. Kleinbürger beide, irren sie nun als Halbmenschen auf ihrer Seite umher und irren in allen Fragen von Belang, womit sie denn ihren Regierungen jeweils gehörig auf die Nerven fallen. Die doppelte Person nennt Hacks »Wolf-Günter«. Wer Lust hat, lese den Aufsatz selbst, es lohnt sich. Wolf-Günter jedenfalls, das ist Hacksens Entdeckung, ist eine Doppelerscheinung: Der westdeutsche Bürgerrechtler ist vom ostdeutschen überhaupt nur durch seinen Wohnort verschieden.

Die in beiden Texten vorgetragenen Sichtweisen sind nicht identisch, doch schließen sie sich auch nicht aus. Den Unterschied macht vor allem die Lage, in der sie entstanden sind. Hacks tritt 1966 dem Phänomen Biermann mit noch größerer Gelassenheit gegenüber. Er spricht mit einer Ruhe, die aus der Überzeugung kommt, daß es wohl nichts gibt, womit der Sozialismus nicht fertig werden könnte. 1976 dann ist er zwar auch nicht eben von großer Aufgeregtheit, spürbar ist aber ein gewachsenes Bewußtsein für die Bedrohung seines Landes. Doch die Hauptgedanken der Texte sind ähnlich. Wir halten also für machbar, die beiden Texte als Teile einer Theorie zu nehmen, wobei zur tieferen Erklärung mitunter auf weitere Texte zugegriffen werden soll. Es ist nicht ein Gedanke, den Hacks 1976 und später zur Erklärung Biermanns zum Ausdruck gebracht hat, der nicht in »Ein Plan« schon enthalten wäre.

Es werden, Nebengedanken beiseite gelassen, drei Blicke auf das Phänomen Biermann geworfen: ein epistemisch-anthropologischer, ein gesellschaftlich-politischer und ein persönlich-ästhetischer. Jeder dieser Blicke erzählt eine Geschichte, und jede dieser Geschichten läßt sich für sich und folgerichtig zu Ende erzählen. Zugetragen aber haben sie sich alle drei.

Doch sehen wir zu.

Die erste Geschichte handelt von einem, der auszog, die Welt zu verstehen, ohne im mindesten hierfür geeignet zu sein. »Ihre *(Wolf-Günters – d. V.)* Denkweise ist sehr volkstümlich.«[13] Hier bereits halten wir inne und erlauben uns einen längeren Gedankengang.

Volkstümlich, das heißt doch zunächst und bei Hacks stets: von niedrigem Bewußtseinsstand. Man sagt auch plebejisch und meint damit: von unten her gesehen, und zwar schräg von unten. Diese Denkweise, für die oben eben immer oben und also jede Regierung, ganz einfach, weil sie die Macht hat, verwerflich ist, ist bestenfalls erstarrter Oppositionsgeist, doch häufig genug die Lust der Linken an der eigenen Machtlosigkeit. »Ich kritisiere«, äußert Biermann eine Woche nach seiner Ausbürgerung »die Verhältnisse in der DDR von einem linken Standpunkt aus. Sie wissen: Man kann sie auch von rechts kritisieren. Diese beiden Haltungen werden von den Leuten, die weder rechts noch links stehen, oft verwechselt.«[14]

Was jene randständigen Denker natürlicherweise schwer begreifen können, ist, daß es für einen, der den Überblick über eine Sachlage gewonnen hat, der also auf einer Position steht, die weder links noch rechts, sondern ganz einfach richtig ist, durchaus eine mindere Bedeutung hat, von welcher Seite her der Irrtum jener Denker, die ihn kritisieren, erfolgt. Der Kritiker mag das als ungerecht beklagen, aber das ändert nichts daran, daß er in der Sache irrt.[15] Er ist ohne Stand in der sozialistischen Gesellschaft. »Uns bleibt, was gut und was klar war: / Daß man bei dir immer durchsah«, sang Biermann an die Adresse Che Guevaras. Ins Deutsche übersetzt, heißt das natürlich, Ches größter Vorzug sei, daß er vor der Regierungsverantwortung davongelaufen ist. Natürlich fehlt im selben Lied nicht der Hinweis auf die Bonzen, die es anders machten als er. Regieren nämlich. Was sind solche Verse als der ins Negative gedrehte Hilferuf eines wohlgesinnten Knaben, der angesichts der Schwierigkeiten und Widersprüche des tagespolitischen Geschäfts in der sozialistischen Gesellschaft überfordert ist?

Doch mag das noch angehen. Warum aber weitete Biermann seinen Unwillen auf die vorrevolutionäre Phase aus? Wieso empfahl er der westdeutschen kommunistischen Bewegung, den Leninismus zu liquidieren und sich nach dem Vorbild der italienischen KP zu richten? Woher die Freude am Eurokommunismus? Es bleibt auch hier die Vermutung, daß letzterer seine Anziehungskraft nicht daher hatte, daß er erfolgversprechender war, sondern ihn machte, so irre das klingt, vor allem sympathisch, daß er nicht an der Macht war.

Hacks hat recht; der Bürgerrechtler ist eine überhistorische Gattung Mensch. Er ist ein ewig nörgelnder Charakter, der, um nicht mit sich zu hadern, dies mit der Welt tut. Gern schießt er sich auf ein bestimmtes Thema ein, das er in Abstraktion, d. h. isoliert von seinen Zusammenhängen, behandelt, und selbst, wenn er wollte, könnte er das Ganze nicht sehen. Dazu ist er nicht geboren. In ihrer Eigenschaft, mit partikulärer Kritik ein Ganzes kritisieren zu wollen, ohne es im mindesten begriffen zu haben, sind sich alle Bürgerrechtler aller Zeiten und aller Orte gleich.[16]

Wir haben gesehen, daß die Forderungen, die Biermann in der DDR stellte, für sich genommen wohlklingend und wünschbar, bei genauerer Betrachtung der Umstände aber, in denen sie hätten verwirklicht werden sollen, ohne solche Konsequenzen, die Biermann selbst, solange er sich als Kommunist verstand, hätte ablehnen müssen, nicht machbar waren. Bei Peter Hacks, seit »Moritz Tassow« ein Fachmann fürs Machbare, hört sich das 1966 so an: »Ihnen *(Wolf-Günter – d. V.)* fehlt jedes Verständnis für politische Wirklichkeit. Sie sehen nicht ein, daß die deutschen Staaten, der sozialistische wie der kapitalistische, genau so sind, wie sie nach Maßgabe der historischen Lage sein müssen.«[17] Und 1976 der nämliche Gedanke, diesmal gegen die Wilde Dreizehn ausgesprochen: »Gewiß ist die Vorstellung, man könne die Vorzüge des Sozialismus mit den paar noch übrigen Vorzügen des Imperialismus verbinden, angenehm. Aber sie ist, zur gegenwärtigen Zeit, eine ungebildete Vorstellung. Es ist der Wunsch nach einem schokoladenen Leninismus, und ein Lenin, der aus Schokolade wäre, würde schnell schmelzen.«

In dieser Sache hat Biermann selbst für eine hübsche Pointe gesorgt. Er wurde 1999 im *Deutschlandfunk* gefragt, ob es etwas an der DDR gegeben habe, das in die BRD zu übernehmen wert gewesen wäre, und zur großen Überraschung gab der Sänger eine kluge Antwort, denn er verneinte das. Die Begründung nahm sich wie folgt aus: »Ich bin nicht der Meinung, daß DDR und Westdeutschland, Bundesrepublik und DDR, daß das sozusagen zwei kompatible Computer sind, die man zusammenstecken könnte und müßte, damit aus beiden guten Elemente das Nochbessere hervorgeht. Das halte ich für eine ganz und gar falsche Weltanschauung von Leuten, die es entweder nicht wissen oder davon leben, daß sie es nicht wissen.«[18]

Da spricht wohl der Fachmann. Ob nun der Biermann von '76 es nicht wußte oder davon lebte, daß er es nicht wußte, der Biermann von heute lebt davon, daß er es weiß. Uns bleibt, auf ein Couplet von Peter Hacks hinzuweisen, das auf den Namen »DDR konkret« hört: »Dies war dir lästig, jenes angenehm? / Bedenke, Tropf: ein Staat ist ein System.«[18a] Hacks '76 und Biermann '99 – wenn es gegen die Staaten geht, denen ihre Zuneigung gehört, sind sie fast so etwas wie Geistesbrüder.

Doch nehmen wir den Faden wieder auf. »Volkstümlich«, sagt Peter Hacks und präzisiert: »Sie vertreten alle Meinungen, die man nur vertreten kann, und von denen die gegenteilige auch.«[19] Der Mangel des volkstümlichen Denkens geht leicht in die Breite, wenn mehrere solcher Denker – und bekanntlich finden sie sich ja immer – auf einem Haufen sind, von denen dann jeder seine kleine Halbwahrheit in den Kreis einbringt. Wenn viele Leute ihre kleinen und falschen Ideen zusammenwerfen, dann entsteht im Grenzfall eine große, die Wirklichkeit umfassend verneinende Idee. Natürlich drängt sich bei dem Gedanken, daß viele Leute ihre kleinen und falschen Ideen zusammenwerfen, wieder das Bild der Funkmedien auf. (Weiß der Teufel, warum die einem beim Thema Biermann so häufig begegnen.)

Peter Hacks schreibt in seinem Essay »Unter den Medien schweigen die Musen« von den »Wahrheiten, Teilwahrheiten und Nichtigkeiten der Medien«[20], und als ihr Prinzip setzt er die Ausgewogenheit als jene »Verabredung, es solle gegen jede Meinung, falsch oder richtig, eine Gegenmeinung gesetzt sein«.[21]

Das passiert, wenn Dummköpfe sich organisieren.

Und es bleibt hierbei nicht aus, daß auch in einem einzelnen Kopf sich von der Pluralität jener tausend Albernheiten etwas absetzt. Isoliert denkt ein solcher Kopf unsystematisch, organisiert denkt er antisystematisch. Sein Kopf ist jetzt keine Wüste mehr, sondern ein unkrautwuchernder Garten namens Sudelgard. Mit einem Wort, er gewöhnt sich daran, daß nicht stimmt, was er sagt.

Eine schöne Beobachtung, sicher. Aber trifft sie Biermann? Um nicht zu weit zu greifen, sollen lediglich ein paar Beispiele aus dem Umfeld des Kölner Konzerts Veranschaulichung bringen.

– Die Tatsache, daß Biermann die Ideologie der BRD als demagogisch durchschaute (»Freiheit von Freiheitsdemagogie«), hat ihn nie daran gehindert, nach jeder einzelnen dieser formellen Freiheiten zu rufen.

– Zu dem wenigen Vernünftigen, das Biermann in Köln gesagt und gesungen hat, gehört eine Äußerung über die zersplitterte West-Linke: »Denn ist es nicht so, daß alle diese verschiedenen Gruppen einen Teilaspekt des großen gesellschaftlichen Prozesses zum Zentrum ihres Denkens gemacht haben? Es ist doch an fast allen diesen Gruppen etwas Kostbares dran. Und was falsch ist, ist doch nur, daß sie ihre Erkenntnis, ihre Seite der Sache zur Hauptachse der ganzen Weltrevolution machen wollen.« Hatte nicht aber gerade Biermann immer wieder seine Seite der Sache zur Hauptachse der ganzen Weltrevolution gemacht, wenn er etwa darauf bestand, ein Sozialismus ohne die Verwirklichung Biermannscher Forderungen sei gar kein Sozialismus?

– Zu Beginn des Konzerts sang Biermann in ein und demselben Lied: »Die BRD braucht eine KP / Wie ich sie wachsen und reifen seh / unter Italiens Sonnenschein« und: »Dem Bourgeois auf die Finger schaun? / Das genügt nicht! Auf die Pfoten haun / wolln wir das fette Bürgerschwein.« Man fragt sich, wie er das machen wollte mit einer Partei, die just dabei war, den Leninismus abzuwickeln, um den gleichen Erfolg auf parlamentarischem Wege zu erreichen?

– In seinem großen *Spiegel*-Interview eine Woche nach der Ausbürgerung verkündet Biermann, daß es einen Unterschied mache, ob man die DDR von der BRD aus kritisiere oder als in ihr lebender Bürger, und darum »wird den sogenannten Fachleuten sicher aufgefallen sein, daß meine hiesigen politischen Äußerungen zum DDR-Sozialismus sich von dem unterscheiden, was ich bisher in Interviews und Veröffentlichungen gesagt habe«.[22] Abgesehen davon, daß das nicht stimmte, gleich in der nächsten Antwort wird Biermann seinem Vorsatz untreu. Vielleicht nicht ganz so zurückhaltend, wie man nach vorausgegangener Behauptung erwartet hätte, bekundet Biermann: »Ich lobe nicht die reaktionären, stalinistischen Bonzen, die um ihre Macht zittern« etc. Und nicht viel Zeit später fand Biermann in einem an Havemann adressierten Brief, der dennoch, wohl versehentlich, bei der *Zeit* landete, folgende Worte: »Laß Dich bloß nicht ins Krankenhaus verfrachten! Wenn Du erst mal in Buch liegst, legen sie Dich um. […] Unsere kleinen Fürsten, sie werden uns alle noch töten, es wird sie nicht retten, aber trotzdem und eben darum werden sie es tun.«

Man mag sich wohl ausmalen, was Biermann, wenn er schon zu vorbereiteten Anlässen so sprach und schrieb, erst geredet haben muß, wenn es abends lustig wurde. Und nicht wird man sich ausmalen wollen, wie oft Hacks solchen Reden hat lauschen müssen. Sein Diktum finden wir anhand der Beispiele aber hinreichend bestätigt. Wäre Biermann Philosoph, könnte man ihm inkohärentes Denken vorwerfen. Aber Biermann war nie ein Philosoph. Was er äußerte, hätte jeder äußern können, sofern er nur immer redet, was ihm als erstes durch den Kopf geht.

Man mag einwenden, daß nur große Dummköpfe von derart platten und widersinnigen Parolen gefangen werden können. Aber eben das wohl war, was man ihm verübelte. Er scharte ein ganzes Volk von Halbrevolutionären, Halbdenkern und Halbdichtern um sich, die sich bei ihm wohlfühlten und für ihre leeren Gedanken die passenden Worthülsen erhielten.

Was vorher in Isolation vor sich hinschimmelte, warf sich nun zusammen und fühlte den Unsinn gemeinsam.

Der Held der zweiten Geschichte ist ein »deutscher Kleinbürger«. So steht es in »Ein Plan«. Das Kleinbürgertum ist bekanntlich den Stand, der die Intellektuellen stellt[23]. »So wie – günstigenfalls –«, fährt Hacks fort, »die obere Klasse zu leben versteht und – günstigenfalls – die untere zu handeln, versteht sich die Mittelklasse – eben weil ihr diese beiden Fähigkeiten verschlossen sind, und, wohlgemerkt, günstigenfalls – aufs Denken.«[24]

Unter den Intellektuellen gibt es solche, die das Bewußtsein ihres Standes am deutlichsten verkörpern, aber eben darum nicht seine Krone sind. Denn jedes Bewußtsein, das nichts anerkennt als die Lage, in der sein Träger sich befindet, wird unweigerlich borniert. Dagegen wird alles Denken, das groß sein will, über die Lage, in der es hervorgebracht wird, hinausgehen müssen. Ein Klassiker, sagt Hacks, ist »einer, der die Bewegungsgesetze der Welt so gründlich begriffen hat, daß er alle Fahrwege des Fortschritts zu erkennen und auf den Schultern seiner Vorgänger und selbst seiner Gegner zu stehen vermag«.[25] Eine jede Klasse hat, bezogen auf das gesellschaftliche Ganze, einen partikulären Charakter, und so wird denn auch ein Bewußtsein, das sich auf seine eigene Lage beschränkt, stets partikularistisches Bewußtsein bleiben. Das gilt für alle Klassen in allen Gesellschaftsformen, doch soll uns hier nur der Fall der Intellektuellen im Sozialismus interessieren.

Sie befinden sich in einer besonderen Lage, die sich von der anderer sozialistischer Klassen unterscheidet; von der Arbeiterklasse wie von der der privaten und kollektiven Produzenten. Im Gegensatz zu letzteren hatten sie nie zu fürchten, enteignet zu werden. Ihr Produktionsmittel ist ihr Kopf und kann also auch nicht vergesellschaftet werden. Das und die Tatsache, daß sie – bei aller gebotenen Vorsicht vor Klischees –, aufgrund ihrer Begabung und Tätigkeit denn doch etwas klüger sind als die meisten der Bauern und Handwerker, besorgte, daß sie, anders als jene, in großen Scharen dem Sozialismus zuliefen.

Aber ihre Lage unterschied sich auch von der der Arbeiterklasse. Industriearbeiter, Lehrer, Polizisten, Krankenschwestern usw. spürten die Vorteile der neuen Gesellschaft täglich und wesentlich stärker, während für die Künstler und Intellektuellen die neuen Errungenschaften, selbst beim besten Willen, nur eine abstrakte Nachricht blieben. Die Intelligenz wußte die neue Gesellschaftsform zwar ihrer edlen Ansätze wegen zu würdigen, doch das Leben eines Intellektuellen im Sozialismus ist, verglichen mit dem eines solchen im Imperialismus, so unterschiedlich nicht.

Dieser Gedanke war auch Hacks nicht fremd. Sein Gedicht »Kartoffelfrauen« hebt wie folgt an: »Der Dichter hat sich früh erhoben / Er will in einer kleinen Schrift / Das Glück des Sozialismus loben, / Das viele, doch kaum ihn, betrifft.«[25a] Die Intellektuellen waren also dem Sozialismus eher als die Handwerker und die Bauern zugeneigt, konnten aber schwerer als die Arbeiter und die Wirtschaftsintelligenz mit ihm umgehen. Es soll nicht gesagt sein, daß jeder Intellektuelle für den Sozialismus von vornherein ein verlorener Fall war, aber ein jeder von ihnen mußte sich seine Parteinahme für den Sozialismus anhaltend erarbeiten, gerade weil sie sich nicht natürlich erhielt. Es ist also kein Irrtum der Natur, wenn sich in der DDR unter Künstlern viel eher solche Auffassungen fanden wie diejenige, daß ein Sozialismus ohne Demokratie und Medienöffentlichkeit kein echter Sozialismus sei. Was, dachten sie, ist er denn sonst wert? Und dachten das, weil sie seine sonstigen Vorzüge nur dem Namen nach kannten. Es ist also völlig verfehlt, wenn verschiedene Kritiker aus der SED Wolf Biermann vorwarfen, er fände nicht den richtigen »Klassenstandpunkt«.

Seinen Klassenstandpunkt hatte Biermann, wie nun hoffentlich klar ist, ganz genau gefunden.

Zu jenem Nichtverstehen der neuen Vorzüge, resultierend aus Nichtteilhabe an denselben, kann die Angst kommen, einmal erhaltene Vorrechte zu verlieren. Hegel entdeckte in seinem Jahrhundert das nämliche Phänomen: »Durch die Stellung, die dem Mittelstande überhaupt zukommt, die Intelligenz eines Volkes auszumachen und dessen Rechte wie dessen Pflichten unmittelbar zu handhaben, vermag er, wenn er vielmehr eigene Privilegien gegen dasselbe verteidigt, dieses in die Täuschung zu ziehen, daß es sich auf die Seite seines Feindes stellt.«[26]

Hacks kannte die Stelle spätestens 1989, wie aus seinem »Buch Ascher«[26a] hervorgeht. Und in seiner Schrift »Der internationale Opportunismus in deutschen Reimen«[26b] handelt er vom selben Phänomen anhand des Zusammenbruchs der II. Internationale. Auch dort geht es um Intellektuelle, die, beeinflußt von ihrem exklusiven Interesse, das Volk auf Wege führen, die nur gut für sie selber sind. Sie hießen bekanntlich Kautsky, Hilferding, Bernstein und rieten der Arbeiterbewegung, von der Durchsetzung der Revolution mittels Kampf Abstand zu nehmen und vielmehr sich darin zu bescheiden, innerhalb des Imperialismus Vorteile zu erringen, und zwar auf parlamentarischem Wege. In den 70er Jahren nannte man das ganze dann Eurokommunismus.

Und Hacks wiederum nannte Biermann den »Eduard Bernstein des Tingeltangel«.

Doch zurück zum Sozialismus.

In seinen Romantikstudien, deren Beginn übrigens in das nämliche Jahr 1976 datiert, hat Peter Hacks sich mit der Frage befaßt, wie beschaffen der Geist einer Klasse ist, die ihre Vorrechte von seiten der Regierung bedroht sieht. Es entsteht, sagt Hacks, die Romantik aus ständischem Dünkel, aus dem Geist der Partikularität. Die Stände wollen sich nicht der Gesittung unterwerfen und verneinen darum, wenn er denn die Gesittung durchzusetzen im Sinn hat, den Staat. Die Angst vor der Gleichheit fassen die Stände unter dem Kampfbegriff der Freiheit zusammen. Von Freiheit reden sie; was sie meinen, das sind freilich ihre Vorrechte. »Freiheit und Feudalismus« lautet das ständische Feldgeschrei. Die ständisch gestimmten Weltverbesserer bilden gemeinsam eine Fronde. Eine Fronde entsteht, wo es eine politische Mitte gibt. Sie ist ein Bündnis verschiedener Abweichungen, die sich einzig darin einig sind, daß das Bestehende bekämpft werden muß. Partikularistisches Bewußtsein ist, ungeachtet seiner weiten Verbreitung, eine Form von Barbarei. Es ist ausgeschlossen, daß eine solche Stimmung produktiv sein kann. Die Fronde, da sie nur verneinen kann, ist zu nichts imstande als zur Zerstörung des Gemeinwesens, in dem und von dem sie lebt. »Ein von der Romantik befallenes Land sollte die Möglichkeit seines Unterganges in Betracht ziehen.«[27]

Wenn der Geist der Partikularität sich zusammenrottet, ergibt sich das gleiche Schauspiel wie das der sich organisierenden Dummköpfe, denn beides bezeichnet ja denselben Vorgang. »Alle Abweichungen«, sagt Hacks, »sind grundsätzlich dümmer als die Regel. Die Herstellung eines gemeinsamen Bodens zwischen befeindeten Abweichungen senkt die Denkebene jeder einzelnen Abweichung und vervielfacht die Dummheit.«[28]

Erinnert man sich des Kreises, dessen Luft Biermann in den 60er und 70er Jahren atmete, so fällt es schwer, darin den frondistischen Zug zu übersehen. Anschaulich, um im Jahr 1976 zu bleiben, wird das etwa durch die hübsche Arbeitsteilung des Kommunisten Wolf Biermann mit dem Antikommunisten Reiner Kunze. Anschaulich ebenfalls der Kreis der dreizehn Protestler. Auch die ließen sich nicht einer politischen Richtung zuordnen, dennoch machten sie gemeinsame Sache. Und Biermann, wenn er hier zwar nicht Subjekt der Fronde war, zu ihrem Objekt hat er getaugt. Schließlich – denn wir leben im Zeitalter der Funkmedien – die westdeutschen Künstler und Medienmenschen, deren feindliche Absichten Biermann nie ein Hindernis der Zusammenarbeit waren, haben ebenfalls Ihres zur geistigen Bildung der Fronde beigetragen. In dem Durcheinander und Miteinander all dieser verschiedenen Gestalten bildete sich ein geistiger Überbau, dessen innere Beschaffenheit von Peter Hacks treffend mit dem Wort *Stimmung* bezeichnet wurde. Es ist keine Theorie, es ist kein Methode, es nicht einmal eine Haltung. Es ist nichts als das undefinierte Unbehagen an der gegenwärtigen gesellschaftlichen Lage. »Das Durchführbare an einer Politik ist für die Verhinderer von der Fronde das Verwerfliche. Ihr Mißverhältnis zum gesellschaftlichen Gesamt verbietet der Fronde jede Objektivität und jeden Realismus außer einem Realismus der Intrige und der Tücke.«[29]

Die Fronde im Sozialismus war eine Negativkoalition aus ultralinken und konservativen Kräften: aus Fortschrittlern, die nach der Diktatur des Proletariats schrieen; und aus Sozialdemokraten, die vorschlugen, den Sozialismus und den Weg dahin lieber mit bürgerlichen Mitteln zu erreichen. Biermann schaffte es, beide Richtungen und alle dazugehörigen, schon für sich selbst genommen unstimmigen Ideen in seinem Kopf zusammenzubringen.

Es mag eine Zeit gegeben haben, in der er wirklich einen ganz linken Standpunkt hatte. Aber der Umgang mit Fronden führt unweigerlich zum Herabsinken des minimalen Geistes zum maximalen Pluralismus.

Die dritte Geschichte handelt von einem, der Kunst machen wollte, ohne hierfür recht eigentlich geeignet zu sein. Sie könnte auch »Talent und Charakter« heißen.

In »Ein Plan« findet sich ein kurzer Satz, der, gemessen an seiner Bedeutung, durchaus unscheinbar daherkommt: »Beide *(Wolf-Günter – d. V.)* haben ein hübsches Talent und ein enormes Geltungsbedürfnis.«[30] Wer hierbei die spätere Entwicklung nicht im Auge hat, wird diesen Satz für eine bloße Aufzählung zweier Sachverhalte halten. Daß aber gerade diese beiden Sachverhalte bei Biermann in einem engeren Zusammenhang stehen, wird im folgenden klar werden. Zunächst aber wollen wir den uninteressanten Teil des Themas so schnell wie möglich abhaken.

Jeder weiß, wenn er auch sonst nichts weiß, daß Biermanns Geltungsbedürfnis sein Können bei weitem übersteigt. Diese Erkenntnis ist ganz dürftig und ganz wahr. Wolf Biermann ist ein Schwätzer, der keinen Satz sagen kann, ohne darin nicht wenigstens einen berühmten Namen fallen zu lassen. Sofern die so bezeichnete Person nicht schon lange vor Biermann gestorben ist und in der öffentlichen Meinung wohlgelitten, hat sie gute Aussichten mit dem Epitheton »mein Freund« versehen zu werden. Wolf Biermann erzählt von Bekanntschaften, die er nie gemacht hat, und von Erlebnissen, die er nie hatte. Die Vorstellung, er könne eine Anfrage für ein Interview ausschlagen, widerspricht allen Eindrücken, die man von ihm hat. Biermanns schlimmster Albtraum ist nicht die Wiederauferstehung von Peter Hacks oder der absolute Wahlsieg der PDS. Biermanns schlimmster Albtraum ist, morgens aufzuwachen und festzustellen, daß er heute keinen Fernsehauftritt hat.

Zurück zum Satz. Ein hübsches Talent und ein enormes Geltungsbedürfnis. Der Witz liegt im Mißverhältnis der beiden Dinge. Ein hübsches Talent für sich genommen ist hübsch. Ein enormes Geltungsbedürfnis paßt, wenn es überhaupt paßt, nur zu einem enormen Talent. Biermanns Talent war aber nicht enorm.

Von Anbeginn waren seine Lieder ungeschickt. Es haftete ihnen die Tapsigkeit des Erstversuchs an, die sie nie loswurden. Er muß sehr schnell gedichtet haben und immer, was ihm als erstes durch den Kopf ging. Worüber er was zu sagen hatte, das waren Liebe und Leid im Alltag des Sozialismus und die Gemeinheiten der Klassengesellschaft. Darin war er gut. Und gäbe es nicht jene immer wiederkehrenden peinlichen Stellen, bei denen man sich wünscht, er hätte nur fünf Minuten mehr an Zeit darauf verwandt, einen gelungenen Ausdruck zu finden, so könnte man seine Buckower Lieder immer und immer wieder hören.

Man kann sich natürlich fragen, ob er diese Ungeschicklichkeiten überhaupt bemerkte, ob es also in seiner Macht lag, es besser zu machen. Aber sei es, wie es sei. Der junge Biermann war ein Volkssänger, oder doch einer, der mit Gewinn so tat, als ob.

Aber er wollte mehr und – bekam es nicht. Im Weg stand ihm hierbei nicht seine sprachliche Begabung. Die ist unbestritten. Im Weg standen ihm sein schlichtes Gemüt und sein schmaler Geist.

Konnte Biermann bei dem bleiben, was er machte? Werner Mittenzwei schreibt: »Seine ästhetische Position erklärt sich daraus, daß er sich innerhalb der Literaturverhältnisse der DDR von keiner Tradition richtig abstoßen konnte [...]. So kam es bei ihm zu einem eruptiven poetischen Ausbruch, der rasch wieder verebbte. Seiner Begabung waren keine Entwicklung, keine Entfaltung, keine Neuansätze beschieden. Ein tragisches Talent! Eigentlich gab es für ihn nur einen Auftritt.«[31]

So richtig die Beobachtung für sich ist, Mittenzwei übersieht das Entscheidende. Alle Volkssänger bleiben bei ihren Leisten. Ohne Entwicklung, ohne Neuansätze, ohne Entfaltung bedichten sie die tausend Seiten des Alltags. Sie tun, was sie können, und das tun sie, bis Schluß ist. Auch Biermann machte eine Weile, was er konnte. Was ihn trieb, darüber hinauszugehen, war aber nicht sein geistiger Anspruch, sondern seine Eitelkeit.

Biermanns Talent wäre nur dann ein tragisches gewesen, wenn er geistig mehr hätte fassen können, als er handwerklich zu leisten vermochte. Biermanns eigentliche Begrenzung lag aber eben darin, im Geistigen.

Sein Wunsch aufzusteigen rührte nicht daher, daß er die höhere Kunst zu schätzen wußte und darum anstrebte, sondern aus deren höherer gesellschaftlicher Reputation. Er wollte kein Volkssänger bleiben, er wollte ein Lyriker wie Brecht und Heine werden, und er versuchte sich in den großen Gattungen, namentlich in der Dramatik.

Von »Gehalt dem Verstande« und »Technik dem Geschmack« als den »beiden Enden der Dichtkunst« spricht Goethe in seinem Aufsatz »Epoche der forcierten Talente«.[32] Ein Dichter, heißt das, muß nicht nur dichten können, er muß auch etwas zu sagen zu haben.

Wolf Biermann hat sich nie zu einem zusammenhängenden Weltbild durchringen können. Die diesem Niveau angemessene Gattung ist die Lyrik, deren Eigenheit ja das Subjektive ist. Natürlich – Biermanns mißglückter Versuch, Heine zu adaptieren, zeugt davon – gilt auch in der Lyrik, daß der klügere Dichter der bessere ist. Aber selbst eine ungebildete Haltung ist immerhin doch eine und vermag hin und wieder ein Gedicht ganz auszufüllen. Eine größere Gattung zu füllen, bedarf es jedoch mehrerer Haltungen als nur einer. Das gilt ganz besonders für das Drama, denn gerade darüber stellt es sich ja her. Es ist gefordert, die Handlungen aller Personen aus dem Charakter derselben, aus ihrer jeweiligen Haltung heraus entstehen zu lassen. Hierzu bedarf es einer Kunstfertigkeit und eines Bewußtseinsstandes, die Biermann beide nicht hatte.

In »Neues von Biermann« nimmt Hacks sich des Problems erneut an. Sicher, sagt er, die Dichter haben ein Recht auf Unbildung, aber: »Dichter, die das Recht auf Unbildung beanspruchen, sind verpflichtet, sich mit ihren Stoffen vorzusehen.« Doch diesmal bekommt die Sache aus gegebenem Anlaß eine politische Note: »Biermann ist nicht so gut, wie man annimmt. Ich erwähne das nicht zum erstenmal und ich würde es hier nicht wiederholen, wenn es ihn nicht erklärte. Biermann übernahm sich. Und in je höherem Maße er sich übernahm, desto mehr bedurfte seine Kunst, neben der Gitarre und dem Gedicht, des Skandals.«

Biermanns politisches Verhalten, sagt Hacks hier, läßt sich auch ganz einfach aus seinen künstlerischen Produktionsproblemen erklären, und hieraus erklärt sich auch seine Sucht nach den Medien. Sein Dilemma trieb ihn in die Rolle des Dissidenten und solange diese in der BRD geglaubt wurde, war ihm ein gutes Einkommen durch den Verkauf seiner Schallplatten sicher. Er konnte nicht anders, er mußte jeden Versuch der Regierung, mit ihm auf einen grünen Zweig zu kommen, ablehnen. »Biermann«, berichtet Wolfgang Harich, »war, solange er in der DDR lebte, selbstgefällig und narzißtisch genug, ausgerechnet diese Art von Publicity zu genießen. Und aus Angst, sein Westruhm könne verblassen, hat er jedesmal, wenn die DDR-Oberen im Konflikt mit ihm einlenkten, krampfhaft an seiner Märtyrerkrone festgehalten, auch als deren Dornen längst nur noch aus Gummi waren.«[33]

Da das Stichwort schon wieder gefallen ist, wollen wir noch einmal auf die Medien zurückkommen. In seinem Aufsatz »Unter den Medien schweigen die Musen« handelt Peter Hacks von einem wunderlichen Fall, dessen Parallelität zu unserem ins Auge fällt.

Der große Dichter Goethe machte sich 1806 und (indirekt) 1812 daran, den Volksdichter Gottlieb Hiller literarisch zu erledigen. Der große Dichter Hacks fragt sich, wieso? Die Antwort fällt verblüffend aus, aber es besteht kein Zweifel, daß Hacks Goethe richtig versteht. Dieser beanstandet an Hiller, daß er sich, unter Nachahmung der Volksdichter, ein wenig dichterische Technik angeeignet hat, der er sich aber zu keinem anderen Zweck bedient, als sich berühmt zu machen. Hiller ist kein echter Volksdichter, er ist bloß ein schlechter Dichter. Er ist nicht eine Begabung, die unzureichend gefördert wurde, er ist eine mangelhafte Begabung, die durch politische Forcierung in einen Ruhm gehoben wurde, der ihr nicht zusteht. Goethe hielt Hiller für einen, »der sich die Dichterei abgeguckt und aber nichts zu sagen hat, für ein forciertes plebejisches Talent.«[34] Soweit Hacks.

Und den besten Satz Goethes über Hiller hat er noch nicht einmal zitiert: »Er ist eine Art von Hurone, der eben deswegen und nur insofern gefällt.«[35]

Es ist erstaunlich, aber Goethe hat sich in seinem Jahrhundert tatsächlich über dieselben Dinge geärgert wie Hacks in dem seinen. Dessen Aufsatz über die Medien enthält natürlich viel mehr als das, was wir hier auf den Fall Biermann beziehen. Und auch zwischen Biermann und Hiller gibt es Unterschiede, aber wer will bezweifeln, daß Hacks bei der Äußerung »Hiller war ein Angeber und unentwegter Namedropper«[36] nicht auch den Biermann mit im Kopf hatte? Die Medien jedenfalls sind der Ort, an den Biermann gehört und Hiller gehört hätte, denn sie sind das Umfeld, in dem ein Künstler vom Produzieren keiner Kunst leben kann. Dorthin strebt nicht nur einer, der von Beginn an keine Kunst zu machen imstande war, sondern auch derjenige, dessen einmal vorhandene Produktion stagniert und schließlich ausdünstet.

Der ganze Ekel dieses Prozesses ist heute jedem sichtbar, der sich die Mühe macht, Biermanns gegenwärtiges Kunstschaffen zu studieren. Es ist kaum vorstellbar, jene Hervorbringungen hätten in der DDR die Leute vom Hocker reißen können. Natürlich sprechen wir hier nicht von den verschiedenen Inhalten, die Werke unterschiedlicher Epochen haben müssen. Wir sprechen von künstlerischer Qualität.

Der künstlerische Verfall Biermanns ist, wenn nicht schon 1976, spätestens heute für jedermann evident. Ein Exempel mag für die Unzahl möglicher stehen. Man vergleiche also Biermanns »Bilanzballade im elften Jahr« (2001) mit seiner »Ballade vom Drainage-Leger Fredi Rohsmeisl aus Buckow« (spätestens 1965). Niemand wird behaupten wollen, daß letztere den Gipfel der Gattung darstellt. Was eine Ballade ist, wußte Biermann schon damals nicht. Doch ist es ein kraft- und schwungvolles Lied, das viele Seelen zu rühren vermochte und vermag. Und das ist weit mehr als Biermanns Elaborat aus dem Jahre 2001.

Man mag den Vergleich ungerecht nennen. Aber wer immer

behauptet, Biermann könne auch heute noch mehr, wird sich fragen lassen müssen, warum er es dann nicht tut.

Neuerdings übersetzt er übrigens Shakespeare.

IV

Es wird der immer Ärger machen, der seinen Platz nicht kennt. Selten sind das die Nichtskönner, meistens die Halbkönner. Peter Hacks, ein letztes Mal befragt, äußert über Leute von diesem Schlag: »Sie halten sich für wohlgeeignet, Staaten zu lenken, Gedanken zu versenden und Kunstwerke zu schaffen.«[37]

Das Handwerk des Denkers ist, das Wahre zu erkennen.

Der Politiker beschäftigt sich mit dem Machbaren.

Des Künstlers Feld ist die menschliche Seele, wie sie sich daran reibt: am Wahren und am Machbaren.

Wolf Biermann unterlief sonder Mühe beides und warf sich auf das bloß Wünschbare. Entsprechend waren dann seine Lieder. Kunst ist nicht nur *Gegenbild*, sondern immer auch *Abbild*. Man kann einer unerträglichen Welt ein Bild entgegensetzen, aber dazu muß man sie kennen und wissen, was in ihr machbar ist und was nicht.

Und schließlich muß dies Gegenbild sich dann auch entwickeln, als ein Ideal, das den Anspruch des Dichters ästhetisch vermittelt und auf eigenen Beinen zu stehen vermag. Das ist etwas anderes als eine Lyrik, die sich in tausend Unmutsäußerungen gegen das Bestehende auflöst und also negativ bleibt.

Doch es geht hierbei weiß Gott nicht nur um Kunst. So wie Biermann glaubte, mit ein paar metrischen Handgriffen schon ein Dichter zu sein, so fand er sich befugt, über Weltsachen und Politik zu reden, als er sich einmal ein paar philosophische und politische Begriffe einverleibt hatte. Die Folgen sind bekannt.

Toren und gescheite Leute, weiß Goethe, die sind gleich unschädlich. Die Halbnarren und die Halbweisen – das sind die gefährlichsten.

Fußnoten

1 Berliner EXTRAdienst Nr. 93/X (26. November 1976)

2 Oft überschätzt wird die Wirkung, die die Ausbürgerung Biermanns auf die DDR hatte. Oft unterschätzt wird dagegen ihre Wirkung auf die BRD. Schon vor 1976 hatte Biermann es geschafft, Teile der westdeutschen Linken zu desorientieren. In der Woche nach der Ausbürgerung berichtete der *Spiegel* (Nr. 48/1976, 31) erfreut: »Nicht nur die sonst zerstrittene westdeutsche Linke […], sondern auch die kommunistischen Parteien Frankreichs und Italiens solidarisierten sich mit dem verfemten Dichter.« In der Tat, Biermann hat die so lange gespaltene Westlinke für eine Zeit vereint – auf der rechten Seite.

3 Rosa Luxemburg, Gesammelte Werke, Berlin 1974, Band 4, S. 362 – Es ist nicht billig, vom erhöhten historischen Standpunkt aus, an Rosa Luxemburg Kritik zu üben. Diese große Verfechterin des Sozialismus ist gestraft genug dadurch, daß sie bis auf den heutigen Tag munter von solchen zitiert wird, die sie selbst als ihre Feinde bezeichnet hätte. Im Gegensatz zu Biermann starb sie vor der Realisierung des Sozialismus und erhielt somit nie die Möglichkeit, ihre Auffassungen an der Wirklichkeit zu entwickeln. Die Andersdenkenden hatten sie zuvor umgebracht.

4 Peter Hacks, Werke (im folgenden: HW), Unter den Medien schweigen die Musen. Begründung einer Wissenschaft. Band 13, S. 437, Berlin 2003

5 Dieser Text muß auch an dieser Stelle kurz bleiben, wo er der Sache nach lang sein müßte. Es gibt mindestens eine weitere wichtige Differenz beider Systeme: Der Imperialismus hatte (und hat) einen »Hinterhof«, die sogenannte Dritte Welt, in den ein großer Teil seiner immanenten Probleme ausgelagert werden konnte, was zumindest politisch eine enorme Entlastung bewirkt.

6 Die Frage, warum sie dann den Pfad wechselte und letztlich ihren Untergang selbst herbeigeführt hat, verdient gesonderte Behandlung, wir müssen hier von ihr absehen.

7 Auf die zahlreichen Charakterzüge und Auswirkungen des NÖS und überhaupt der Politik, die Walter Ulbrichts in den 60er Jahren vertrat, kann hier nicht weiter eingegangen werden. Vielleicht ist es aber für unsere Zwecke nicht unwichtig zu wissen, daß Peter Hacks bereits 1959 in seinem Stück »Die Sorgen und die Macht« einige Lösungen des NÖS vorweggenommen hat und daß ihm hierfür ein doppelter Undank zuteil wurde: einmal seitens des Genossen, die von Ulbricht später durchgeführte Entmachtung des Parteiapparats nicht hinnehmen wollten, zum anderen seitens der Ulbricht-Fraktion, die sich, angesichts der Tatsache, daß ihre Maßnahmen noch in Planung waren, nicht über die aufschreckende Wirkung des Stückes freuen konnten.

8 Das war ja, abgesehen von der in der Anfangsphase eine wichtige Rolle spielenden Landbourgeoisie, die jedoch im Zuge der Kollektivierung zur gesellschaftlichen Randerscheinung wurde, in allen bisher dagewesenen Phasen das Verhältnis zwischen einerseits Arbeitern, die für ihre Arbeit bezahlt wurden (Industriearbeiter, wertbildende Dienstleistung, technische Intelligenz) und andererseits Kleinproduzenten, die zwar ihre Produkte für den Markt verfertigten und ihre Produktionsmittel besaßen, deren Möglichkeit, von fremder Arbeit zu leben, staatlicherseits jedoch stark eingeschränkt wurde (Handwerker, Bauern, künstlerische und wissenschaftliche Intelligenz). Dies Modell ließe eine noch größere Zahl notwendiger Differenzierungen zu, wofür hier jedoch nicht der geeignete Ort ist.

9 Peter Hacks in einem Brief an Kurt Gossweiler vom 28. 8. 1998 (In: A. Thiele/J. Oehme (Hrsg.), Am Ende verstehen sie es, Berlin 2005, S. 129) – Hacks verwendet zur Bezeichnung des Phänomens den Begriff Klasse. Es ist hier nicht Gegenstand der Überlegung, ob Hacks den Begriff Klasse richtig einsetzt. Deutlich ist, daß er hier und anderswo mit diesem Begriff ein soziales Phänomen bezeichnet, dessen Existenz sich nicht leugnen läßt.

10 Wie so oft in der Politik war auch das 11. Plenum das Resultat verschiedener Interessen. Für Ulbricht hatte das Plenum den oben beschriebenen Zweck. Die Honecker-Fraktion wiederum nutzte die Gelegenheit, um auf dem Feld der Kultur eine Offensive gegen Ulbrichts Kurs überhaupt zu führen. Auch mag der Umstand, daß Wolf Biermann und Peter Hacks zu den auf dem Plenum kritisierten Künstlern gehörten, als zusätzliches Zeichen der Verschiedenheit der hinter dem Plenum steckenden Absichten gelten.

11 *Der Spiegel*, Nr. 48/1976, S. 46

12 Interessant ist, worüber sich Biermann auf dem Kölner Konzert wundert: Daß die Zahl der Republikflüchtlinge seit dem VIII. Parteitag – seit der Liberalisierung der Politik also – zugenommen hat. Daß Biermann sich darüber wundert, wundert uns übrigens nicht.

13 HW 13, S. 124

14 *Der Spiegel*, Nr. 48/1976, S. 36

15 Der Umgang mit plebejischen Denkern, »Kritikern von links« hatte in allen sozialistischen Staaten die folgenreiche Schwierigkeit, daß diese Gesellschaft da selber aus einer oppositionellen Bewegung entstanden war, was ihr wie ein Geburtsfehler anhing und nie ganz überwunden werden konnte.

16 Man soll nicht ungerecht sein. Der historische Rahmen ist natürlich nicht unwichtig. Wenn ein Bürgerrechtler zufällig in einem System lebt, das auch normalen Menschen keine Wahl läßt, als gegen dieses zu sein, dann erhält er einen Anschein von Recht. Allerdings ist das nicht seine Schuld, sondern die Schuld des Systems.

17 HW 13, S. 124

18 Interview mit dem *Deutschlandfunk* am 7. Oktober 1999

18a HW 1, S. 325
19 HW 13, S. 124
20 HW 13, S. 435
21 ebenda, S. 436
22 *Der Spiegel*, Nr. 48/1976, S. 38
23 Genauer: die künstlerische und wissenschaftliche Intelligenz. Wir sprechen, wenn wir im folgenden *Intelligenz* sagen, nur von derjenigen Intelligenz, die nicht für ihre Arbeit bezahlt wird, sondern die Erzeugnisse derselben verkauft. Die weiter oben erwähnte Wirtschaftsintelligenz sei aus diesem Grunde hiervon abgegrenzt.
24 HW 13, S. 123
25 HW 13, S. 76
25a HW 1, S. 221
26 Verhandlungen in der Versammlung der Landstände des Königreichs Württemberg im Jahr 1815 und 1816, In: G. W. F. Hegel, Werke 4, Frankfurt a. M. 1970, S. 576
26a HW 11, S. 321-448
26b HW 13, S. 462-476
27 HW 15, S. 95f.
28 HW 15, S. 100
29 HW 15, S. 95
30 HW 13, S. 124
31 Werner Mittenzwei, Die Intellektuellen, Leipzig 2001, 299f.
32 J. W. v. Goethe, Berliner Ausgabe, Berlin 1970, Band 17, 458
33 Berliner EXTRAdienst Nr. 93/X (26. November 1976), S. 10
34 HW 13, S. 452
35 J. W. v. Goethe, Berliner Ausgabe, Berlin 1970, Band 17, S. 429
36 HW 13, S. 460
37 HW 13, S. 457

Schwach am Herzen und in den Lenden

Von Klaus Höpcke und Jean Villain

Villain, der 1928 in Zürich als Marcel Brun geboren wurde, kam 1961 in die DDR. Da lagen nicht nur Erfahrungen in einem israelischen Kibbuz hinter ihm. Als Autor stand er in der Tradition von Egon Erwin Kisch, er war vor allem ein Meister der Reportage. Im Januar 1990 traf er auf Klaus Höpcke, der nun nicht mehr »Literaturminister« war, sondern Kulturbeauftragter seiner Partei, die auch nicht mehr SED hieß, weil sie schon das Kürzel PDS im Schilde führte. Jean Villain stellte also dem Funktionär der SED-PDS einige Fragen, die um das Jahr 1965 kreisten. Damals hatte der 32jährige, in Cuxhaven geborene Höpcke als Kulturchef des ND einen Beitrag über Biermann geschrieben, an den sich dieser noch Jahrzehnte später wütend erinnerte, indem er ihn »Zensor und Karrieregauner« nannte (»Wie heißt der denn noch, der den ersten großen Artikel im Oktober 1965 gegen mich im ND geschrieben hat? Höpcke.«).
Das Gespräch mit Jean Villain, der im September 2006 verstarb, rückte einiges gerade. Gleichwohl sind beide Texte – jener von 1965 und dieser von 1990 – zeitgeschichtliche Dokumente, die zusammen und im Kontext mit den übrigen im Buch hier versammelten ihren eigenen Wert und Reiz besitzen.

Neues Deutschland, 5. Dezember 1965:
»... der nichts so fürchtet wie Verantwortung.
Über ›Antrittsrede‹ und ›Selbstporträt‹ eines Sängers«

[...] Für die Brautnacht mit der neuen Zeit seien unsere Herz- und Lendenkräfte noch schwach. Also spricht Biermann. Er soll doch seine eigenen persönlichen und politischen Schwächen nicht als den Aggregatzustand unserer Gesellschaft ausgeben. Er kommt mit unserer neuen Zeit nicht zurecht. Daran ist aber nicht die neue Zeit schuld.

Es entspricht Biermanns anarchistischer Grundhaltung, wenn er ausgerechnet in unserer sozialistischen Gesellschaftsordnung alte Parolen der Demagogen der kapitalistischen Gesellschaft feilbietet. So wendet er sich wiederholt gegen die natürliche Kampfgemeinschaft der älteren Genossen und der jungen Generation. Aber der Generationsgegensatz, dem Biermann huldigt, war nie das Banner der Arbeiterbewegung, sondern nur ihrer Feinde.

Es ist natürlich kein Wunder, daß die Vertreter der alten Unordnung in Westdeutschland aufjauchzen, wenn sie von solchem Dichtwerk hören. Fast immer war's vergebliche Mühe, wenn die imperialistische westdeutsche Presse die junge DDR-Lyrik nach antisozialistischen Tönen abklopfte. Erst jüngst scheiterte sie an Sarah und Rainer Kirsch und an Volker Braun. Umso eilfertiger greifen die Bonner Herrschaften nun zum Biermann. Im Vergleich mit seinen »Gesängen« werden Brauns und Kirschs Gedichte in der *Frankfurter Allgemeinen Zeitung* (FAZ) vom 23. November 1965 als »Rabiatenlyrik der SED-Protégés« und als »mit dem Air jugendlichen Ungestüms geputzte Masche« verunglimpft.

Das Blatt, das bei der Beurteilung progressiver Kunstwerke in Sachen Geschlechtsleben der Menschen beispielsweise höchst empfindlich sein kann, nimmt dem Biermann auch ins Pornografische hinübergleitende Passagen bedenkenlos ab. Wer politisch pervers ist, darf es auch im Sexuellen sein. Solche Faustregel der Rezensenten zeugt freilich von Verfall der Kritikermoral. Aber diese Regel wird angewandt. Bei Biermann fehlt das Ja zum sozialistischen deutschen Staat. Dafür gibt's ein tätschelndes Streicheln von monopolbougeoiser Kritikerhand.

Und nicht zufällig im Hamburger Nachrichtenmagazin *Der Spiegel* findet er Abdruck-Tribüne. Ein prominenter westdeutscher Schriftsteller bemerkte über dieses Organ geistreich: Auch wenn es kritische Strauß-Analysen drucke, richte es gegen den Imperialimus kein Jota mehr aus als die verinnerlichste Lyrik. Wenn es nun Biermanns Texte aufgreift, so offenbar in der Illusion, wenigstens gegen den Sozialismus etwas ausrichten zu können. Erreicht wird jedoch nichts anderes als ein neues Zeugnis antikommunistischer Prinzipienlosigkeit.

Der Jubel von Erhards *FAZ*, in den auch Springers *Welt* einstimmte, wird ganz verständlich, wenn man den kulturpolitischen Hintergrund der Bundesrepublik betrachtet, vor dem da gejubelt wird. Mit den humanistischen Schriftstellern liegt die Herrschaftspartei des staatsmonopolistischen Kapitalismus CDU/CSU in tiefer Fehde. Eben erst hat Strauß im Bundestag Erhards Pinscher-Tiraden gegen Hochhuth und Grass und kritisch denkende Arbeiter und Intellektuelle überhaupt heilig gesprochen. Zur gleichen Zeit öffneten Springers Schlammwerfer ihre Schleusen gegen Amery, Böll, von Cramer, Enzensberger, Walser, Weiss, den Suhrkamp-Verleger Unseld und viele andere wegen ihres Vietnam-Appells.

Von derartigen Problemen abzulenken, kommt den Strauß, Erhard usw. der Biermann gerade recht. Er und das Trara um ihn sollen helfen, die antidemokratische »Maulhalten!«-Kampagne des Monopolkapitals abzudecken. Objektiv fällt er den westdeutschen humanistischen Kräften in den Rücken. Das große Leitwort ihrer Bemühungen ist das Engagement der Schriftsteller und Künstler für Menschlichkeit und gegen ihre imperialistischen Zerstörer. Und da hinein tönt Biermann mit seinen Harfenklängen gegen den Staat des Humanismus in Deutschland, gegen die Arbeiter-und-Bauernmacht in der DDR und gegen die Sozialistische Einheitspartei Deutschlands, unter deren Führung unser Volk mit dem Aufbau des Sozialismus seinen entscheidenden Beitrag zur Sicherung des Friedens leistet.

Ich weiß nicht, ob Biermann noch der Bestürzung über solche Zusammenhänge fähig ist. In jedem Falle wird er sie leugnen wollen. Doch das würde ihm nichts helfen. Er, der nichts so fürchtet wie die Verantwortung, wird aus der Verantwortung nicht entlassen.

Tatsachen bleiben Tatsachen. Selbst radikale Umkehr kann sie nicht von heute auf morgen aus der Welt schaffen. Aber radikale Umkehr wäre die einzige Möglichkeit, überhaupt aus dem Sog antikommunistischen Liedermachens herauszukommen.

Noch ist dafür kein einziges Anzeichen zu sehen.

Vielmehr hat Biermann mit seinem 1965 geschriebenen »Selbstporträt« den Punkt aufs i seinerer früheren Invektiven gesetzt. Hierin enthüllt er nämlich, wo seine Schwachheiten geboren werden. »In den Bunkern meiner Skepsis sitz ich sicher«, heißt es da. Und die Leute, die für Licht auf Erden sorgen, erscheinen bei ihm als »Finsterlinge mit Strahlenglanz«, die ihn blenden.

Ob es sich im Bunker der Skepsis wirklich so sicher sitzt, wie Biermann meint? Uns scheint, daß Bunker-»Weisheiten« gegen Friedenssicherung und Sozialismus, ob philosophisch drapiert oder nicht, das schlechteste poetisch-politische Credo sind, das sich ein Sänger heute wählen kann. Biermann schwört dennoch darauf – von seiner Antrittsrede bis zum Bilanz ziehenden Selbstporträt. Offenbar strebt er nach dem traurigen Ruhm des Herostratos, der im griechischen Altertum den Artemis-Tempel zerstörte, damit die Geschichte von ihm Notiz nähme.

Seine einstigen Freunde wenden sich mehr und mehr von ihm ab. Nicht panikhaft, sondern kontinuierlich. Sie merken: Es geht ihm nicht um die gemeinsame sozialistische Sache. Denn wer nicht wie er bar jeder Verantwortung über alles und jedes in unserer Gesellschaft herfällt, wer seinen Attacken nicht Beifall zollt, den denunziert er als »Büroelephanten«.[1]

Klaus Wagenbach, der die Sammlung Biermannscher Verse in Westberlin verlegt hat, wird unseren Überlegungen eine Frage entgegenhalten: Sehen wir denn nicht das Talent?

Wenn die talentvollste Handlung, zu der unser Volk unter Führung der Arbeiterklasse und ihrer revolutionären marxistisch-leninistischen Partei fähig wurde – die sozialistische Revolution in der DDR –, in den Dreck getreten wird, dann haben wir wohl allenfalls vom Mißbrauch eines Talents zu reden. Wir können uns den Mann ja nicht nach einem Wunschbild hindrechseln. Wir halten uns daran, was er schreibt, was er in die Öffentlichkeit gibt und was er wegläßt.

Früher hat Biermann auch einige gute Gedichte und Lieder verfaßt. Beispielsweise die Ballade von dem Briefträger William L. Moore aus Baltimore und die ergreifenden Verse vom Tod des Genossen Grimau. Aber wir lassen uns dadurch nicht über seine negative Entwicklungstendenz während der letzten Jahre hinwegtäuschen.

Daß er in der Sammlung bei Wagenbach seine früheren Lieder auf die guten Sozialisten nicht drucken ließ, können wir nur als genauso symptomatisch für seine Entwicklung wie die massierten Angriffe gegen unsere Gesellschaft empfinden, mit denen er Verse wie die auf Grimau verrät. Zu schweigen davon, daß er dem Vermächtnis seines Vaters untreu wird, der als Antifaschist im Konzentrationslager ermordet wurde.

Goethe spricht im »Tasso« von Talent, das sich in der Stille bilde, und vom Charakter, der sich im Strom der Zeit forme. Fragen wir also doch bitte auch nach dem Charakter!

In der Epoche des Übergangs der Menschheit vom Kapitalismus zum Sozialismus werden an Kampfesmut und Charakterstärke der Menschen besonders hohe Anforderungen gestellt. Das imperialistische System strömt Zersetzung aus und zieht Charakterlosigkeit an, ja bringt sie zu höchsten Ehren. In dieser Zeit gibt es erwiesenermaßen nicht wenige, die zwischen den Fronten stehenbleiben oder pendeln möchten. Das hat tiefgreifende geistige, moralische, charakterliche und – bei einem Künstler – künstlerische Folgen.

Wir meinen, daß es zu den Pflichten der sozialistischen Gesellschaft gehört, möglichst viele vor der abschüssigen Bahn, auf die das führt, zu bewahren. Dazu gehört nicht nur Geduld, die staatliche Organe wie das Kulturministerium und gesellschaftliche Organisationen wie der Schriftstellerverband lange Zeit bewahrt haben. Geduld muß stets mit prinzipieller Stellungnahme gepaart sein.

Wenn die Geduld in Duldsamkeit und Versöhnlertum umschlägt und zu Selbstlauf führt, wird sie schädlich. Mehr Angriffsgeist gegen Positionen ideologischer Koexistenz ist erforderlich. [...]

Jean-Villain im Gespräch mit Klaus Höpcke, Januar 1990:
»Die bösartigste Variante ...«

Höpcke: [...] Ich war damals Mitglied des Redaktionskollegiums des *Neuen Deutschland* und kann nur bestätigen, daß in den Jahren 1964/65 gerade auch bei uns wirklich interessante öffentliche Diskussionen geführt wurden. So über Erwin Strittmatters »Ole Bienkopp«, über Erik Neutschs »Spur der Steine«, über Hermann Kants »Die Aula« und andere.

Villain: Kant war ja in jenen Jahren sogar freier Mitarbeiter des *ND*, sein Hausfeuilletonist sozusagen, und Christa Wolf, damals noch Genossin und Kandidatin des Zentralkomitees der SED, publizierte gelegentlich im Zentralorgan der Partei ...

Höpcke: Richtig. Diese Debatten gab es, und es ging ihnen tatsächlich um Pro und Contra, um wirkliche Diskussion, um das Gegenüberstellen und Erarbeiten von Meinungen. Was aber die Ereignisse vom Herbst und vom Dezember 1965 anbetrifft, so sind deren

Hauptursachen sicherlich weit außerhalb des eigentlichen kulturellen Bereichs zu suchen. In den Jahren 1964/65 spitzte sich in der Politik und der Wirtschaft der DDR eine Reihe von Problemen erheblich zu. Was in führenden Kreisen des damaligen Zentralkomitees wiederum Ängste aufkommen ließ, in Anbetracht der ökonomischen Schwierigkeiten könnten bestimmte kritische Äußerungen von Schriftstellern und anderen Kulturschaffenden einen Umschlag der Stimmung im Lande bewirken und einer politischen Oppositionsbewegung den Weg bereiten. Eine zu jenem Zeitpunkt meinen Erachtens völlig übertriebene Befürchtung, die indes dazu führte, daß gewisse Themata, die damals in der Kunst und überhaupt in der geistigen Auseinandersetzung sehr zurecht eine Rolle spielten, zum Politikum gemacht wurden und als Gegenstand der Diffamierung herhalten mußten. [...]

Villain: Im Oktober 1964 wurde in Moskau Nikita Chruschtschow gestürzt. Er war der erste sowjetische Spitzenpolitiker, der antistalinistische Reformen einzuleiten versuchte – und dabei scheiterte. Siehst du einen Zusammenhang zwischen Chruschtschows Sturz und dem gut ein Jahr später in der DDR erfolgten Zuschrauben der Ventile?

Höpcke: Ich sehe einen Zusammenhang, glaube aber, daß er komplizierter ist, als es den Anschein machen könnte. Denn die Führung der damaligen SED zählte international zu den wenigen Parteiführungen überhaupt, die den Sturz Chruschtschows in einer offiziellen Verlautbarung, die auf die Verdienste Chruschtschows verwies, kritisch aufgenommen hatten. Was dafür spräche, daß die in der hiesigen Führung bestimmenden Kräfte zumindest im Oktober 1964 noch darauf aus waren, den Kurs, den Chruschtschow eingeschlagen hatte, fortzusetzen. Andererseits akzeptiere ich aber durchaus, daß die innerhalb des Verbandes der sozialistischen Länder nun, mit Beginn der Breshnew-Ära, entstandene neue Lage mit Änderungen bei uns zu tun hat. [...]

Villain: Wie erlebtest du den Herbst 1965? Ich könnte mir vorstellen, daß der sich anbahnende, ebenso radikale wie brutale Kurswechsel innerhalb der Kulturredaktion des ND ziemlich kontroverse Reaktionen auslöste, Aufregungen, Verunsicherung, Ängste ...

Höpcke: Ich erlebte jene Tage der Verunsicherung auf eine Weise, die zu erheblicher Aufegung auch um meine Person führte. Es ging dabei um Wolf Biermann und seine öffentlichen Auftritte als Liedermacher. Ich hatte während meiner Leipziger FDJ-Zeit viel zu tun gehabt mit Lyrikabenden und Lyriklesungen; man sprach damals von einer regelrechten Lyrikwelle, und deshalb interessierten mich jetzt natürlich auch entsprechende Berliner Veranstaltungen, ich besuchte also auch eine mit Biermann und widmete ihr einen sehr persönlich gehaltenen Kommentar. Der nicht veröffentlicht wurde, mir aber eine Portion von genau dem Ärger einbrachte, den du vorhin beschrieben hast. Man setzte sich, wie man so treffend sagt, auseinander, ich wurde aufgefordert, zu den Biermannschen Publikationen doch gründlicher Stellung zu nehmen, in einem etwas längeren Artikel. Der geriet schon in seiner Urfassung recht kritisch und polemisch, jedoch für manche Leute noch immer nicht genug. Jedenfalls wurde mir in den Text hineinredigiert und an ihm herumgebastelt, vor allem an dessen erstem Teil, der dann auf eine überaus gespreizte Weise, die zum Rest stilistisch nicht paßte, die hehren Seiten unserer Entwicklung usw. pries.

Villain: Wer war der Bastler? Etwa Hermann Axen?

Höpcke: Ja, er als damaliger Chefredakteur des *ND* in Person. Ich versuchte dann zwar noch, den dicksten Schwulst wieder herauszukriegen, aber das gelang nur unzureichend, und so kam es, daß mich Jahre später in der Bundesrepublik ein Stilanalytiker auf dieses eigenartige Gebilde ansprach und mir auf den Kopf zusagte, daß es nur etwa zur Hälfte meiner Art zu schreiben entspräche. Was die heftige Polemik betreffe, die offensichtlich aus meiner Feder stamme, wolle er über deren Gültigkeit mir mir nicht rechten, doch was davor stünde, das komme ihm schon recht befremdlich vor ... Ich ließ das seinerzeit auf sich beruhen. Welche Bewandtnis es damit wirklich hatte, erzähle ich heute zum ersten Mal.

Villain: Was sich insofern seltsam fügt, als ich im Schweizer *Vorwärts* nun wieder heftig gegen deinen Artikel polemisierte, denn jene allererste Biermann-Affäre hatte natürlich auch im Westen mächtig Staub aufgewirbelt. Und da wir in der Partei der Arbeit mit der rigiden Haltung des Politbüros der SED gegenüber Biermann ganz und gar nicht einverstanden waren, du sie aber im *ND* vertratest, oblag es mir, dem DDR-Korrespondenten unseres Blättchens, gegen das großmächtige *ND* ein bißchen anzukläffen ...

Höpcke: Gerade weil ich den Artikel kürzlich noch einmal gelesen habe, möchte ich zweierlei deutlich machen: erstens, daß ich auch »meinen« Teil heute anders lese als damals! Die der Polemik zugrunde gelegten Deutungen sind nur zum Teil gerechtfertigt. Zweitens ist darauf hinzuweisen, daß bestimmte Dinge, die von manchen Zeitgenossen später in den Artikel hineinprojiziert wurden, falsch sind. So legte mir beispeisweise eine Münchner Publizistin die Drohung in den Mund, Biermann solle mal zusehen, daß nicht statt des Milchmanns eines Morgens jemand anders vor der Tür stehe. Und Raddatz gar verbreitete in der *Zeit*, ich hätte Biermann als einen Verbrecher bezeichnet. Davon ist selbst zwischen den Zeilen nicht die geringste Spur zu finden.

Villain: Wer aber »machte« 1965, wer »machte« in diesem Lande überhaupt die Kulturpolitik? Wer konzipierte sie, wer hatte dabei das endgültig letzte Wort?

Höpcke: Das ist eine interessante Frage, die es verdienen würde, sehr gründlich recherchiert zu werden, schon weil sich Kulturpolitik ja letztlich nur in wirklicher kultureller Entwicklung äußern kann. Da in der DDR im Laufe von vier Jahrzehnten neben viel Schlimmem und Borniertem doch auch eine wirkliche kulturelle Enwicklung stattfand, die eine ganze Menge an Bewahrenswertem, Gutem, an Gewinn von geistiger Souveränität mit sich brachte, würde ich hier eine Vielzahl widersprüchlicher, sowohl miteinander verbundener als auch gegeneinander agierender Kräfte am Werk sehen. In der Partei war zwar das Politbüromitglied Kurt Hager, Sekretär des ZK, die oberste kulturpolitische Instanz, doch in Wahrheit heißt das noch lange nicht, daß er die kulturellen Entwicklungsprozesse auch tatsächlich restlos überblickte, kontrollierte oder lenkte. Sie boten, meine ich, sehr viel mehr Facetten als das, was von seinem Büro ausging. [...]
Villain: Wie gut hast du Honecker persönlich gekannt?

Höpcke: Eigentlich kaum. Ich erlebte ihn, als ich Schüler war, bei bestimmten Kundgebungen, später, Anfang der 60er Jahre, zu meiner Zeit als FDJ-Sekretär, begegnete ich ihm und Ulbricht einmal im Zusammenhang mit dem Jugendkommuniqué in einer ganz normalen, guten, aufgeschlossenen Diskussionsrunde, und in späteren Jahren führte er mit mir während Schriftstellerkongressen und ähnlichen Veranstaltungen zwei-, dreimal kurze Pausengespräche. Aber das fiel schon nicht mehr in die Zeiten höchster politischer Potenz ...

Villain: Ab wann, meinst du, fing er an abzubauen?

Höpcke: Politisch gesehen muß ich heute hart sagen, er baute schon zum Zeitpunkt des Beginns seines neuen Kurses ab. Denn wer einen neuen Kurs ankündigt, den der Einheit von Wirtschafts- und Sozialpolitik, was ja wirklich etwas Neues war, eine Neuerung, die ich sehr begrüßte, der sollte schon etwas genauer wissen, worauf er sich da einläßt. Ich gehörte zu denen, die diesen neuen Kurs mit aller Kraft vertreten haben, im Inland wie im Ausland ... Und heute weiß ich, daß das Schuldenmachen um dieser oder jener sozialen Verbesserung willen bereits von allem Anfang an betrieben wurde. Heute weiß ich, daß wir dem Westen gegenüber damals etwa zwei Milliarden Dollar schuldeten, aus denen im Laufe der Jahre über 20 Milliarden wurden.

Villain: Vom Anfang an? Das wäre 1971?

Höpcke: Richtig, ich meine den Zeitpunkt des VIII. Parteitages. Damals wurde diese neue Politik inauguriert. Der Entwurf war gut. Doch wenn ich nach zwei Jahren merke, daß die Idee, durch stärkere soziale Leistungen höhere wirtschaftliche Effektivität zu erreichen, nicht aufgeht und das, was erreicht wurde, nur durch Schuldenmachen zu erreichen war, dann muß ich mich hinsetzen und über das diskutieren, was zu verändern ist. Muß ich mir überlegen, wie ich der Bevölkerung die Wahrheit beibringe. In dem Moment jedoch, da dies unterbleibt, hat in meinen Augen – dies als Antwort auf deine Frage – ein verantwortlicher Politiker versagt und abgebaut, egal, wie mobil er im persönlichen Umgang auch sein mag.
Villain: Wie aber erklärst du dir dieses Versagen? [...]

Höpcke: Ich fange mit der bösartigsten Variante an, indem ich das Ganze als eine Art Krimi nehme. Ihr zufolge müßte Günter Mittag dafür, daß er uns wirtschaftlich derart fertig gemacht, uns so in die Ohnmacht hineinmanövriert hat, daß wir heute wie Gefesselte geführt werden können, das Bundesverdienstkreuz verliehen werden. [...]

Fußnoten

1 Einer dieser »Büroelephanten« ist vermutlich Manfred Gödeke aus Gescher, der am 4. Januar 1966 einen Leserbrief an den *konkret*-Herausgeber Klaus Rainer Röhl richtet. (Der Ehemann von Ulrike Meinhof hatte im Frühjahr 1964 mit der KPD, die bis dahin die Studentenzeitung im wesentlichen finanzierte, gebrochen. Im Laufe der Jahre driftete er immer weiter nach rechts. Er promovierte 1993 bei Ernst Nolte zum Thema »Nähe zum Gegner. Die Zusammenarbeit von Kommunisten und Nationalsozialisten beim Berliner BVG-Streik von 1932«. In seinen 1994 erschienen Erinnerungen »Linke Lebenslügen« rechnete Röhl u. a. mit seinen ehemaligen politischen Weggefährten ab. In der FDP gehörte er in den 90er Jahren zu den nationalliberalen Kräften um Alexander von Stahl, Heiner Kappel und Rainer Zitelmann) Gödeke, verärgert über die unkritische Solidaritätsadresse an Biermann und den Kommentar gegen Höpcke wegen des ND-Beitrages schreibt also:
»Sehr geehrter Herr Röhl!
Zum Jahreswechsel erhielt ich die Januar-Ausgabe der *konkret*. Beim Lesen stieß ich auf Ihren Brief an Herrn Höpcke von dem Zentralorgan der SED *Neues Deutschland*. Da auch ich mich zu den Oppositionellen in der Bundesrepublik rechne, geht es mich also auch etwas an. [...] Mir scheint das nebenstehende Gedicht Biermanns nicht gerade geeignet, Ihr Engagement für den Bänkelsänger zu rechtfertigen. Aus ihm spricht doch nicht die Kritik eines Kommunisten (für den hält sich offenbar Biermann und wird dafür gehalten!) an Mängeln, die er mit abzustellen bereit ist, sondern an der Sache selbst. [...]
Es muß außerdem ziemlich komisch anmuten, wenn man sich hierzulande erst des Bänkelsängers zu einem Zeitpunkt annimmt, da er in der DDR in ›Ungnade‹ gefallen ist. Mir will scheinen, daß man bei uns in der Bundesrepublik erst dann geneigt ist, einen Menschen aus der DDR als Künstler ›anzuerkennen‹, wenn er sich durch ›Kritik‹ an der Sache des Kommunismus sowie an Behörden und der Regierung der DDR ›hoffähig‹ gemacht hat. Wie wäre es mit einer Petition an die Regierung der DDR zugunsten einer Ausreiseerlaubnis für den Bänkelsänger Wolf Biermann in den ›freien Westen‹? Meine Unterschrift bekämen Sie sofort. Dann, im Westen lebend, würde entweder seine Haustür alsbald Feuer fangen und die Bundespost ihm waschkörbeweise Drohbriefe ins Haus bringen, oder er würde sehr bald vergessen sein, weil er sich, wie wir, gegen den Bonner Staat (genauer: die Regierung!) gewandt hat.
Andererseits: Es muß grotesk wirken, wenn man so tut, als besorgten wir Oppositionellen in der Bundesrepublik die Geschäfte der Regierung der DDR, wenn wir gegen die Notstandsgesetze kämpfen, die atomare Mitbestimmung der Bundesrepublik (-regierung) ablehnen, wir für Kontakte zur DDR eintreten, wir gegen den schmutzigen Krieg der Amerikaner gegen das vietnamesische Volk protestieren. Meine Freunde und ich tun das alles aus der Überzeugung, weil alles getan werden muß, um den Frieden in der Welt und die Verständigung mit allen Nachbarvölkern, auch denen des Ostens, zu erreichen und zu festigen. Selbst dann noch, wenn die DDR einen Nutzen daraus zöge. Die Alternative wäre nämlich unser eigener Untergang.
Es ist bedauerlich, daß Sie Ihre Loyalität gegenüber dem, was Sie die Freiheit der Meinung nennen, mit solchen Mitteln wie Ihren Brief glauben bekunden zu müssen.[...]« (SAPMO-BArch DY 30/IVA2/902/26)

Zersägte Biermann-Legende

Von Dietrich Kittner

Der Hannoveraner Kittner, Jahrgang 1935, macht seit mehr als vier Jahrzehnten politisches Kabarett. Als Satiriker war er von der offiziellen Bundesrepublik nie wohl gelitten – er taugte nicht als Clown bei Hofe: zu links, zu prinzipiell, zu marxistisch. Ins Fernsehen und ins Radio ließ man ihn darum selten bis nie, er bekam weder einen »Scheibenwischer« noch eine andere »Show« zum öffentlich-rechtlichen Schenkelklopfen.
Seit 1998 ist Dietrich Kittner auch Mitherausgeber und Autor der Berliner Zweiwochenzeitschrift Ossietzky, *die nicht zufällig wie Ossietzkys Blättchen,* Die Weltbühne, *aussieht. Im Heft 19/2002 erinnerte sich Dietrich Kittner einer marginalen, aber keineswegs belanglosen Begebenheit.*

Erinnern wir uns noch? November 1976. Der Liedermacher Wolf Biermann – Biermann, ach! – seit Jahren im erbitterten Clinch mit der DDR-Führung – hatte überraschend die Ausreisegenehmigung zu einem Konzert in Köln erhalten, einen im Fernsehen der BRD live übertragenen triumphalen Zwei-Stunden-Auftritt absolviert und anderntags erfahren, daß ihn seine Regierung in Abwesenheit heimtückisch – so die offizielle Lesart – ausgebürgert hatte. Eindrucksvoll hatte der Sänger auf allen westlichen Kanälen unter Tränen beklagt, nun nicht mehr in die von ihm trotz allem so geliebte DDR zurückkehren zu dürfen. Sei er doch nur zu einem kurzen Konzertabstecher in den Westen gereist.

Biermann, bekanntermaßen nicht gerade uneitel, gerierte sich in der Folge als Märtyrer und stieg zur Galionsfigur der »undogmatischen Linken« auf. Zahlreiche DDR-Künstler und -Intellektuelle setzten sich mit Protesten an ihre Regierung gelinde gesagt in die Nesseln. Die Linke der BRD war fortan gespalten in eine Mehrheit der Biermann-Fans und eine zahlenmäßig weit geringere »unbelehrbare Fraktion« von Biermann-Kritikern, die ihm Heuchelei vorwarfen – »Dogmatikern« wie man sie abfällig nannte. Die Popularität des Liedermachers erhielt erst im Oktober 1982 einen ersten Knacks, als er im Fernsehen die damals starke bundesdeutsche Friedensbewegung beschimpfte, weil doch jedermann wisse, »daß die Sowjetunion nur den Krieg will«. Bis dahin jedoch hatte es für jeden Künstler in der BRD – ähnlich wie im Zusammenhang mit den zeitweise medienbeherrschenden, später still beerdigten »Zwangsadoptionen im Osten« – kaum ein Interview gegeben, das nicht die obligatorische Gretchenfrage enthielt: »Und wie stehen Sie zum Fall Biermann?« Wer dann den (ökonomisch gesehen keineswegs armen) Poeten nicht ausgiebig bedauerte, war übel dran.

Obwohl ich Ausbürgerungen für ein zivilisierten Staaten unter allen Umständen verbotenes Repressionsmittel halte, sah ich die Biermann-Story immer etwas gelassener. Das lag weniger daran, daß mir die Fernsehübertragung des Kölner Konzerts entgangen war, weil ich gemeinsam mit dem Münchener AStA vollauf, wenn auch vergeblich, damit beschäftigt war, den Rektor der Ludwig-Maximilians-Universität zur Aufhebung eines für den selben Abend über mich verhängten Auftrittsverbots und Abzug des entsprechenden Polizei-Aufgebots zu bewegen. (Die Vorstellung fand dann freilich doch noch statt, weil ein paar hundert Studenten kurzerhand einen anderen als den ursprünglich vorgesehenen Hörsaal besetzten und die Türen von innen verrammelten.) Meine Gelassenheit entsprang vielmehr dem eidetischen Langzeitgedächtnis, das mich oft quält, häufig aber auch zu gewissen Erkenntnissen befähigt. Kaum schlug der Biermann-Skandal nämlich hohe Medienwellen, stand mir eine kleine, unscheinbare Zeitungsmeldung vom April 1976 vor Augen. In Heft 4/76 der Satirezeitschrift *pardon* – also bereits sieben Monate vor der spektakulären Aktion – hatte der Journalist Reginald Rudorf, ein kämpferischer Anhänger und nach eigenen Worten auch enger Freund Wolf Biermanns, auf Seite 169 unter der Überschrift »Lieder für die DDR« folgendes geschrieben: Ostberlins Sing-Genie Wolf Biermann will in den kapitalistischen Westen. Nachdem seine Reise zu einem Offenbacher Kongreß Ende '75 von den Behörden der DDR nach anfänglicher Zusage in letzter Minute abgesagt wurde, hat sich Biermann jetzt entschieden: »Natürlich bin und bleibe ich Kommunist ...« Jedoch würde er »nach Westdeutschland gehen, um zu arbeiten, bis man in der DDR meine Lieder als Lieder für die DDR erkennt«.

Zur Frankfurter Buchmesse war dann die Unterschriftenaktion der Jusos »Reisefreiheit für Wolf Biermann« gestartet worden. Mit Erfolg: Im November befand sich der Künstler wunschgemäß im Westen.

Wenn ich damals in Interviews mit der Standardfrage nach Biermann konfrontiert wurde, nutzte ich häufig das *pardon*-Zitat, um zu begründen, weshalb ich die Angelegenheit weniger dramatisch sehe. Regelmäßig wurde anschließend diese Passage von der Redaktion aus dem Band bzw. dem Artikel geschnitten. Ein einziges Mal nur – in einer Live-Sendung – war es mir vergönnt, den Rudorf-Text zu zitieren. Geistesgegenwärtig wischte der Interviewer jedoch das Un-Zitat mit den Worten vom Tisch: »Ach, *pardon* ist eine Satirezeitschrift ...«

Gerüchte, wonach Biermann durch Vermittlung seiner Milchschwester Margot Honecker (beide waren in derselben Familie aufgewachsen) die Ausreise vorher mit der DDR-Regierung abgesprochen habe, tauchten erst viel später auf, galten jedoch allgemein als unglaubwürdig. Schließlich wußte jeder, daß den Sänger das Verbot, von einer kurzen West-Stipp-Visite zurückzukehren, völlig überraschend getroffen hatte. So sieht es heute auch die Geschichtsschreibung.

*

Im Kulturteil des *Spiegel*, des seinem Hausautor Wolf Biermann stets gewogenen Nachrichtenmagazins – ergreifend, wenn auch sprachlich ein wenig unpräzise, hat er dort beispielshalber seine Kamingespräche mit der CSU-Nomenklatura in Wildbad Kreuth geschildert – findet sich auf Seite 135 der Nummer 32 vom 5. August 2002 unter der Überschrift »Ein Tisch wird vereinigt« ein bemerkenswerter Beitrag über die derzeit laufende Leipziger Ausstellung »Klopfzeichen«. Dort wird als außergewöhnliches Exponat ein beschädigtes Möbelstück gezeigt. Zitat: »Als der Liedermacher Wolf Biermann 1976 von der DDR ausgebürgert wurde, zersägte er seinen Arbeitstisch. Eine Hälfte ließ er im Osten, die andere Hälfte nahm er mit gen Westen. Nun fügt sich in Leipzig wieder zusammen, was einst auseinandergerissen wurde ...«

Eine wirklich schöne Idee voller Symbolkraft. Nur: Wie hat Biermann, der doch in Köln von der Ausbürgerung überrascht wurde, das geschafft? Hat er ferngesägt? Oder beweist sich hier nur einmal mehr die Einmaligkeit eines unorthodoxen Genies? Biermann wäre dann der bisher erste und vermutlich auch einzige Sänger, der zu einem dreitägigen Konzert-Trip mit einem halben Tisch im Handgepäck aufgebrochen ist.

Eins ist notwendigerweise gefälscht: entweder der symbolträchtige Halbtisch oder die Story über den ahnungslos von der Ausbürgerung überraschten Sänger. Verdammtes Langzeitgedächtnis! Es ist doch nichts so fein gesponnen ... ach! Biermann. Ende.

(Diese und weitere Biermann betreffende Geschichte sind im Großen Kittner Lese-Buch »MORDs-GAUDI« enthalten, das 2004 bei Papyrossa in Köln erschienen ist.)

Puppenspieler Pippow

Von Dieter Schubert

Dieter Schubert, 1929 in Görlitz geboren, lebt seit 1934 in Berlin und lernte Schmied. Als Amateurboxer gehörte er der DDR-Nationalmannschaft an. Er war Sportredakteur bei der Jungen Welt *und debüttierte 1968 mit dem Roman »Acht Unzen Träume«.*
1976 protestierte er gegen Biermanns Ausbürgerung. Mehr noch: Er trug am 19. November 1976 mit Adolf Endler die von ihm zusammengetragene Liste mit 84 Unterschriften von Künstlern zu ADN und Reuters. Später wurde er mit acht Kollegen aus dem Schriftstellerverband ausgeschlossen, Ende 1989 aber rehabilitiert.
1996 verarbeitete er seine Erfahrungen mit Biermann in der Satire »Puppenspieler Pippow«, die in der edition ost erschien. Inzwischen sah er den Vorgang anders als zwanzig Jahre zuvor. Der Literaturkritiker Werner Liersch befand in der Wochenpost *vom 21. November 1996, obgleich doch der Name Biermann in dem Buch nicht vorkomme: »Schuberts rücksichtslose Persiflage ist ein Text zum Donnern der Biermann-Lawine in den Neunzigern.« Und er bedauerte, daß »das Personengedächtnis monolithischer« geworden sei, was als eine Umschreibung für eine gewisse Gleichschaltung gedeutet werden kann. Schuberts satirisch-kritische Auseinandersetzung mit Biermann donnert noch immer gegen die offiziellen Heldengesänge.*

[...] An diesem verregneten Tag im November 1976 – der schwarze Adler auf dem gelben Schild überm Eingang der bundesrepublikanischen Vertretung hatte Tränen in den Augen und die beiden Sicherheitsorgane an der Kreuzung Hannoversche-, Friedrich-, Chaussee- und Pieckstraße hatten die Regenmäntel zu Hause gelassen – an diesem Nachmittag vor zwanzig Jahren also gingen Monika und ich in das gut bewachte Haus Ecke Chausseestraße, in dem Pippow lebte und arbeitete.

Wir mußten dicht an zwei weiteren Wachleuten in Zivil vorbei, die sich im Hauseingang untergestellt hatten. Die beiden kannten wir vom Sehen, sie verrichteten schon eine ganze Weile hier ihren verantwortungsvollen Dienst. Es waren Eule und Kullerbauch, so wurden die beiden treuen Aufpasser von Bewohnern der umliegenden Häuser respektlos genannt, Eule wegen der Brille mit dunklem Rahmen und großen, runden Gläsern und Kullerbauch, na, weswegen wohl.

Vier strenge, fragend-mißtrauische Augen maßen uns mit jenen forschenden Blicken, an denen diese aufmerksamen Männer in aller Welt, wenn sie im Dienst sind – und sie sind immer im Dienst – unschwer zu erkennen sind. Ich könnte mir vorstellen, es gehört zu ihrer Ausbildung, solche Augenblicke zu trainieren, um potentielle Ruhe- und Ordnungsstörer – also jeden – vor unüberlegten, womöglich gegen die jeweilige Staatsmacht gerichteten und demzufolge strafbaren Handlungen zurückschrecken zu lassen.

Wir gingen so unbefangen wie möglich sehr dicht an den beiden vorbei – Kullerbauch hatte einen schlechten Mundgeruch – in den Hausflur. Im Treppenhaus fragte mich Monika, ob ich die Augen der beiden Männer gesehen hätte, »die stehn auf mich. Aber wie«, sagte sie.

Pippow hatte zufällig keinen Besuch. Weder Journalisten von westlichen Zeitungen, Rundfunk- oder Fernsehstationen, noch einer seiner zahlreichen Fans aus Künstlerkreisen im In- und Ausland rekelten sich in den Sesseln der geräumigen Stube. Nur Pippows junge Frau war zu Hause. Wir hörten, wie sie in der Küche mit Geschirr hantierte, eine tageserfüllende Arbeit, pardon, ein full-time-job bei den vielen Gästen.

Pippow saß auf gepackten Koffern. Ihm war, verkündete er uns glücklich, eine Tournee nach Westdeutschland genehmigt worden. Wenn ich gesagt habe, er verkündete *uns*, so ist das nicht ganz richtig. Meine Person nämlich nahm er nicht zur Kenntnis. Seine etwas hervorquellenden Augen sahen mit saugenden Blicken nur Monika. Er langte nach der bereitstehenden Ziehharmonika und sang und spielte ein Liebeslied aus einem seiner Puppenspiele, sang und spielte es für Monika. Sie war hingerissen. Daß außer ihnen noch jemand im Zimmer war, schienen die beiden vergessen zu haben. Monika öffnete den Mund, zeigte ihr weißes Pferdegebiß, und ihre Finger mit den langen, roten Fingernägeln trommelten kleine Wirbel auf der Tischplatte. [...]

Mit dem Vorwand, die Toilette besuchen zu müssen, ließ ich die beiden allein. Ich war es satt. Die ganze Geschichte hing mir zum Halse heraus, sowohl das gespreizte Gehabe dieser Monika, als auch das eitle Augenrollen dieses Sexual-Protzes. In der Küche stand Pippows Frau, ein derbes Mädchen vom Lande – sie hatte fröhlich blickende Augen – vor einem Berg gebrauchten Geschirrs.

»Schon gehen?«, fragte sie, »nehmen Sie ihre bunte Freundin nicht mit? Na, das wäre was für meinen Pippow, das kleine Arschloch.«

Monika, gefolgt von Pippow, kam in die Küche. Vergeblich versuchte ich zu erkennen, was sich in der Stube zwischen den beiden abgespielt haben mochte. Viel Zeit hatten sie nicht gehabt.

Pippow schenkte uns eine Platte mit Liedern aus dem Puppenspiel, das er in Hamburg vorführen wollte. Wie er in der Tür stand, grüßend die Faust ballte und mit quellenden Augen Monika anblickte, fiel mir auf, daß er ein Hemd trug, wie ich es als Schmiede-Geselle getragen hatte. Nur war meines selten so sauber gewesen.

Es hatte aufgehört zu regnen. Die beiden zivilen Wachposten warfen uns nur einen flüchtigen Blick zu. Ich war versucht, ihnen zu sagen, wie glücklich Pippow die Aufmerksamkeit machte, die sie ihm schenkten.

[...]

Der Tag fing gut an. Monika hatte frei, und wir lagen noch in den Betten, als das Telefon läutete. Es war der Redakteur einer Zeitschrift, für die ich mal wieder eine Reportage geschrieben hatte. »Held« dieser Reportage war ein Fährtenhund der Polizei namens Heiko, und mir war ein, wie ich fand, recht hübscher Aphorismus eingefallen: »Wäre Heiko, dieser Hund, ein Mensch, dann wäre er dank seines Gehorsams gewiß schon ein hohes Tier.«

Bei uns gebe es keine hohen Tiere, war dem Redakteur von einem Angehörigen der Pressestelle des Innenministeriums gesagt worden, und daß, wenn dieser Satz nicht gestrichen würde, die Reportage nicht erscheinen könne.

»Dann sollen die sich die Reportage sonstwohin stecken«, sagte ich.

»Hast du es gehört?« fragte ich Monika.

»Ich habe was von reinstecken gehört«, erwiderte sie schläfrig.

»Denkst du eigentlich nur daran?«

»Eben nicht, Harry. An sowas denke ich gar nicht. Ich will's nur noch mal sehen. Bloß noch einmal, wie er hopst, Pippows. Du hast es versprochen.«

»Wenn er aus Hamburg zurück ist, habe ich gesagt.«

»Nein, lieber heute schon. Ich hab' so ein komisches Gefühl. So, als ob er drüben bleibt.«

»Pippow? Drüben bleiben? Da kennst du Pippow schlecht.«

»Bitte, Harry. Nur noch das eine Mal.«

Ich blieb hart. Diesmal ließ ich mich weder überreden noch dazu verführen, ja zu sagen. Ich hatte in den letzten Jahren zu oft ja gesagt und zu selten nein.

»Nein, Monika, nein!«

»Wirst schon sehen, was du davon hast«, sagte sie, und sie hat recht behalten, die Hexe.

Das Telefon läutete, es war mein Freund und Kollege Fritz Haltinger.

»Hallo, Harry. Na, was sagst du dazu?«

»Morgen, Fritz. Wozu?«

Er fragte, ob ich am Abend ferngesehen hätte, und nachdem ich verneint und gesagt hatte, ich hätte was Besseres zu tun gehabt, sagte er: »Ich weiß schon: Monika. Schade. Du hast was verpaßt.«

Es schien so. Im Ersten West war Pippows erster Auftritt in Hamburg übertragen worden. Fritz war begeistert. Er sprach von einer »Riesen-Show« vor begeisterten Zuschauern, nannte die Vorstellung einen »Erfolg für die gesamte deutsche Linke« und rühmte Pippows Schlagfertigkeit auf diffamierende Zwischenrufe einiger »bürgerlicher Schreihälse«.

»Da können sich manche von unseren Bonzen eine Scheibe abschneiden!«

Klar, Pippow sei sich treu geblieben und habe in seinem Puppenspiel auch die blasierte Engstirnigkeit machtbesessener Parteifunktionäre gegeißelt, aber alles in allem habe er »eine Lanze für den Sozialismus gebrochen«, wie mein Freund Fritz sich ausdrückte.

Monika war untröstlich. Daß wir Pippows Auftritt im Fernsehen verpaßt hatten, sei ganz allein meine Schuld, sagte sie: »Bloß weil du wieder nicht genug kriegen konntest!«

Daß sie es gewesen war, die eine aktive Tätigkeit im Bett einer passiven vor der Röhre vorgezogen hatte, wollte sie nicht mehr wahrhaben. Keine zehn Pferde hätten sie vom Bildschirm weggezogen, wenn sie auch nur die leiseste Ahnung gehabt hätte, daß womöglich Pippow zu sehen sein könnte, dazu noch live. Sie hielt für möglich, daß es ihr hätte gelingen können, mit intensiven

Gedanken an ihn, das gewünschte Ereignis in seiner Hose zu provozieren.

»Du spinnst, Moni.«

Ich fing an, mir Sorgen zu machen. Ihr Interesse an Pippow, genauer, an seinen angeblich hopsenden Pipifax, wurde offenbar zu einer Manie. Sie war beleidigt, daß ich an ihren Fähigkeiten zweifelte. Schon wurden ihre braunen Augen wäßrig.

»Sieh mal, Moni. Selbst wenn es dir gelingen würde, so 'ne Art Fern-Hypnose, woran würdest du's erkennen? Ich meine, auf der Röhre.«

»An seinen Augen«, sagte sie, »die meisten kriegen dann so einen glasigen Blick.«

»Na, vielleicht übertragen sie noch mal was von ihm«, sagte ich tröstend, und so kam es dann auch, wenn auch unter anderen Umständen als erwartet.

Die Bombe platzte – ich bitte um Entschuldigung, wenn ich diese abgedroschene, in diesem Fall aber recht treffende Metapher verwende –, die Bombe platzte noch am selben Tag. Wir hörten es im Rundfunk, Radio DDR: Sie wollten ihn aber nicht wieder hereinlassen! Im Zentralorgan – wieder so ein Wort, das Monika gewöhnlich zum Lachen brachte – zog ein wild gewordener Redakteur über den abwesenden Pippow her, der, ein Faulenzer und Parasit, die Arbeiter unseres Landes verleumde und so weiter, man kennt das inzwischen und weiß, wie es weiterging.

Auch ich fühlte mich getroffen.

»Das können die doch nicht machen!« rief ich mehrmals laut, eine meinem sonst zurückhaltenden Wesen eigentlich fremde Reaktion auf staatliche Maßnahmen.

»Das geht zu weit!« sagte ich mehrmals zu Monika, die dabei war, Kartoffeln zu schälen. »Dich interessiert das ja wohl überhaupt nicht!« sagte ich, »das ist ein politischer Skandal, ist das! Einen Bürger unseres Landes einfach auszusperren. Ungeheuerlich! Aber wem sage ich das. Für Politik hast du dich noch nie interessiert.«

Sie schälte unverdrossen weiter.

»Laß doch mal die Scheiß-Kartoffeln sein. Hast du mitgekriegt, was passiert ist? Sie lassen Pippow nicht wieder rein!«

Sie stand an der Wasserleitung und wusch die geschälten Kartoffeln. In meiner Erregung habe ich übersehen, wie grob sie die Kartoffeln behandelte und wie sie den Kopf hielt, wie ein Boxer:

das Kinn hinter der linken Schulter verborgen, was auf einen Ausbruch schließen ließ.

»Und?« fragte sie leise. »Was gedenkst du zu tun?«

»Tun? Ich? Was soll ich tun?«

»Weiß ich doch nicht. Ich dachte bloß, weil du dich so künstlich aufregst.«

»Ich bin erregt, ja. Und das mit Recht. Im Gegensatz zu dir. Tun, tun ... Ich schreibe Bücher, das tue ich. Ich bin Schriftsteller und kein Politiker. Allerdings bin ich ein politischer Schriftsteller, das ja. Wenn du das meinst ...«

»Ich meine, daß du eine Flasche bist«, sagte sie, »eine Oberflasche, wenn du dir das gefallen läßt. Das bist du!«

Sie setzte den Topf mit Kartoffeln auf den Herd und ging, ich hörte die Wohnungstür zuschlagen.

»Monika!« rief ich zum Fenster hinaus, sie ging mit strammen Schritten übern Hof. Vor dem Torweg unterm Vorderhaus blieb sie stehen.

»Flasche!« rief sie zu mir herauf. Sie tauchte ins Dunkel des Torwegs.

»Flasche! Flasche! «, riefen die Ihle-Zwillige.

Ich war allein. Das Kartoffelwasser gluckerte im Topf, hob den Deckel, und so ähnlich war mir zumute, wenn der Vergleich erlaubt ist. Etwas in mir kochte, aber noch war der Deckel der Vernunft darüber, und er wäre vermutlich auch drüber geblieben, wenn ich Herr meiner Entschlüsse gewesen wäre, ich war es nicht, leider.

Monika kam gleich zurück. Sie umarmte mich in ihrer gewohnt packenden Weise.

Sie habe es nicht so gemeint, sagte sie.

»Weißte, ich bin in letzter Zeit irgendwie durcheinander.«

»Und ich bin sauer. Obersauer.«

»Auf mich? Tut mir leid. Nein, Harry, du kannst nichts machen. Davon hättest du bloß Nachteile. Denk an die Nachauflagen deiner Bücher.«

»Und ich bin keine Flasche?«

»Habe ich das gesagt? Entschuldige. Natürlich bist du keine Flasche. Wäre ich sonst mit dir zusammen? Nein, du mußt dich zusammennehmen und dich still verhalten. Hörst du? Lehn dich bitte nicht aus dem Fenster.« So redete sie, und je länger sie mir zuredete, Ruhe zu bewahren und mir von übereilten Handlungen abriet, desto hilfloser kam ich mir vor, einem strengen Kuratel unterworfen. Ich fühlte die Tränen kommen.

»Weine ruhig«, sagte Monika mütterlich, »auch Männer müssen weinen«, das hatte sie gelesen, ich bin sicher. Sie wußte, wie sich mich zu behandeln hatte und hat von Anfang an ein listiges Spiel gespielt, ein Spiel, in dem meine Person nur eine traurige Figur war, die sie nach Belieben hin- und herschob.

Nun kamen mir tatsächlich die Tränen. Ich erinnerte mich an die vielen kameradschaftlichen, freundschaftlichen Ratschläge, die mir Lektoren, Cheflektoren, Verlagsleiter oder Kulturfunktionäre von Partei und Regierung gegeben hatten: Weißt du, deine Kritik ist ja nicht unberechtigt. Aber wem nützt es, wenn du sie jetzt öffentlich äußerst? Gerade jetzt befinden wir uns doch in einer Entwicklungsphase zu mehr Offenheit, und willst du die Kanonen des Klassengegners laden? Hast du dir überlegt, was du dann für Freunde hast, drüben? Alle die Ewiggestrigen, die nur darauf warten, unserem jungen Staat eins auszuwischen?

So oder ähnlich hatten sie mir jahrelang zugeredet und mich – und viele andere – zur Vernunft gebracht.

Ich weinte nun sehr, meine Tränen feuchteten Monikas Busen an.

[...] Der Zufall hat es gewollt, daß Monika von Oberkellner Paschke beauftragt wurde, eine Gruppe – nein Gruppenbildung darf ihnen nicht unterstellt werden –, also ein Häuflein von prominenten Kulturschaffenden (gastronomisch!) zu betreuen, das sich in einem Konferenzzimmer des Regierungs-Hotels zusammengefunden hatte. Anlaß dieser außerordentlichen Konferenz war der Puppenspieler Pippow, genauer: die Weigerung unserer Regierung, ihn nach Hause zurückkehren zu lassen. Wenn Monika zu glauben ist, waren alle Anwesenden sehr deprimiert, und einige weinten. Andere jammerten laut und wieder andere saßen wie versteinert am Tisch und brachten kein Wort heraus. Das Essen, das Monika servierte, blieb ungegessen, Wein und Kaffee blieben ungetrunken, und wenn Monika – jedenfalls behauptet sie das – nicht eingegriffen hätte, wäre außer Jammern und Wehklagen nichts Erwähnenswertes, geschweige denn etwas Produktives herausgekommen.

Sie habe die männlichen Teilnehmer an dieser legendären Sitzung mit tröstenden Worten und Streicheleinheiten dermaßen aufgemuntert, berichtete Monika, daß sie sich ihrer Männlichkeit bewußt geworden wären und revolutionäre Lieder gesungen hätten. Mit Mühe habe sie eine Demonstration zum Staatsrats-Gebäude verhindert. Herausgekommen sei schließlich jene Protest-Resolution, die – von West-Medien verbreitet – um die Welt ging, und der sich hunderte von Künstlern und Schriftstellern anschlossen, wir auch.

Zum ersten Mal in der damals siebenundzwanzigjährigen Geschichte unseres Staates der Arbeiter, Bauern und Intelligenzler (siehe die Symbole unserer Staatsflagge: Hammer, Ährenkranz und Zirkel) protestierten prominente Kulturträger (also Hoffnungsträger) öffentlich (in den West-Medien, wo sonst?) gegen einen Beschluß ihrer Regierung – und zwar ohne etwa Regierungsmitglieder oder Parteiführer zuvor davon unterrichtet zu haben, das muß man sich mal vorstellen. Es war eine Art Sakrileg, und weil Monika nach eigener Aussage die treibende Kraft war, muß ich – als ihr Freund – einen Teil der Schuld auf mich nehmen: Statt ideologisch stärker auf sie einzuwirken, habe ich mich von ihr aufhetzen lassen.

»Jetzt bist du dran, Harry«, flüsterte sie mir zu, wir saßen im Espresso Unter den Linden, Ecke Friedrich.

»Ich bin dran? Aber ich hab' nichts gemacht.«

»Drum eben«, sagte sie.

Die Novembersonne schien, und weil es ein Mittwoch war, zog mit klingendem Spiel der Wachaufzug die Linden entlang. Ich weiß nicht mehr, ob noch der dicke Tambour-Major vorneweg marschierte. Wenn er, den prallen, von Koppelzeug und Uniform eingezwängten Bauch vor sich herschiebend, mit dem puschelverzierten Stab die Berliner Luft zerpiekend, im Stechschritt die kurzen, an den Waden von eng sitzenden Uniformhosen und blitzblanken Stiefeln eingezwängten Beine hochreißend, vor der Kapelle und dem folgenden Marschblock herstolzierte, bibberten im Takt der strammen Schritte seine feisten, vom Sturmriemen des imitierten Stahlhelms geteilten Doppelkinne. Aus einem mir unerfindlichen Grund wurde Fettbacke, wie wir den militanten Kapellmeister nannten, durch einen anderen, schlanken Tambour ersetzt. Die Hauptstadt der DDR war um eine Attraktion für Touristen ärmer geworden.

Während ich der Marschmusik lauschte, die mir, wie immer, eine Gänsehaut übern Rücken laufen ließ, hatte Monika auf mich eingeredet.

»Hörst du mir überhaupt zu?« fragte sie.
»Klar.«
»Und was habe ich gesagt?«
Ich schwieg, und sie stand auf und ging an Fritz vorbei, der gerade hereinkam.
»Was hat sie?«, fragte er.
»Nichts. Tag, Fritz.«
Er setzte sich zu mir.
»Und was hat sie wirklich?«
Ich bestellte zwei doppelte Wodka.
»Mir auch einen«, rief Monika der Serviererin zu.
Wir saßen am Fenster und sahen hinaus. Die beiden Springbrunnen in den jetzt leeren Becken waren schon lange abgestellt worden. Vor den Ampeln Friedrich, Ecke Linden stauten sich viele Leute. Damals warteten alle noch auf Grün, bevor sie über die Straße gingen. Es war um die Zeit, da die Büroangestellten Feierabend hatten.

Wie oft, wenn ich so am Fenster eines Restaurants saß, auf die Straße hinausblicken und mir was bestellen konnte, das mir dann auch tatsächlich gebracht wurde, dachte ich an die Jahre gleich nach dem Krieg. Ich hatte es mir damals schwer vorstellen können, daß es jemals wieder eine Zeit geben würde, da ich wie früher mit meinen Eltern, als ich noch ein kleiner Junge gewesen war, in einem Café sitzen, durch unzerbrochene Scheiben auf die Straße sehen, die Leute vorbeigehen sehen und ohne weiteres ein Stück Kuchen oder vielleicht eine Portion Schlagsahne bestellen konnte.

»Schönes Gefühl«, sagte ich.
»Ja«, sagte Fritz. »Der Wodka hat gut getan.«
Er hatte etwas auf dem Herzen, ich merkte es ihm an, und ich konnte mir denken, was.
»Prost, ihr Flaschen«, sagte Monika.
Sie trank den Wodka, wie sie es kürzlich bei einer französischen Schauspielerin gesehen hatte, setzte das Glas an und kippte sich den Inhalt in den weit geöffneten Mund, wobei sie den Kopf ruckartig nach hinten beugte.
»Noch einen, Fanny.«
»Deine Monika ist eine Säuferin«, sagte Fritz grinsend.
»Lieber eine Säuferin als eine Ober-Flasche«, sagte Monika. »Lieber besoffen als feige. Lieber den Hals voll als die Hosen.«

»Wieso die Hosen?« fragte Fritz.

»Ja, wieso die Hosen?« fragte ich.

Der Bildhauer Bachinger stürmte ins Lokal, ging wankend von Tisch zu Tisch und forderte einige Männer zum Armdrücken heraus. Er fand keine Gegner.

»Feige Säcke«, sagte er, »wo du hinguckst: Schisser.«

»Endlich ein Mann«, sagte Monika.

Bachinger kam an unseren Tisch. Er fragte, ob wir davon gehört hätten, daß einige Hungerkünstler gegen Pippows Rausschmiß protestiert hätten.

»Im Westen!« rief er. »Gehen zu den Geldsäcken und schmeißen mit Dreck auf ihre eigenen Leute. Und warum? Weil der Pippow endlich ist, wo er hingehört, das Arschloch. Den hätten sie schon längst, hätten sie den rausschmeißen sollen. Soll er doch drüben seine dämlichen Puppen tanzen lassen, der Kacker!«

Er hatte es laut gesagt. An den Nebentischen hörten ein paar junge Burschen auf sich zu unterhalten.

»Der Kacker bist du«, sagte Monika. »Kacker ihr!« rief sie.

»Schlappschwänze. Ihr kriegt doch keinen mehr hoch, das sehe ich euch doch an.«

»Na, das wollen wir doch mal sehn«, rief Bachinger und fing an, seinen Hosenschlitz aufzuknöpfen.

»Kommt«, sagte Fritz, »gehn wir.«

»Warum?« fragte Monika, »wo nichts ist, kann er nichts sehn lassen.«

Wir gingen, bevor Bachinger mit ungelenken Fingern die Hose aufgeknöpft hatte.

Es war dunkel geworden. Von der Staatsoper her kamen in lockerer Formation festlich gekleidete Damen und Herren. Wegen ihrer langen Kleider hatten manche Damen Mühe, mit ihren Begleitern, die es wegen der Übertragung eines Fußballspiels im Fernsehen offenbar eilig hatten, nach Hause zu kommen, Schritt zu halten.

Monika ließ meinen Arm los, lief auf die Fahrbahn und bückte sich nach etwas. Triumphierend zeigte sie uns, was sie gefunden hatte: einen der beiden bunten Puschel vom Stab des Tambour-Majors.

»Er kriegt Ärger mit seinen Vorgesetzten«, sagte ich.

»Wir kriegen bald alle 'ne Menge Ärger«, sagte Fritz.

»Ihr doch nicht, ihr Flaschen!« rief Monika und schwenkte ihre Beute, wie sie es von dem Tambour gesehen hatte, auf und nieder. Das gefiel einer Dame im Abendkleid nicht. In sächsisch klingendem Tonfall sagte sie, Monika müsse ihren Fund abgeben, er sei Volkseigentum.

Wir spazierten Richtung Brandenburger Tor, das einsam im östlichen Grenzstreifen vor dem gut beleuchteten westlichen Abendhimmel stand wie ein Bollwerk.

»Warum glaubst du, daß wir Ärger kriegen?« fragte ich Fritz, der das für die Allgemeinheit geschlossene Tor betrachtete.

»Und du?«

»Harry doch nicht!« rief Monika. »Harry hat die Hosen voll, gestrichen. Außerdem ist mir kalt.«

»Wir sind nicht berühmt, Fritz. Uns hauen sie die Badehose voll, wegen eines Arschlochs.«

»Er hat wenigstens Arsch in der Hose«, sagte Monika, »im Gegensatz zu euch.«

»Ich dachte, du bist mehr an dem interessiert, was er vorne drin hat«, sagte ich, bitter, das gebe ich zu.

»Streitet euch nicht, wir kriegen noch genug Ärger«, sagte Fritz, und daß er gerade jetzt keinen gebrauchen könne, sein neues Buch sei fertig.

»Wir kriegen keinen Ärger, weil wir keinen machen. Wir halten einfach die Schnauze.«

»Gute Idee«, sagte Fritz.

»Dann stelle ich einen Ausreiseantrag!«, rief Monika. Sie machte Anstalten, über die Absperrung zu klettern, und wir hatten Mühe, sie zurückzuzerren. Unterwegs nach Hause rief sie einigen Passanten zu, daß sie, wenn man Pippow nicht wieder hereinlasse, einen Ausreiseantrag stellen würde.

[…]

Am nächsten Tag hatte ich die Unterschriften-Liste auf dem Hals. Wenn ich auch nur geahnt hätte, was meine von Monika erpreßte Zusage, diese verdammte Liste zu führen, für Folgen hatte, niemals hätte ich meine Einwilligung gegeben! Lieber hätte ich Monikas Drohung, einen Ausreiseantrag zu stellen und im Falle einer Ablehnung einen Grenzdurchbruch zu riskieren, in Kauf genommen. Aber arglos wie ich war, habe ich ihr erlaubt, ihrer Freundin Maja unter dem Siegel der Verschwiegenheit anzudeuten, daß die vage Möglichkeit bestünde, bei mir zu Hause läge eine Liste aus, die in irgendeinem Zusammenhang etwas mit Pippow zu tun haben könnte.

Kurz darauf brach – ich sage es ruhig – die Hölle los. Eine selten und wenn, dann nur für Sekunden abreißende Menschenschlange wand sich über unseren Hinterhof, die Treppe herauf in den Korridor und in die Stube, wo die Namensliste mit dem Protest gegen Pippows Aussperrung und der Forderung, ihn heimkehren zu lassen, auslag. Puppenspieler, Schauspieler, Maler, Bildhauer, Schriftsteller, Prominente und solche, die auch mit ihrer Unterschrift prominent werden wollten, standen und saßen diskutierend in Küche und Stube herum. Es war ein Kommen und Gehen. Weder auf dem Fußboden, noch auf irgendwelchen Sitzgelegenheiten wie mitgebrachten Bierkisten und so weiter, gab es freie Plätze, die nicht sofort wieder besetzt wurden. Es herrschte ein ohrenbetäubender Lärm. Nur einige Schauspieler konnten sich über die Distanz von mehr als einem Meter noch verständlich machen. Alle paar Minuten läutete das Telefon, und Fritz konnte einen weiteren Protestler in unsere Liste eintragen. Namen von Prominenten wiederholte er laut. Dann klatschten die Anwesenden Beifall. Jubel brach los, als Fritz: »Kalle Kaloschke!« rief. Der war damals der populärste Shanty-Sänger hierzulande, der DDR-Freddy.

Und über allem schwebte eine glückliche Monika. Sie verteilte Husten-Bonbons und Salmiak-Pastillen, Käsegebäck und Kartoffelchips aus dem Intershop, zeigte Durstigen die Wasserleitung und Bedürftigen die Außen-Toilette. Die meisten Männer waren hingerissen von Monikas fürsorglichem Wesen, und sie geizte nicht mir kleinen Freundlichkeiten, zupfte diesem am Ohr, kniff jenem in die Wange und küßte auch mal jemandem flüchtig auf den Mund. Das war ihre Party. Auch die Besatzung des Streifenwagens der Volkspolizei kam in den Genuß ihrer Fürsorge. Sie servierte den überraschten Polizisten ein Kännchen mit heißem Tee, »damit sie sich nicht erkälten«, nebst den dazugehörigen Tassen. Die uniformierten Männer lehnten höflich ab, einer lächelte sogar.

»Das sind alles Kaffeetrinker«, sagte Monika, als sie mit dem vollen Kännchen wieder oben war.

Der Streifenwagen stand übrigens noch vor unserer Haustür, als niemand außer Fritz, Monika und meiner Wenigkeit mehr in der Wohnung war. »Wir können aufhören«, sagte Fritz. »Kommt keiner mehr. Mensch, das ist 'ne Liste geworden, 'ne Menge Prominenz. Na, das wird was.«

»Und was machen wir jetzt damit? Mit der Liste?« fragte Monika.

Ihre Frage traf uns unvorbereitet. In all dem Trubel hatten wir keine Zeit gehabt, darüber nachzudenken, wie es weitergehen sollte. Wir wußten nur eines genau, Fritz faßte es in die einfachen Worte:

»Die Liste wird veröffentlicht. Was sonst?«

»Eben. Was sonst?« fragte ich.

»Und wo?«, fragte Monika hartnäckig. »Wo wird sie veröffentlicht?«

»Zuerst bringen wir sie zum *ND*«, sagte ich, und Fritz stimmte zu.

»Zum *Neuen Deutschland*?« fragte Monika, »zum Zentralorgan? Warum das?«

Wir lachten überheblich, Fritz und ich. Wozu brächte jemand, der etwas veröffentlichen will, zum Beispiel einen Protest mit vielen Unterschriften, ein solches Dokument zu einer Zeitung? Das, sagte Monika nicht weniger überheblich, frage sie sich auch, wenn es ein Protest gegen einen Beschluß der Regierung und wenn die Zeitung das Zentralorgan der regierenden Partei sei.

»Oder glaubt ihr daran, daß sie es veröffentlichen, im *ND*?«

Wir mußten zugeben, daß wir das für sehr unwahrscheinlich hielten.

»Und warum wollt ihr's dann hinbringen?«

Sie wollte uns nicht verstehen oder sie konnte es nicht, politisch ungebildet wie sie nun mal war. Fritz faßte sich in Geduld und versuchte, ihr unsere Motive zu erklären. Er sagte, daß wir als Bürger dieses Landes, die eine Kritik an einer kulturpolitischen Maßnahme ihrer Regierung anbrächten, sich nicht an irgendjemanden, sondern eben an diese, unsere Regierung zu wenden hätten, in diesem Fall an das Zentralorgan der Partei oder auch an die amtliche Nachrichtenagentur unseres Landes, an ADN.

»ADN wäre auch gut«, warf ich ein.

»Weil sie es bringen?«, fragte Monika, »weil ADN den Protest und die Namen veröffentlicht?«

Meine Geduld war zu Ende, und ich bat Monika, sich nicht in Dinge einzumischen, von denen sie nichts verstünde.

»Warum erklärst du mir's dann nicht?«

»Gut, ich versuch's noch mal. Also, paß auf. Nehmen wir an,

dein Vater hat dir eine geklebt, und du fühlst dich ungerecht behandelt. Zu wem gehst du dann, um dich zu beschweren? Doch wohl zuerst zu ihm.«

»Nein, ich gehe zu meiner Mutter. Außerdem kenne ich meinen Vater gar nicht.«

»Komm Fritz«, sagte ich. »Gehen wir. Sie kapiert's nicht.«

»Und wohin gehen wir?« fragte er, und Monika sagte, das wüßte sie auch gerne, denn daß ADN unsere Liste veröffentlichen würde, sei ja wohl ebenso unwahrscheinlich wie eine Veröffentlichung im ND. Im übrigen käme sie mit.

Wir versuchten, ihr klarzumachen, daß es besser sei, wenn sie zu Hause bliebe, um nötigenfalls Alarm zu schlagen, wenn man uns hopp nähme. Sie kümmerte sich nicht darum, sondern sie zog ihre Pelzstiefel an.

»Besser ist besser. In Sibirien ist es kalt.«

»Mit so etwas scherzt man nicht!«, sagte Fritz aufgebracht. Er schien sich ernstlich Sorgen zu machen, und ich will nicht leugnen, daß auch ich keine allzu große Lust hatte, die brisante Liste mit den vielen Namen von Protestlern gegen eine Maßnahme der Regierung irgendwo anders zu deponieren als im Papierkorb.

»Bei uns bringt das sowieso kein Aas«, sagte ich.

Fritz nickte heftig. »Habe ich auch schon gedacht.«

»Wir könnten sagen, die Liste ist uns gestohlen worden.«

»Oder wir sagen, wir haben nur Spaß gemacht. Wir wollten nur mal sehen, wer von unseren Prominenten Arsch in der Hose hat.«

»Am besten ist, wir sagen gar nichts. Wir sagen nichts, und wir machen nichts. Das ist das Beste. Und zwar für alle.«

»Genau. Den Pippow lassen sie sowieso nicht wieder rein.«

Wir waren uns einig, Fritz und ich: wir bliesen die Sache ab, hatten nichts mehr damit zu tun. Der ganze Pippow und der Rummel um ihn ging uns nichts an. Wir hatten ihm nicht geraten, das Maul soweit aufzureißen, beim Klassenfeind.

Wir waren erleichtert, Fritz und ich. Es hätte wohl nicht viel gefehlt, und wir wären die Treppe hinuntergelaufen, um den pflichtbewußten Polizisten zu sagen, wie leid uns alles täte, und daß sie beruhigt nach Hause fahren könnten. Wir hätten unseren Irrtum eingesehen.

»Wo ist eigentlich Monika?«

»Monika!«

Keine Antwort.

Monika im Pelzmantel und die Liste mit den Unterschriften waren weg. Auf dem Küchentisch fanden wir einen Zettel, auf dem zu lesen war: Feige Säcke! Suche zwecklos! Moni.

Fritz sagte, er hätte immer gewußt, daß es mit Monika kein gutes Ende nehmen würde.

»Auf einmal? Du warst eher scharf auf sie als ich.«

»Harry, das ist doch jetzt egal. Wir müssen sie irgendwo aufstöbern. Sie bringt uns in Teufels Küche.«

»Da sind wir schon. Fritz.«

Der Wagen mit unseren traurigen Bewachern stand noch vor der Tür. Fritz fragte den Polizisten, der hinter dem Steuer saß, in welche Richtung die Dame im Pelzmantel gegangen sei. »Sie muß eben erst aus dem Haus gekommen sein.«

Die Polizisten blickten uns nur an. Selten habe ich soviel staunende Verwunderung und gleichzeitig soviel kühle Distanz in den Augen von Menschen gesehen.

»Sie verachten uns, Fritz.«

»Quatsch. Die sind sauer, weil sie wegen uns hier rumsitzen müssen.«

Im zweiten Stock des Hauses Chausseestraße, Ecke Hannoversche waren viele Fenster erleuchtet. Vor der Haustür trafen wir unsere alten Bekannten Eule und Kullerbauch. Wir fragten auch sie nach Monika, und auch die beiden zivilen Wächter gaben keine Antwort. Fritz vermutete, sie hätten Sprechverbot.

Wir klingelten bei Pippow. Die Sängerin Elvira Mia öffnete. Sie umarmte erst Fritz und dann mich. Sie roch nach Gin und nach Channel No. 5. Daß auch wir uns mit Pippow solidarisch erklären wollten, rührte sie offenbar zu Tränen. »Danke«, sagte sie mit bebender Stimme, mit dieser Stimme, die Millionen Fernsehzuschauern zu Herzen ging, zum Beispiel, wenn sie das Lied vom Kleinen Trompeter sang. Es wird erzählt, daß selbst ein so schlichter Mann wie unser erster Vorsteher Tränen in den Augen gehabt haben soll, als Elvira Mia während seiner Geburtstagsfeier das Lied vom Kleinen Trompeter angestimmt hatte.

»Kommt doch herein, meine Freunde«, sagte sie.

Wir beschrieben ihr Monika, und sie sagte, eine solche Person befinde sich nicht unter den Anwesenden. Von einer Unterschriftenliste, außer der, die hier auslag, wußte sie nichts. »Schade!« rief sie, »ich hatte angenommen, ihr wollt mit eurer Unterschrift eure Solidarität mit Pippow beweisen. Ich habe gedacht, es läge euch am Herzen, einen unbequemen aber bedeutenden und kritischen Puppenspieler wieder in euren Reihen zu haben ...«

Sie hatte es laut deklamiert, und in dem geräumigen Zimmer mit den vielen Gästen, die sich eben noch – um sich verständlich zu machen – schreiend unterhalten hatten, herrschte auf einmal Ruhe, eine überraschende Stille, die durch das Signal eines Martinshorns und das Quietschen der Straßenbahn in der Kurve zur Oranienburger womöglich noch bedrückender wurde. Viele vorwurfsvolle Augen sahen uns an. Niemand rührte sich. Es war, als hielten alle im Zimmer den Atem an. Ein Flugzeug flog vorbei. Ich hatte das Gefühl, einer Wand aus Feindseligkeit gegenüberzustehen.

In diesem Augenblick bemerkte ich Kalle Kaloschke. Er machte sich von einer sehr langhaarigen, sehr blonden, in weißes Leder gezwängten jungen Dame los, begrüßte uns mit brüderlichen Küssen auf beide Wangen und fragte mit tief tönender Stimme, ob wir unsere Unterschriften-Liste mit seinem hoffentlich richtig geschriebenen Namen schon »rübergegeben« hätten. Danach wetteiferten die meisten Gäste, junge und ältere, Damen und Herren, uns ihre Sympathie zu versichern. Es war ein allgemeines Herzen und Küssen, Händeschütteln und Schulterklopfen.

»Komm zu mir, Süßer«, sagte Kalles blonde Freundin zu Fritz, legte ihr langes Haar um seinen Hals, zog den verdatterten Fritz an sich und steckte ihm eine belegte Zunge ins Ohr.

Irgendwo klingelte ein Telefon.

»Mal Ruhe! Ruhe! Ruhe!« rief eine erregte Frauenstimme, »er ist dran!«

Schlagartig wurde es still. Pippows Frau Maria-Magdalena sagte in den Hörer:

»Pippowlein. Ja, ich bin's. Geht's dir gut? Ich frage, ob's dir gut geht. Ja, wir haben alles gesehen. Klasse! Du warst umwerfend. Phänomenal. Du, Pippow! Was denkst du, was hier los ist. Hier ist vielleicht was los, sage ich dir. Was? Wie bitte? Alle! Sie stehen alle hinter dir. Wie ein Mann. Die Frauen natürlich auch. Mithören? Laß sie doch mithören. Die hören es sowieso bald alles. Wir holen dich wieder her, Pippow. Nach Hause. Wo du hingehörst. Ich hab' auch Sehnsucht, wir alle haben Sehnsucht. Ja! Alle!«

So ungefähr ging's weiter, etwa zwanzig Minuten lang, und die ganze Zeit schwiegen die Gäste oder verständigten sich flüsternd.

»Pippow geht's gut«, rief Maria-Magdalena. »Er ist bald wieder hier«, sagt er und daß er sich über die wahnsinnige Solidarität freut.

Wieder wurde geklatscht und »Spitze!« gerufen.

Die Sängerin Elvira-Mia wollte unsere Liste mit den Unterschriften sehen. »Um sie zu vergleichen«, sagte sie. Ihre Enttäuschung, als wir zugeben mußten, augenblicklich nicht im Besitz unserer Liste zu sein, veränderte ihr eben noch freudestrahlendes Gesicht ebenso wie ich es auf der Bühne schon erlebt hatte, wenn sie nach einem fröhlichen Liedchen ein wehmütiges, trauriges sang. Ich fürchtete, sie würde jeden Augenblick zu weinen anfangen.

»Ihr habt sie nicht? Habt sie nicht? Ja, wer hat sie denn, um Gotteswillen?«

»Wir!« sagte Fritz. »Bald. Sehr bald!«

Zum Glück hatte niemand weiter mitgehört, und wir konnten unbehelligt gehen.

»Peinlich, peinlich«, sagte Fritz, da waren wir schon auf der Straße, den vorwurfsvollen Blicken von Eule und Kullerbauch entkommen.

Wir mußten Monika auftreiben, und zwar schnell. Aus dem offenen Fenster einer Wohnung im Parterre war die Stimme eines Nachrichtensprechers von RIAS zu hören. Er nannte die Namen der Prominenten, die gegen Pippows Aussperrung protestiert hatten. »Weitere prominente Künstler und Schriftsteller sollen sich, wie aus gewöhnlich gut unterrichteten Kreisen verlautet, dem Protest angeschlossen ...« Das Fenster wurde geschlossen. Wir gingen die Friedrichstraße Richtung Bahnhof. Es war nicht viel Betrieb. Auf der Weidendammer Brücke blieben wir stehen. Unter uns floß träge die Spree nach Westberlin.

»Die olle Spree ist republikflüchtig, auf ihre alten Tage«, sagte Fritz.

»Nee, sie fließt bloß durch, Fritz. Sie kommt in die DDR zurück.«

»Verrückte Stadt.«

»Da seid ihr ja. Hab' euch überall gesucht«, sagte jemand hinter uns, und sie war es, Monika.

»Wo ist die Liste!«

»Wo soll sie sein«, antwortete sie, »zu Hause natürlich.«

Unterwegs berichtete sie, daß ihr ehemaliger Freund Wenzel, ein in Ostberlin lebender Redakteur der Westberliner *Wahrheit,* sie samt der Liste rausgeworfen habe.

»Könnt ihr euch das vorstellen? Und der hat mich mal geliebt.«

Wir verzichteten darauf, ihr zu sagen, daß *Die Wahrheit* das Zentralorgan der Westberliner SED sei.

Wir saßen alle drei in Monikas Trabant. Langsam fuhren wir durch die dunklen Straßen, selten, daß uns ein Wagen begegnete. Wir fuhren die Wilhelm-Pieck-Straße entlang, Richtung Rosenthaler Platz. Fritz verzichtete diesmal darauf, uns zu zeigen, wo die Derby-Diele gewesen war, Café Metro oder Hamburg Ahoi, alles Lokale, in denen er seine ersten und deswegen wohl besonders intensiven Abenteuer mit Frauen gehabt hatte. Kurz vorm Luxemburger Platz trat Monika auf die Bremse.

»Gebt mir euer Ehrenwort«, sagte sie.

»Na klar. Und wofür?«

»Das wißt ihr ganz genau!«

Sie hatte recht, wir wußten es, und wir gaben ihr unser Ehrenwort, daß wir die Unterschriften-Liste, nachdem wir sie bei ADN abgegeben hatten, einer westlichen Nachrichtenagentur zur Verfügung stellen würden. Fritz bestand darauf, die Protest-Liste einer ausländischen kommunistischen Zeitung, beispielsweise der *Unita,* zukommen zu lassen. Er war sicher, der Korrespondent der *Unita* würde sie veröffentlichen. Monika war für die westdeutsche Agentur *dpa* und meine Wenigkeit plädierte für die britische *Reuters.*

Aber zunächst fuhren wir zu »unserem« *ADN.* Das Gebäude steht in der Mollstraße. Damals gab es da noch freie Parkplätze.

»Wenn wir in einer halben Stunde nicht wieder hier sind, rufst du diese Nummer an.« Fritz gab Monika die Visitenkarte eines ihm bekannten Korrespondenten der *Frankfurter Rundschau.*

»Wollt ihr nicht lieber hierbleiben?«

»Ich denke, du willst deinen Pippow wiederhaben?«

»Nur sein bestes Stück«, sagte Fritz.

»Haut ab«, sagte Monika, »hoffentlich buchten sie euch ein!«

Es war ihr anzusehen, daß sie sich Sorgen machte.

Wir stiegen aus und gingen auf den Eingang zu, über dem in erleuchteten Buchstaben *Allgemeiner Deutscher Nachrichtendienst* zu lesen war. Ich schob die Ursache für das flaue Gefühl in der Magengegend auf Monikas Kartoffelsuppe.

»Keinen Widerstand leisten, wenn sie uns ...«, riet mit unsicherer Stimme mein Freund Fritz. »Hast du deinen Verbandsausweis mit?« fragte er. Erschrocken tastete ich nach irgendeinem Ausweis, suchte in allen Taschen, vergeblich.

»Willst du damit sagen, daß du deinen Personalausweis auch nicht bei dir hast?«

So war es, ich hatte kein einziges Dokument bei mir, mit dem ich meine Existenz hätte nachweisen können.

»Keine Fahrerlaubnis?«, fragte Fritz.

»Nein, aber eine ungültige S-Bahn-Fahrkarte.«

Der Pförtner, ein alter, magerer Mann mit dem Parteiabzeichen am Revers seines Jacketts mit Ellenbogenschonern, saß in einem gläsernen Verschlag, an dem ein schmaler Durchgang vorbeiführte. Er las Zeitung, las interessiert die *BZ am Abend*.

Noch konnten wir umkehren, und einen Augenblick dachte ich an Flucht, doch ich dachte auch an Monika und blieb.

»'n Abend, wir sind Berliner Schriftsteller«, sagte Fritz, und daß wir eine Liste mit weiteren Namen von Kulturschaffenden brächten, die gegen die Aussperrung des Puppenspielers Pippow protestierten.

»Schriftsteller?«, fragte der Pförtner, »Moment.«

Er hob den Telefonhörer ab, wählte eine kurze Nummer und wartete. Wir warteten auch, Fritz und ich. Wir hörten den Ruf abgehen. Der Pförtner sah uns an.

»Ja, hier Kardolski. Einlaß, ja. Also, hier sind zwei Genossen vom Schriftstellerverband. Die wollen hier was abgeben ... Ja, gut.« Er legte auf. »Sie möchten warten. Der Genosse kommt runter.«

Wir brauchten nicht lange zu warten, dann kam der Genosse die Treppe herunter. Was heißt *kam*, er kam nicht, er schritt. Er bemühte sich um eine Haltung, die gleichzeitig Lässigkeit und kühle, nein, eisige Distanz ausdrücken sollte. Die linke Hand hatte er in der Tasche seiner hellen, scharf gebügelten Hose, ganz ähnlich wie heutzutage auch hierzulande hochrangige Vertreter, wenn sie, mit der Hand in der Hosentasche offensichtlich an ihrem Geschmeide Halt suchen. Wie manche von diesen bedeutenden Männern trug auch unser Mann ein zweireihiges, dunkelblaues Jackett, an dem Messingknöpfe glänzten. Seinem glatt rasiertem Gesicht unter dem glatt gescheitelten, dunklen Haar verlieh eine Brille mit schmalem Goldrand eine Strenge, die durch den scheinbar vollkommen desinteressierten Blick nicht gemildert wurde. Seine schmalen Lippen öffneten sich zu einem Spalt, als er fragte: »Bitte?«

Fritz erklärte dem smarten Herrn, der einige Schritte von uns entfernt stehengeblieben war, wer wir seien und was uns herführte, und ich ergänzte Fritzens leidenschaftslos vorgetragene Worte mit dem Hinweis auf die Wichtigkeit des Dokuments, das ausschließlich zur Veröffentlichung bestimmt sei.

»Ich nehme das zur Kenntnis«, sagte der Sicherheitsbeauftragte, denn ein solcher war es, wie wir später erfuhren.

»Werden Sie's veröffentlichen?«, fragte Fritz.

Es nehme das zur Kenntnis, wiederholte unser unfreiwilliger Gesprächspartner, nahm – äußerst ungern, wie es schien, beinahe angeekelt – die Kopie unserer Liste, machte eine beinahe zackige Kehrtwendung und ging, nein, schritt die Treppe hinauf.

Wir bedankten uns bei dem Pförtner, der lächelnd nickte und uns einen Guten Abend wünschte.

Die Arbeiterklasse sei auf unserer Seite, sagte Fritz.

Wir waren froh, als wir wieder an der frischen Luft waren. Dieser beneidenswert coole Herr hatte uns stärker beeindruckt, als wir wahrhaben wollten, es war zweifellos der richtige Mann am rechten Platz, ausgestattet mit all den Eigenschaften, die ihn für seinen schwierigen, verantwortungsvollen Job geradezu prädestinierten. Solche Männer – der Macht, die ihnen höhererseits verliehen worden ist, bewußt – Männer, denen ihr Beruf noch Berufung ist, braucht das Land! Man darf wohl sicher sein, daß dieser hervorragende Repräsentant eines Staatsdieners im besten Sinne auch unter den heutigen Verhältnissen seine Pflicht erfüllt, womöglich in den Reihen der tatkräftigen Männer, die verzweifelt um den Standort Deutschland ringen, der ihnen – nicht etwa, weil sie Geld verdienen, sondern allein, weil sie Arbeitsplätze schaffen wollen – am Herzen liegt.

Monika lief uns entgegen und umarmte uns, erst mich, dann Fritz, ihn ohne Untergriff.

»Ich dachte schon, ihr seid auf dem Weg nach Sibirien«, rief sie.

Wir konnten über den alten Witz nicht lachen, und weder Fritz noch meine Person hatten große Lust, unser Versprechen einzulösen. Daß wir dennoch zu *Reuters* fuhren, ist allein Monikas Verdienst oder ihre Schuld, je nachdem. Sie drohte uns damit, sich am folgenden Tag mit einem Transparent auf den Alex zu stellen: Wollt ihr Sozialisten sein – Laßt den Pippow wieder rein! Und, mein Wort, sie hätte es getan.

Also fuhren wir in Monikas Trabant in die Schönhauser, wo die britische Nachrichtenagentur *Reuters* ein Büro unterhielt. Diesmal ließ sich Monika nicht dazu überreden, im Wagen auf uns zu warten.

»Ich bin schuld an allem, also habe ich auch die Verantwortung«, sagte sie.

Das Büro lag im ersten Stock eines Mietshauses, und wie vor der Tür einer gewöhnlichen Wohnung lasen wir auf dem Namensschild aus Messing nichts weiter als das Wort *Reuters*, ein schönes Beispiel für das englische Understatement. Fritz drückte auf den Klingelknopf. Drinnen läutete es melodisch. Wir warteten. Es blieb alles still. Im Stockwerk über uns wurde eine Tür geöffnet. Eine Frau nannte jemanden einen »verdammten Hurenbock«.

Nachdem auch ich und nach mir Monika geläutet hatten und drinnen alles still geblieben war, warteten wir ein paar Minuten. Im Stockwerk über uns sagte ein Mann, er würde, wenn man ihn nicht in seine Wohnung ließe, die Polizei holen.

Wir gingen die Treppe hinunter. Fritz sah erleichtert aus, und ich kann nicht leugnen, daß mir ein Stein vom Herzen fiel.

Monika äußerste sich abwertend über die Arbeitsmoral in England, da waren wir schon auf der Straße.

»Scheiß-Engländer!« rief Monika.

Im ersten Stock wurde ein Fenster geöffnet. Ein junger Mann, der eine Tabakpfeife zwischen den Zähnen hielt, fragte uns nuschelnd, aber in akzentfreiem Deutsch, ob wir es gewesen seien, die bei *Reuters* geläutet hätten.

»Wait a minute«, rief er in ebenso akzentfreiem Englisch.

»Spanisch kann er auch«, sagte Monika.

Ein Einsatzwagen der Volkspolizei hielt vorm Haus, zwei Polizisten stiegen aus, und während sie auf uns zuschlenderten, hatte ich das dringende Bedürfnis, wenigstens die Straßenseite zu wechseln.

Ohne uns weiter zu beachten, gingen die Polizisten an uns vorbei zum Hauseingang, den sie im selben Augenblick erreichten, in dem der junge Mann von *Reuters* die Tür öffnete. Die Polizisten und der Engländer begrüßten sich mit Handschlag.

»Wieder die Lehmannsche«, sagte einer der beiden Uniformierten.

»Hab's gehört«, erwiderte der Engländer. Die Polizisten gingen ins Haus. Ihr Kollege saß teilnahmslos am Steuer des Einsatzwagens, und er wäre, wenn er es denn gewollt hätte, Zeuge eines Vorgangs geworden, der später von einem Funktionär des Verbandes Deutscher Puppenspieler (VDP) als konspirativ bezeichnet wurde.

Wir, das heißt, ich, erklärte dem jungen Mann, der intensiv nach würzigem Tabak roch, warum wir bei *Reuters* geklingelt hatten, etwas außerhalb der gewöhnlichen Geschäftszeit, nämlich mitten in der Nacht.

»Ist das the Protest?« fragte er, faltete die Liste, steckte sie ein und lief ins Haus.

»Thank you very much«, rief er aus dem Fenster.

»Keine Ursache«, rief einer der beiden Polizisten, die kurz vorher aus dem Haus gekommen waren.

Der Funkwagen fuhr ab, bog um die Ecke.

Aus dem Fenster im ersten Stock hörten wir das Rattern eines Fernschreibers.

Unser Protest mit den Namen der Protestler ging in die ganze Welt hinaus.

»Na, Prost Mahlzeit«, sagte Fritz.

[...]

Bei der morgendlichen Lektüre unseres Zentralorgans schwand mehr und mehr meine Hoffnung, die Regierung unseres kleinen, aber – wie wir damals noch glaubten – zukunftsträchtigen Landes würde großmütig genug sein, Pippows Aussperrung rückgängig zu machen. Der gerechte Zorn der Werktätigen und aller, die sich dafür hielten, brach vehement über uns herein. Wir, die wir gegen eine gerechte, notwendige, längst überfällige, bei aller Härte noch moderate, der sozialistischen Entwicklung dienende usw. Maßnahme der Regierung öffentlich, also beim Klassengegner, protestiert hatten, waren die Vaterlandsverräter, Nestbeschmutzer, waren, wenn auch noch nicht Gegner, so doch Verirrte und mußten zur Räson gebracht und auf den rechten Weg zurückgeführt werden. Vater Staat und Mutter Partei waren – wenn wir uns einsichtig zeigen würden – bereit, uns als verlorene Töchter und Söhne wieder in ihre Obhut zu nehmen, und ich will und kann nicht leugnen, daß ich nur allzu gern dem Beispiel einiger weniger Protestler gefolgt wäre, die ihren Protest angesichts der Kampagne der West-Medien mit dem größten Bedauern zurücknahmen. [...]

Wir trennten uns gütlich, so heißt das ja wohl, wenn zwei auseinandergehen, ohne sich zu prügeln. Monika hatte Verständnis für meine Abneigung gegen Pippow. Weil nach ihrem gescheiterten Versuch, ihn doch noch zurückzuholen, kaum zu erwarten war, daß man ihm – und sei es nur für einen Tag – die Wiedereinreise in unsere Republik gestatten würde, war zu befürchten, daß er von nun an für immer zwischen uns stehen werde.

»Schade, Harry. War eigentlich immer schön mit dir. Ich hab's gern gehabt, daß du ab und zu ein bißchen trottlig bist.«

»Ich hab' dich auch gern gehabt. Trotz allem, du weißt schon.«

»Ich weiß, Harry. Ich kann nichts dafür. Weißte, ich muß es einfach noch mal richtig sehn, in natura und zum Anfassen.«

»Verstehe. Und wie willst du das machen?«

»Ganz einfach. Ich wundere mich, daß ich nicht schon eher drauf gekommen bin. Hätte uns viel Ärger erspart.«

Sie erklärte es mir, und es war tatsächlich unkompliziert: Sie hatte eine Großmutter in Hamburg, die sie sterben lassen und eine Reise zu ihrer Beerdigung beantragen konnte. Meine Frage, warum in aller Welt, sie daran nicht früher gedacht habe, beantwortete sie mit dem pathetischen Satz, den sie irgendwo gehört oder gelesen haben mußte. Sie sagte, Pippows Aussperrung sei nur der letzte Anstoß gewesen, sich gegen Macht und Machtmißbrauch öffentlich zur Wehr zu setzen.

»Im Grunde ging es mir nicht in erster Linie um Pippow, sondern um viel mehr. Das müßtest du eigentlich wissen, Harry.«

Das wüßte ich nur zu gut, sagte ich und fügte bedauerlicherweise hinzu:

»Es ging dir viel mehr um Ratz-patz und Hopsassa!«

Sie war tief betroffen, und wir trennten uns ohne ein Wort des Abschieds. Und vielleicht habe ich ihr Unrecht getan, womöglich hat sie tatsächlich das hehre Ziel gehabt, nicht nur Pippow angetanes Unrecht wiedergutzumachen zu helfen.

Je intensiver ich über die uns damals bewegenden Ereignisse nachdenke, desto selbstkritischer betrachte ich die Rolle, die ich gespielt habe, eine unrühmliche Rolle! Nur schwerlich könnte ich den Vorwurf entkräften, den Niedergang unserer Republik mit verursacht oder ihn auch nur beschleunigt zu haben: Ohne mein von Eifersucht und Mißgunst bestimmtes Verhalten, das im übrigen von einer mir bis dahin unbekannten kriminellen Energie zeugte, hätte

Monika die Möglichkeit gehabt zu erreichen, daß man Pippows Aussperrung großherzig rückgängig gemacht und damit Toleranz, Güte und staatsmännische Weisheit bewiesen hätte. Das wäre von der ganzen westlichen Welt, insbesondere aber von unseren Menschen als große, versöhnliche Geste anerkannt worden, und niemand kann gänzlich ausschließen, daß weniger Mitbürger ihrem sozialistischem Vaterland den Rücken gekehrt hätten. Vielmehr wären die meisten von ihnen wahrscheinlich im Lande geblieben und hätten tatkräftiger und engagierter am Aufbau eines wirklichen Sozialismus mitgewirkt. Womöglich wäre uns gar gemeinsam – wenn auch etwas verspätet – gelungen, die (damals noch westdeutsche) Bundesrepublik zu überholen, ohne sie einzuholen (das muß man sich am Beispiel eines Hundertmeterlaufs vorstellen), und alle unsere Landsleute könnten frei wählen, in welchem der beiden deutschen Staaten sie leben wollten.

Mit dem Vorwurf, das möglicherweise verhindert zu haben, muß ich leben.

Sie trafen sich wieder in einem kleinen Café Ecke Hannoversche Straße. Harry saß schon am Tisch, es war derselbe, an dem sie bei ihrem ersten, nicht ganz unverhofften Treffen gesessen hatten.

Detlev klappte den schmalen, schwarzen Koffer auf und entnahm ihm das Manuskript, das in einer dafür geeigneten Klarsicht-Hülle steckte. Er habe die Geschichte, nachdem er sie – übrigens zweimal – gelesen hatte, einer Lektorin seines Hamburger Verlages gegeben, sagte er.

»Sie war meiner Meinung. Tut mir leid, Harry.«

»Aha.«

»Weißt du, es ist streckenweise ja ganz amüsant...«

»Aber?« fragte Harry.

»Aber nichts für uns. Für unseren Verlag. Ein bißchen konservativ, vielleicht.«

»Aha.«

»Und hinzu kommt: Die Geschichte ist zu sehr aus der Sicht eines Ossis geschrieben. Ich verstehe das natürlich. Aber die Kollegin in Hamburg ... Naja, du weißt ja.«

»Nein.«

»Weißt du, Harry, vielleicht solltest du den Stoff einem hiesigen, einem Verlag in den neuen Bundesländern anbieten. Ich war übrigens überrascht, wie du dein Verhalten von damals heute beurteilst. Interessant. Doch, doch. Aber – wie gesagt: Leider.

Sie unterhielten sich noch ein Weilchen über dies und das, aber Detlev hatte wenig Zeit, er entschuldigte sich für seine Eile. Es müsse den Nachmittagszug nach Hamburg erreichen: Dringende Geschäfte.

Vor der Tür des Cafés – diesmal hatte Harry die Zeche bezahlt – verabschiedeten sich die beiden. Detlev hatte noch etwas auf dem Herzen: »Was ich noch sagen wollte, Harry, nur zu deiner Information: Hast du schon mal daran gedacht, daß du – vorausgesetzt, deine Geschichte entspräche den Tatsachen – nach DDR-Recht auch heute noch bestraft werden könntest?«

Es ging und ließ einen nachdenklichen Harry zurück.